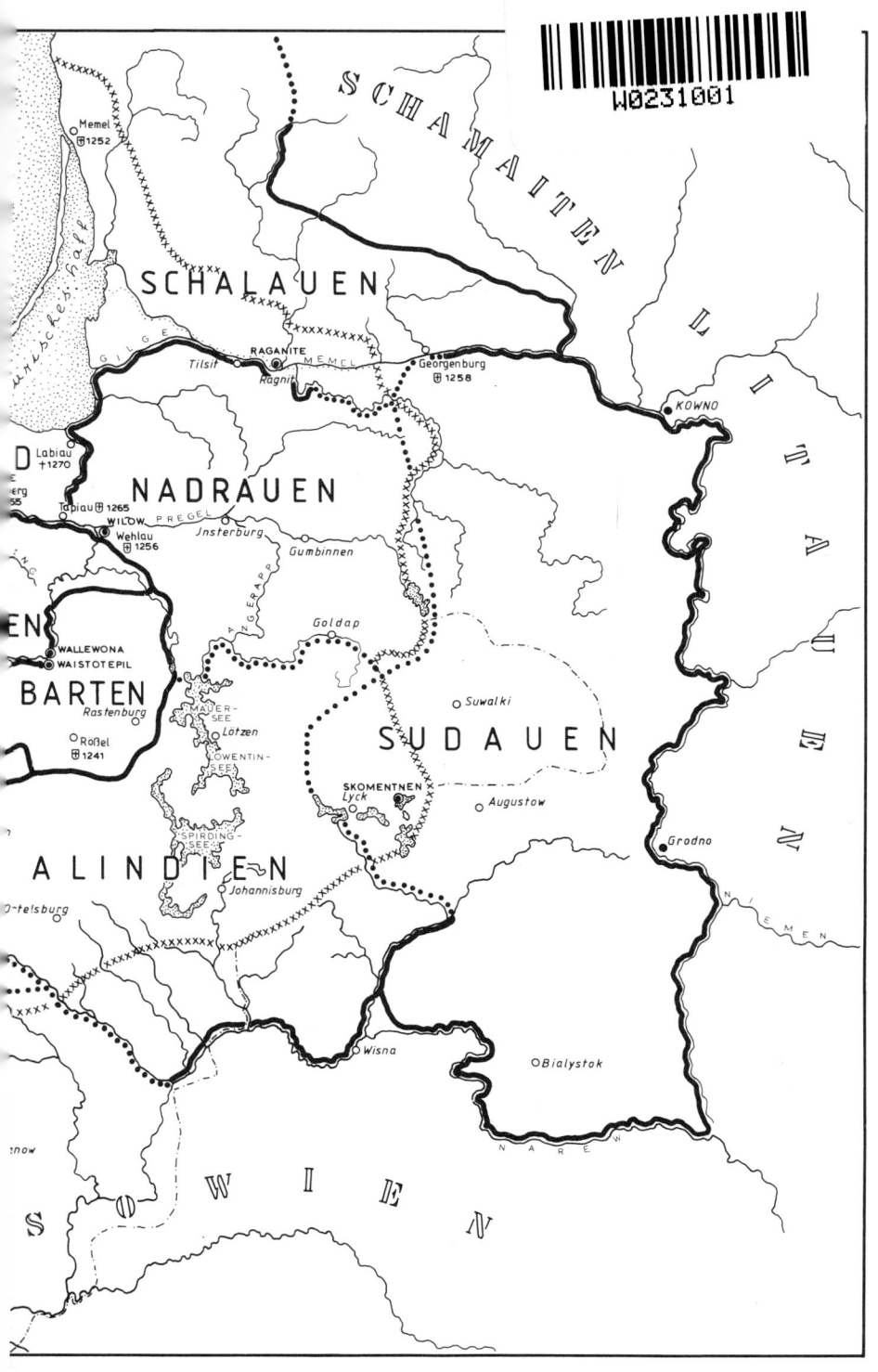

Heinrich Gerlach
Nur der Name blieb

HEINRICH GERLACH

# NUR
# DER NAME
# BLIEB

## Glanz und Untergang der Alten Preußen

Econ Verlag
Düsseldorf · Wien

1. Auflage 1978
Copyright © 1978 by Econ Verlag GmbH, Düsseldorf und Wien
Alle Rechte der Verbreitung, auch durch Film, Funk und Fernsehen,
Tonträger jeder Art, fotomechanische Wiedergabe und auszugsweisen Nachdruck
oder Einspeicherung und Rückgewinnung in Datenverarbeitungsanlagen aller Art,
sind vorbehalten.

Gesetzt aus der Times der Linotype GmbH
Satz: Wilhelm Arnholdt, Hamburg
Papier: Papierfabrik Schleipen GmbH, Bad Dürkheim
Druck und Bindearbeiten: Ebner, Ulm
Printed in Germany
ISBN 3 430 131839

# Inhalt

## Das erste Kapitel 9
ist nichts weiter als eine Einleitung. In ihm wird eine fragwürdige Behauptung aufgestellt und von einem zauberhaften Land berichtet, das es gar nicht mehr gibt.

## Das zweite Kapitel 19
kommt endlich zum Thema. Es macht mit einem steinalten Volk bekannt, das man aus der Geschichte herausgetreten hat, ehe es überhaupt richtig hineintreten konnte.

## Das dritte Kapitel 39
meint sich noch weiter mit den steinalten Preußen befassen zu müssen. Der Leser lernt eine Menge fragwürdiger Götter, Geister und Helden kennen und wird mit einer umweltfreundlichen Weltanschauung vertraut gemacht.

## Das vierte Kapitel 51
schildert das Wirken zweier romchristlicher Zeugen Jehovas, die mit den besten Absichten zu den Prußen reisen, jedoch auf keinerlei Gegenliebe stoßen, und macht Sie nebenbei mit einer neuen alten Sprache bekannt.

## Das fünfte Kapitel 71
wechselt vorübergehend den Schauplatz. Sie erfahren etwas von schimmernder Wehr, von heiligen Kriegen, Orden und Ehrenzeichen und lernen nebenbei eine weitere Sprache hinzu.

## Das sechste Kapitel 87
präsentiert einen armen Idealisten, der aus Hundeköpfen mit Liebe und Güte brave Christenmenschen machen wollte und dabei selbst vor die Hunde ging.

## Das siebente Kapitel 97
ist das angekündigte besondere. Es erzählt, warum und wie der große Kolonialkrieg der Deutschen beginnt, und stellt den Initiator dieses Krieges vor.

## Das achte Kapitel 115
läßt den deutschen Kolonialkrieg erst einmal zehn Jahre lang laufen und weiß dabei eine Winterschlacht à la Stalingrad gebührend zu würdigen. Dazwischen machen wir die Bekanntschaft eines bemerkenswerten Repräsentanten des Zeitgeistes.

## Das neunte Kapitel 137
beschäftigt sich streng wissenschaftlich mit der Frage, wie der Deutsche Ritterorden mit dem eroberten Land und seinen Bewohnern umging, und greift dabei kräftig in die Zukunft bis 1945 hinein.

## Das zehnte Kapitel 153
unternimmt zunächst einen weltpolitischen Höhenflug, wird dann aber zur Gänze beherrscht von einem überdimensionalen Streiter, der im Bunde mit den prußischen »Hundsköpfen« und dunklen östlichen Hintermännern dem Deutschen Orden jahrelang böse zu schaffen macht. Bis er am Ende selbst »geschafft« wird.

## Das elfte Kapitel 171
kurbelt den Kolonialkrieg der Ordensritter erneut an mit Hilfe eines jugendlichen Helden aus dem Lande des Schwejk Josef. Wir dürfen ihn auf seiner Safari durch das Samland begleiten und erleben die Gründung einer Burg, die nach ihm benannt wird. Womit der große Orlog der deutschen Ritter einen vorläufigen Abschluß findet.

## Das zwölfte Kapitel 187
läutet mit viel vorder- und hintergründigem Gebimmel den Großen prußischen Freiheitskrieg ein. Es erzählt von Mord und Brand auf dem Spukschloß eines wunderlichen Heiligen und läßt ein in Magdeburg hochgezüchtetes Trojanisches Pferd im Untergrund verschwinden.

## Das dreizehnte Kapitel 205
berichtet über die erste Phase des Großen Prußischen Freiheitskrieges. Sie nehmen als Augenzeugen teil an der Bestürmung zahlreicher Burgen, dürfen einem Freiheitshelden, von dem Sie unter Garantie noch nie etwas gehört haben, die Hand schütteln und müssen zuletzt höllisch aufpassen, um nicht hoch oben auf der Steilküste des Bernsteinlandes an einem deutschen Galgen zu enden.

## Das vierzehnte Kapitel 225
schildert den zweiten und letzten Teil des Großen Prußischen Freiheitskrieges und gibt Ihnen, sofern Sie inzwischen etwas Mitgefühl mit dem Volk der Prußen entwickeln konnten, Gelegenheit, mit mir zu trauern. Denn am Ende heißt es: »Requiescat in pace!«

## Das fünfzehnte Kapitel 241
bringt den 53jährigen deutschen Kolonialkrieg zu einem späten, für den Deutschen Ritterorden jedoch erfolgreichen Abschluß und gibt dem Verfasser willkommene Gelegenheit zu einer längst fälligen persönlichen Erklärung.

## Das sechzehnte und letzte Kapitel 257
hält Nachlese. Bis zum Jahre des Unheils 1945 und darüber hinaus. Was es da noch nachzulesen gibt, lese man bitte nach!

## Literatur 279
## Register der Personen- und Geschlechternamen 283

## Orts- und Sachregister 289

Die Politik soll keinen Schritt tun,
ohne vorher der Moral gehuldigt zu haben.

*Immanuel Kant**

---

\* Das Zitat ist falsch. Aber wenn der Magister sich eines besseren Deutsches be-
fleißigt hätte, wäre dieser Satz bestimmt wortwörtlich in seiner Schrift »Vom
ewigen Frieden« zu finden.

# Das erste Kapitel

ist nichts weiter als eine Einleitung. In ihm wird eine fragwürdige
Behauptung aufgestellt und von einem zauberhaften Land berichtet, das es gar nicht mehr gibt.

Hat Sie schon einmal jemand nach Ihrer Nationalität gefragt? – Aber sicher! Und außerdem steht das im Personalausweis: deutsch, natürlich. – Das »natürlich« kommt ein bißchen verklemmt; denn da bleibt ja noch einiges offen: west- oder ostdeutsch oder gar deutschtürkisch... Auch in meinem Paß steht »deutsch«; doch wenn einer es ganz genau wissen will, sage ich stets frohgemut: »Ich bin ein Preuße.«

Rundum dann zumeist verständnisloses Schweigen. Aber zuweilen läßt sich auch ein ganz Schlauer vernehmen. Etwa so: »Ein Preuße? Hören Sie mal, das ist doch blanker Unsinn! So etwas gibt es nicht. Bayern und Hessen, Schwaben und Berliner, bitte schön. Und meinetwegen auch die Sachsen drüben, jenseits der deutschen Mauer. Aber Preußen? Lieber armer Freund, Preußen ist nach dem zweiten der neuzeitlichen Weltkriege von den Siegern gelöscht worden, wissen Sie denn das nicht? Das war einmal. Preußen gibt es nicht mehr.«

Hat er recht, der Schlauberger? Mitnichten hat er.

Erstens: Preußen gibt es noch, und ich bin ein Preuße.

Und zweitens: Die Preußen wurden schon im hohen Mittelalter eingeebnet (diesen Ausdruck erst einmal ins unreine). Von den Deutschen.

Ja doch, ich weiß, das klingt ungereimt. Aber wir werden uns schon einen Reim darauf machen.

Zuvor jedoch ist sicherzustellen, daß wir von derselben Sache reden. Jeder denkt, wenn überhaupt, bei Preußen natürlich an die »langen Kerls« und ihren Stechschritt, an Potsdam, Fridericus Rex, Königin Luise, Yorck... Wurden wir nicht elende Schuljahre lang mit sogenannter preußischer Geschichte traktiert? Alles falsch! Das war Brandenburg. Den Namen *Preußen* haben die Brandenburger entlehnt, sich angeeignet, gestohlen. Von einer eroberten Kolonie. Von einem ausge-, nun, sagen wir ausgestorbenen Volk.

Preußen war, grob gesprochen, das Land zwischen Weichsel und Memel. Man schlage bitte den Atlas auf, südliche Ostseeküste, da, wo sie sich in sanftem Bogen nach Norden wendet. Gar nicht zu verfehlen, denn was man da sieht, ist ungewöhnlich: zwei

Binnenseen, jeweils durch einen schmalen Landstreifen vom Meer getrennt, der eine ein längliches Viereck, der zweite, größere ein Dreieck, dessen Spitze nach Norden zeigt – das Frische und das Kurische Haff. Dazwischen ein rechtwinkliger Landklotz, das Samland, aus dem eine Kostbarkeit kommt, die fast jeder kennt: der Bernstein. Weiter im Süden, wo es nicht mehr ganz so grün, sondern ein bißchen gelblicher aussieht, zieht sich der Preußische Landrücken hin, den die Eiszeitgletscher dort aufgehäufelt haben. Dort hat Hindenburg 1914 die Russen...

Spätestens hier erinnert sich auch der Letzte, sofern er da in der Schule nicht gerade gefehlt hat: Das ist ja Ostpreußen!

Jawohl, richtig! Wenigstens teilweise. Das *war* einmal Ostpreußen. So wenigstens haben die späteren Herren dieses Land benannt, als sie den Namen Preußen für Höheres benötigten und noch ein Westpreußen und zeitweilig sogar ein Südpreußen dazukamen. Von diesem Land reden wir.

Es war ein zauberhaftes Land. Ein Land, das selbst Iphigenie, wäre sie dort geboren, ihr Leben lang mit der Seele gesucht hätte. Man stelle sich vor, daß... Ach was, es gibt ja noch überall die schönen Bildbände, da ist alles drin: Die schweren Kirchen und Burgen sind seltsam ähnlich und von einem für westliche Blicke fremdartigen Reiz. Schlichte Menschen bei der Ernte, beim Fischfang, beim Handel auf den weiten Marktplätzen dörflicher Städtchen; bäurische Menschen mit guten Gesichtern, in deren Breitflächigkeit sich der behäbige Tonfall ihrer erdnahen Sprache spiegelt. Die zerklüftete Steilküste bei Rauschen, Georgenswalde, Klein-Kuhren bis hin nach Brüsterort. Rudel von Fohlen und Jährlingshengsten auf den Koppeln des Pferdeparadieses Trakehnen; Hirsche in der Rominter Heide; Elche im Haffwald... Die Keitelkähne mit den kunstvoll geschnitzten Wimpeln. Die grandiose Einsamkeit der weißen Wanderdünen zwischen Haff und Meer. Die weiten Seen, die dunklen Wälder im Süden, wo noch der Schreiadler horstete, wo der Kolkrabe nistete und der schwarze Storch...

Freilich haben wir's da nur in Schwarzweiß, Dingsdacolor fing damals eben erst an. Wer es farbig will, muß schon lesen. Zum Beispiel die »Idyllen vom Baltischen Ufer« von *Gregorovius* (1821–1891):

Das baltische Gestade ist von einer reizenden Harmlosigkeit und Verschwiegenheit, wie eine Schäferstunde. Die Wellen wiegen sich in dem melodischen Rhythmus fort und ziehen weiße Schäume ans Ufer, dann und wann schrillt eine flatternde Möwe, der einzige Seevogel jener wenig belebten Küste, dann und wann wirft die Woge den Tang aus und mit ihm ein blitzendes Stück Bernstein, ein Geschenk für ein putzsüchtig Menschenkind; selten taucht der Seehund aus dem Wasser und sonnt sich auf einem Stein. Hier und da streicht ein Fischerkahn über die blaue See, die Netze auszuwerfen...

Und *Agnes Miegel* (1879–1964):

Es war ein Land – im Abendbrand
Garbe an Garbe im Felde stand.
Hügel auf, Hügel ab bis zum Hünengrab
Standen die Hocken, brotduftend und hoch,
Und drüber der Storch seine Kreise zog.
So blau war die See, so weiß der Strand
Und mohnrot der Mond überm Waldesrand
In der warmen Nacht, der Erntenacht...

Oder »Das einfache Leben« von *Ernst Wiechert* (dem jüngeren) (1887–1950).

Oder »Wälder und Menschen«:

Da schimmerte dann aus finsteren Wäldern der See, bei dessen Anblick ich jedesmal mit klopfendem Herzen lauschte, ob ich nicht die Glocken hören würde, die in ihm versunken sein sollten. Und dann neigte der Weg sich zur Morawa, einer Graslichtung unter alten Eichen, wo die dunkle Seenkette begann, die bis zum riesigen Muckersee lief, und wo aus dem schwarzen Moorwasser der Seen wie ein Wunder die klare, bewegte und durchsichtige Flut des Crutinnenflusses entsprang, lautlos strömend, von grauen Holzstegen überspannt, vom schimmernden Blitz des Eisvogels durchzuckt, von hängenden Wäldern überdacht, aus denen der Ruf der Adler sich klagend hob.

Ein zauberhaftes Land. Zwar ist es ein Unterschied, ob man es vom Rücken des Pferdes aus erlebte, über eigenen Besitz reitend, oder barfuß im Herbst Beeren und Pilze suchend und auf fremden Feldern »abstoppelnd«. Doch die Menschen, die dort einmal lebten, träumen immer noch davon – ohne Unterschied. Nachts natürlich, doch oft auch am Tage. Und die Studenten aus dem »Reich«, die sich in den dreißiger Jahren zähneknirschend nach Königsberg in das von Hitler verordnete »Ostsemester« aufmachten, waren binnen kurzem verzaubert und wollten nicht wieder weg. Auch sie, sofern sie noch leben, träumen von diesem Land wie von dem verlorenen Paradies.

Und dabei gäbe es heute vielleicht gar keinen Grund mehr zum Träumen? Vielleicht führe man heute über ein »Ponarther Kreuz« sechsspurig in alle Teile des Landes? An der Samlandküste, in den Ostseebädern Cranz oder Rauschen sähe es vielleicht aus wie in Rimini, Hotelklotz neben Hotelklotz, Parkplätze davor und dahinter, Miniparzellen am Strand für Pauschalreisende, alles inklusive? Die Nehrung wäre betoniert und asphaltiert, die schwingende Silhouette der Wanderdünen einer Skyline zigstöckiger Hiltons, Mayokliniken und sonstiger Reparaturwerkstätten gewichen? Auf den Uferstreifen der Seen drängelten sich die Bungalows der Hansens und der Fritzens zu Festpreisen, eingehöllt (Vielen Dank, Druckfehlerteufelchen!) in das Motorgeknatter der Wasserskifans? Und das Leben wäre vielleicht gar nicht mehr einfach und das alles gar nicht mehr so zauberhaft?

Man wird bemerkt haben, daß sich von Ostpreußen nur in der Vergangenheitsform reden läßt oder in der Zukunft, und dann nur in einer imaginären, potentiellen Zukunft, so mit *möchte* und *könnte* und *würde vielleicht*. Dieses Land hat keine Gegenwart.

Es war ein deutsches Land.

Am eindringlichsten konnte man das erleben, wenn man an klaren Tagen in einigen tausend Metern Höhe darüber hinwegflog. Eine bunte Palette gepflegter Äcker und Felder in Braun, Gelb, Grün. Dazwischen die blauen Kleckse der Seen, die ziegelroten kleinen und größeren Flecken der Gehöfte, Dörfer und Städte, die weißen Bänder der Landstraßen, gesäumt von den grünen Reihen der Baumkronen. Das alles bunt, freundlich, sauber und in seinen Grenzen klar abgesetzt gegen eine grünbraun verwaschene, zinkblechschimmernde Umwelt. Eine deutsche Insel, ein Schmuckstück in fremdem, sich versagendem Meer. Noch heute nimmt man aus hohem Himmel den Abdruck wahr, den diese Perle auf östlichem Boden hinterließ.

Ein deutsches Land einmal, zweifelsfrei. Selbst die Masuren im Süden, die auf den Märkten ihre Gänse zum halben Preis abgaben, wenn man in ihrer Sprache mit ihnen feilschte, stimmten 1920 unter den scharfen Augen einer keineswegs wohlwollenden Siegerkommission deutsch mit über 97 Prozent.

Ein kerndeutsches Land. Es hat reichlich beigesteuert zu deutscher Art und Kultur. Wer daran zweifeln sollte, beteilige sich bitte an einer kleinen, nur ganz oberflächlichen Nachschau.

Schauen wir aus Gründen der Imagepflege zuerst einmal in das Fach »Dichter und Denker«. Wer darin als erster überlebensgroß ins Auge sticht, ist natürlich der Magister *Immanuel Kant,* 18. Jahrhundert, Sattlerssohn und Philosoph, dessen Geist die Welt umspannte, während sein Körper zeitlebens über Königsbergs Stadtgrenzen kaum hinauskam. Wo Kant ist, da ist auch sein Altersgenosse und geheimer Widersacher nicht fern: *Johann Georg Hamann,* Packhofverwalter und Privatgelehrter, der als dunkel-mystischer »Magus des Nordens« die von Kant mühsam errichteten Erkenntnisgrenzen laufend frevlerisch überschritt. Der dritte Zeitgenosse, der etwas sauertöpfische Theaterreformer *Johann Christoph Gottsched* aus dem Königsberger Vorort Juditten, ist wohl nur noch für Spezialisten interessant. Nicht so der Hamann-Schüler *Johann Gottfried Herder* aus Mohrungen, ohne den Goethe nie Goethe geworden wäre. Und nicht zu vergessen der Barockpoet *Simon Dach,* wer kennt ihn nicht! (Nebenbei: das Lied »Ännchen von Tharau« ist nicht von ihm.) Ferner der Gruselromantiker *E. T. A. Hoffmann,* der Schicksalsdramatiker *Zacharias Werner* und der Freiheitssänger *Max von Schenkendorf* – alle drei bereits mit einem Bein im 19. Jahrhundert. Etwas im Schatten verbleibt der in Thorn geborene spätere Frauenburger Kanonikus *Nikolaus Kopernikus* aus der Umbruchzeit um 1500, der merkte, daß sich in der Welt nicht alles um die Erde dreht: Er wird auch von nichtdeutscher Seite beansprucht.

Die weitere Nachschau durchmustert unser eigenes Jahrhundert und fördert die Naturalisten *Hermann Sudermann* und *Arno Holz* zutage, den Verfasser historischer Romane *Ernst Wichert* mit -i- und seinen vorher zitierten spätromantischen Namensvetter mit -ie-; zwei masurische Romanciers, die Brüder *Fritz* und *Richard Skowronnek;* die auch schon vorgestellte *Agnes Miegel,* der mit den »Nibelungen« die vielleicht beste Ballade in deutscher Sprache gelang; und von den noch Lebenden etwa *Hans Helmut Kirsts* 08/15 (und »Die Wölfe«); ferner den Masuren *Siegfried Lenz* (Bundesrepublik) und den Tilsiter *Johannes Bobrowski* (DDR), beides Spätlinge, gegenüber der alten Heimat sehr par distance. (Der Blechtrommler *Günter Grass* ist ein Kaschube aus Danzig und damit außerhalb unseres Betrachtungsbereiches.)

Das Fach »Bildende Kunst« ist weit weniger reich bestückt, doch treffen wir hier auf den Spachtelmaler *Lovis Corinth* (1858–1925) und die Graphikerin *Käthe Kollwitz* (1867–1945). Letztere hatte neben Kant und Kopernikus die Ehre, auf deutschen Briefmarken für die Ewigkeit bewahrt zu werden.

Vollgefüllt ist indessen mit Festungsbauern, Feldherren, Wehrkreis- und Standortkommandanten der Kasten mit dem Etikett »Militär«, aus dem wir nur zwei Prominente ans Licht holen: *Hermann von Boyen,* der zusammen mit Scharnhorst nach 1807 das verlotterte preußische Heer reorganisierte, und *Colmar Freiherr von der Goltz-Pascha,* der vor 1914 ebendasselbe bei den kranken potentiellen Bundesgenossen am Bosporus versuchte.

Die Schublade »Verschiedenes« präsentiert uns den Schiffbauer *Ferdinand Schichau* aus Elbing, den Stummfilmstar *Paul Wegener,* den Atlantiküberflieger *Freiherr von Hünefeld,* den langjährigen Eishockeymeister *RSV Rastenburg,* den Goldmedaillengewinner von 1936 *Gerhard Stöck,* den SPD-Neubegründer *Kurt Schumacher* aus Kulm. Wie gesagt, nur eben mal so hineingeschaut.

Auch der Wahl- und Ehren-Ostpreußen, Befreier allzumal, sei hier gebührend gedacht:

des Generals *Graf Yorck von Wartenburg* (Tauroggen 1813);

des Marschalls *Paul von Hindenburg,* Rittergutsbesitzer und Reichspräsident (Tannenberg 1914);
des ostpreußischen Generallandschaftsdirektors *Wolfgang Kapp* (schwarz-weiß-roter Putsch 1920);
des Rheinländers *Erich Koch,* NSDAP-Gauleiter, der 1933 seinem Führer Adolf Hitler in Ostpreußen die »Arbeitsschlacht« gewann;
des mehrjährigen 2. Bürgermeisters von Königsberg *Carl-Friedrich Goerdeler* (20. Juli 1944), stranguliert am 2. Februar 1945 in Plötzensee...

Deutsches Land also wie nur irgendeines, verhaftet dem deutschen Schicksal in Glück und Not.
Ein urdeutsches Land – – –

# Das zweite Kapitel

kommt endlich zum Thema. Es macht mit einem steinalten Volk bekannt, das man aus der Geschichte herausgetreten hat, ehe es überhaupt richtig hineintreten konnte.

Ein urdeutsches Land? Ja, nun – das hängt davon ab, zu welchem Zeitpunkt man die Urzeit beginnen läßt. Vor 800 Jahren jedenfalls war in Ostpreußen von Deutsch noch keine Spur zu finden. Damals wohnten dort die »Alten Preußen«, und zwar seit den ältesten Zeiten. Und nun lassen Sie sich überraschen: Ich bin einer von ihnen...

Sie wohnten reichlich abseits vom Weltgeschehen, aber ihr Land war schon sehr früh im Gespräch dank einem Naturgeschenk, von dem wir schon hörten, dem Bernstein. Ihn erwähnt bereits Homer (um 800 v. Chr.) als Kostbarkeit. Ein halbes Jahrtausend später, zur Zeit Alexanders des Großen, unternimmt von dem alten Phönizierhafen Massilia (Marseille) aus ein gewisser Pytheas eine Schiffsreise gen Norden, um das Herkunftsland dieses seltsamen Stoffes (den er für ein Selbstreinigungsprodukt des »verdickten« Meeres hält) zu ergründen. Doch ist er allenfalls bis nach Jütland gekommen. Etwa 20 v. Chr. weiß es dann der sizilianische Grieche Diodorus, ein angeberischer Viel- und Abschreiber, ganz genau: Das nördliche Wunderland heißt *Basileia.* Das klingt zwar imposant, bedeutet aber nichts anderes als »Königreich« – besagt also gar nichts.

Unter Nero (54–68 n. Chr.) startet ein *eques Romanus,* ein Angehöriger des Geldadels, von dem römischen Außenposten Carnuntum an der Donau aus eine Landexpedition zu den geheimnisvollen Bernsteinquellen. Ein Aufbruch ins Unbekannte, vielleicht eine Reise ohne Wiederkehr. Denn zur gleichen Zeit erzählt der Geograph Pomponius Mela seinen staunenden Landsleuten, hoch im Norden auf der Insel *Codanonia* (Skandinavien?) lebten Leute mit Pferdefüßen und Ohren so riesig, daß sie sich darin einwickeln könnten. Um so größer die Verwunderung, als der wackere Unternehmer nach einem Jahr des Schweigens heil nach Rom zurückkehrt. Und einen Riesenhaufen Rohbernstein bringt er mit, ein Vermögen. Also müßte er ja wohl bis zu den Quellen vorgedrungen sein oder wenigstens fast. Doch wer nun Aufschlußreiches über Land und Leute zu erfahren hofft, sieht sich enttäuscht. Nichts. Der Mann ist Kaufmann, kein Gelehrter.

Ein solcher wiederum ist der römische Historiker Cornelius Tacitus (um 100 n. Chr.), der in seinem Sachbuch-Bestseller »Germania« erstmals etwas Brauchbares über das Land an der Ostsee berichtet. Vom Hörensagen, nicht nach eigenem Augenschein, wie Gelehrte ja oft. Tacitus nennt die damaligen Bewohner Ostpreußens *Aestii* (Ostleute?) und hält sie für Germanen. Darin irrt er nun freilich. Doch angesichts der Pferdefüße und Elefantenohren seines Kollegen Mela ist das ein recht bescheidener und verzeihlicher Irrtum. Nicht verzeihlich hingegen ist es, wenn heute jemand in diesen Ästiern so eine Art Polen sehen will. Keine Spur davon, aber auch gar keine! Sie gehörten zur baltischen Völkerfamilie, waren also mit den Litauern und Letten stamm- und sprachverwandt, so wie die Deutschen etwa mit den Holländern und Dänen. Mit den heutigen Esten, an die man bei *Aestii* denken könnte, hatten sie jedoch nichts zu schaffen. Die sind mit Finnen, Ungarn und westasiatischen Völkerschaften verwandt und lebten zu des Tacitus Zeiten wohl noch im Inneren Rußlands.

Ab 950 n. Chr. etwa erscheinen die »Alten Preußen« in den Quellen als *Bruzi, Brus,* lateinisch *Pruteni* oder *Borussi, Prußen* (mit langem u; das oft gehörte »Pruzzen« ist ein orthographisches Mißverständnis). Sie selbst nannten sich *Prußai.* Ich gehöre zu ihnen, sie sind mein Volk. Ich bin ein Pruße.

Was die Deutung des Namens *Prußai* betrifft, so gibt es da die abenteuerlichsten Vermutungen. Die Polen seien seine Erfinder und meinten mit Po-Russi »Nachbarn der Russen«. Oder: In schlichtem Größenwahn hätten die Ästier des Tacitus sich selbst »die Schlauen« getauft (altpreußisch *prutu* − klug, verständig sein). Oder der Name komme von dem persischen *beruschan* = Volk, bedeute also »die Völkischen« (wie ja auch *diutisk* = deutsch). Selbst der Preußenkönig Friedrich II. hat sich, aus naheliegendem Interesse, nicht gescheut, mit zu vermuten. In seinen »Memoiren zur Brandenburgischen Geschichte« meint er:

Der Name Borussia, woraus man Preussen gemacht hat, heist nahe bei der Russe (denn bo heist nahe bei); die Russe ist ein Arm des Niemens, den man jetzt Memel nennt.

Hat er recht damit, der König? Kaum. Denn was gäbe ausgerechnet die Ruß, ein Mündungsarm der Memel, schon Charakteri-

stisches her für Volk und Land der Prußen! Also verzichten wir
lieber auf weitere Deutungen. Man muß ja nicht partout wissen
wollen, warum einer Ernst oder Emil heißt. Oder Theobald.

Viel interessanter ist da die Frage, wo die Prußen nun eigentlich
zu Hause waren. In Ostpreußen? Genau oder weniger genau?
Auch im Memelgebiet? Auch in Danzig und Westpreußen? Und
wenn ja, wie weit...

Nun, der Siedlungsraum des Prußenvolkes, der sich in mehrere
Stammesbezirke gliederte, ging, vor allem im Osten, erheblich
über das spätere Ostpreußen hinaus. Er umfaßte das Gebiet etwa
zwischen Weichsel, Narew, mittlerer und unterer Memel. Im Westen war es zeitweise vielleicht etwas weniger, manchmal auch etwas mehr, über die Weichsel hinweg. Im Süden war das Hin und
Her besonders lebhaft durch die recht unruhigen polnischen Anlieger, die sich dort zwischen 500 und 700 n. Chr. festsetzten. Wenig präzise das alles, gewiß. Aber schließlich gab es damals noch
keine so festen Grenzen wie heute etwa zwischen der Bundesrepublik und Bayern.

Wann, woher und warum die Ästen, Prußai, Prußen in das Ost-
seegebiet gekommen sind, weiß man nicht. Doch war dieses Volk
dort runde 3000 Jahre, jedenfalls schon zur Bronzezeit (ab 1800
v. Chr.) ansässig, bis es schließlich... Wie sagten wir doch ver-
suchsweise? Richtig: ... bis es ausstarb. Die ruhelosen germanischen Nachbarn im Weichselgebiet – um 300 v. Chr. Bastarner
und Skiren, um 100 Rugier, Burgunden, Vandalen, zur Zeiten-
wende dann Gepiden und Goten – blieben, in Jahrhunderten gesprochen, jeweils nicht lange im Lande und überließen am Ende
slawischen Nachzüglern das Feld. Die Prußen konnte selbst der
Sog der Völkerwanderungszeit (im 5. Jahrhundert n. Chr.) nicht
erfassen. Was ihnen von den zeitweiligen gotischen Nachbarn im
Westen an Kultur zufloß, haben sie ohne Hast übernommen. Die
rabiaten Wikinger, die sich im 9. und 10. Jahrhundert an ihren Küsten, besonders im Samland, einnisteten, haben sie verdaut, ohne
Schaden zu nehmen. Sie blieben, was sie waren: Prußen.

Ein altes, ein zähes Volk mit einer alten Kultur. Daß man davon
so wenig weiß, ist nicht allein seine Schuld.

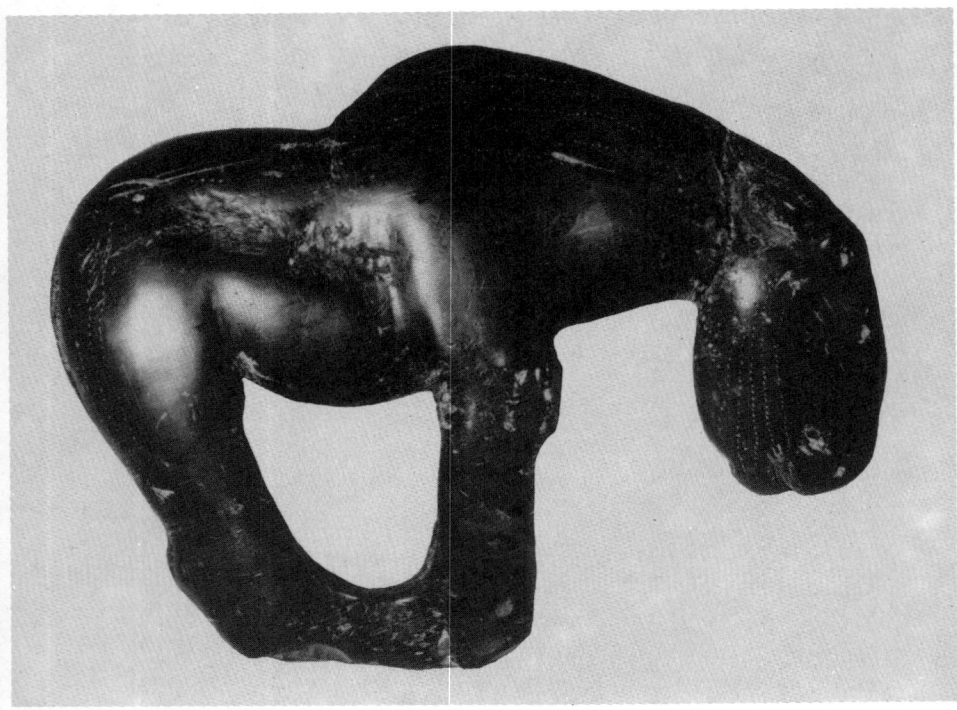

Steinzeitliche Kultfigur aus Bernstein (Pferd oder Elch)
(Quelle: Archiv für Kunst und Geschichte, Berlin)

Wenn man den dürftigen Quellen glauben darf, waren es friedliche Leute. 1548 schreibt der ehemalige Franziskanermönch Sebastian Munster in seiner *Cosmographey* ohne jede Ironie:

> Vor vvnd eh diß Volck ist erleucht worden mit dem Liecht des Glaubens, sind sie gegen den dürfftigen Menschen Barmhertzig gewesen, vnd sind entgegen gefahren den Schiffbrüchigen im Meere, vnd auch denen, so von den Meerraubern angefallen sind worden.

Bevor dieses Volk vom Lichte des Glaubens... nun ja –

Es könnte sich lohnen, einmal nachzuschauen, wo die prußischen Stämme im einzelnen lebten. Machen wir uns also auf eine Safari durch das Prußenland – natürlich nur mit dem Finger auf der Landkarte (siehe Vorsatzblatt).

Beginnen soll unsere Reise im *Samland* (= Ackerland), einem verhältnismäßig offenen und nahezu rechteckigen Festlandklotz, den die Ostsee, die beiden Haffs und die Flüsse Pregel und Deime begrenzen und absichern. Seine Meeresküsten sind bis auf den heutigen Tag die Hauptfundstätten des Bernsteins.

Vom Land der Samen kommen wir im Süden nach *Natangen* (um die spätere Stadt Preußisch Eylau herum) und, am Frischen Haff entlang nach Südwesten ziehend, nach *Warmien,* das sich etwa von Königsberg bis nach Elbing erstreckte und für das spätere Bistum Ermland den Namen hergab. Links von uns bleibt *Pogesanien* oder »Hockerland« (Guttstadt, Wormditt) liegen.

Vom Drausensee spazieren wir nun nach Süden, mitten durch *Pomesanien,* rechter Hand in Sichtweite die Weichsel, die Grenze zu Pommerellen, und gelangen an das Flüßchen Ossa. Hier beginnt, schön natürlich geschützt durch eben dieses und durch Drewenz und Weichsel, das *Kulmer Land,* das zwischen Prußen und Polen häufig den Besitzer wechselte.

Unsere Reiseroute führt uns jetzt nach Osten, über die Drewenz hinweg und, soweit der hier ziemlich stachelige Urwald es erlaubt, durch die Löbau nach *Sassen,* dem »Hasenland« (südlich von Osterode), und dem »Grenzland« *Galindien* (Ortelsburg, Sensburg). Wenn wir Glück haben und kein Bär oder Luchs uns anfällt, gelangen wir dort an die große Seenkette. »Wo Hindenburg bekanntlich die Russen...« Ja ja, aber das war später. Wir jedenfalls treffen dort nicht auf Russen, sondern auf die *Sudauer* (Jadwinger, Jatwägen), den stärksten und zähesten Stamm der Prußen, dessen Wohngebiete sich damals weit nach Osten ins Polnisch-Litauische hinein erstreckten (Lyck, Suwalki, Bialystok, bis hart an Kowno und Grodno heran). Auf den Seen schiffen wir getrost gen Norden und erreichen, wiederum in Wald und Sumpf umherstakend, zwischen Deime und Inster *Nadrauen* (Insterburg, Stallupönen, Goldap) und an der Memel *Schalauen* und sind nun fast schon bei den Litauern. Herumgedrückt haben wir uns bei dieser Kreuzfahrt um das durch einen geschlossenen Waldring abgeschirmte *Barten* (Gerdauen, Rastenburg), das genau in der Mitte liegt.

So, das wär's. Ungefähr. Und nun lassen Sie sich bitte nicht durch die erwähnten Städtenamen verunsichern! Diese hübschen ostpreußischen Städtchen gab es zur Prußenzeit natürlich noch nicht, sondern allenfalls einige feste Handelsplätze an Küsten und Flußläufen, im übrigen zwischen den Wäldern Siedlungsinseln mit Dörfern, die durch Palisadenzäune gegen wilde Tiere geschützt waren, und hier und da – auf Hügeln oder in Flußschlingen – die mit Wall und Graben bewehrte Lehmburg eines Häuptlings. Über 240 davon hat man bis heute nachweisen können. Die Siedlungsgebiete der einzelnen Stämme waren meistens durch dichte Wildnisstreifen voneinander getrennt, was die zwischenmenschlichen Beziehungen nicht gerade förderte.

Schon der besagte Tacitus rühmt mein Volk, die Prußen – anders als die Germanen – als fleißige Bauern. Sie bauten alle auch heute konsumierten Getreidesorten an, dazu Flachs, Hanf, Hirse, Erbsen und Bohnen. Sie züchteten Bienen, Schafe, Schweine, Rinder und vor allem Pferde, die damals genauso hoch im Kurse standen wie heute noch die ostpreußischen Trakehner. Sie fischten in den vielfältigen Gewässern und jagten in Bruch und Moor und den weiten Urwäldern. Ihre Waren – Bernstein, Felle, Fische und Honig – gelangten auf alten Handelsstraßen von Volk zu Volk bis zu dem römischen Umschlagplatz Carnuntum im Österreichischen, bis nach Kiew und zum Schwarzen Meer; auch brachten die Prußen sie auf eigenen Schiffen bis zur Oder und Elbe und sogar bis nach Haitabu in Schleswig und dem Wikinger-Hafen Birka in Schweden. Dafür tauschten sie Salz, Waffen, Wollstoffe und Schmuck ein, auch Edelmetalle, Bronze und Eisen für ihr eigenes keineswegs armseliges Handwerk. Also Tauschhandel; doch klimperten in ihren Kästen auch römische Münzen und arabisches Silbergeld. Von Häfen und Handelsplätzen hört man: von *Truso,* einer Wikingergründung, am damals zehnmal größeren Drausensee in der Nähe des späteren Elbing; von einem fragwürdigen *Cholinum* im Samland, das die *Passio Sancti Adalperti* aus dem Jahr 1000 erwähnt; von dem durch eine Burg geschützten Marktflecken *Gerkin* im Natangischen. Der Wohlstand, ja Reichtum der Prußen wird gerühmt, im Süden des Landes hat die Spatenforschung kostbare Silberschätze zutage gefördert.

Wo überall und weswegen man sich für unsere Prußen lebhaft interessierte und wie weit sie selbst ihre Fühler ausstreckten, mag auch der folgende Brief zeigen, der uns überliefert ist. Er nennt als Absender den Ostgotenkönig Theoderich (besungen als Dietrich von Bern), der um 500 n. Chr. weitab vom Prußenland in Österreich-Ungarn und Italien agierte. Der Brief ist von römischen Eierköpfen, die sich der Germane für so etwas hielt, vielleicht sogar von seinem Kanzler Cassiodorus persönlich geschrieben worden. Nur »namens und im Auftrage« des Herrschers also. Aber immerhin. Hier ist er, für Leser ohne Latinum auf deutsch:

Da immer wieder eure Gesandten hierher kommen, haben Wir euer großes Interesse an einer Beziehung zu Uns zur Kenntnis genommen. Daß ihr, obwohl an den Küsten des Ozeans wohnend, mit Uns in der Gesinnung verbunden zu sein wünscht, diese Bitte ist Uns in höchstem Grade willkommen; desgleichen, daß bis zu euch, die ihr weit außerhalb Unseres Weisungsbereiches wohnt, rühmliche Kunde von Uns gedrungen ist. So schenkt denn eure Zuneigung dem euch nunmehr Bekannten, den ihr als einen Unbekannten so beharrlich gesucht habt! Denn mitten durch so viele Völkerschaften den Weg ins Ungewisse zu wagen, das ist wahrlich kein leichtes Unterfangen gewesen. So entbieten Wir euch denn Unseren huldvollen Gruß und tun euch kund zu wissen, daß Wir den Bernstein, der Uns von den Überbringern dieses Handschreibens dargebracht wurde, mit Wohlgefallen angenommen haben.

Das auflaufende Wasser des Ozeans spült diese leichte Substanz, wie auch der Bericht eurer Boten besagte, an euer Ufer. Aber woher sie kommt, das – so heißt es – wißt ihr nicht, obwohl ihr sie als ein Geschenk eures Landes häufiger als alle anderen Menschen bergen könnt. Bei einem Schriftsteller namens Cornelius (Tacitus s. o.) heißt es, sie sondere sich als Harz aus einem Baum auf Inseln mitten im Ozean ab – deshalb heiße sie auch *succinum* (Harzstoff) – und verfestige sich allmählich unter dem Einfluß der Sonnenhitze. Es wird nämlich der durchsichtige zarte Stoff zu einem harzartigen Mineral, das bald in goldgelber Farbe leuchtet, bald wie helles Feuer erglänzt. Und so wird es dann, so heißt es, wenn es zum flacheren Wasser hingespült ist, im Wechselspiel der Wellen gereinigt und schließlich an euren Ufern ausgeworfen.

Das meinten Wir euch mitteilen zu müssen, damit ihr nicht etwa glaubt, es entziehe sich Unserer Kenntnis, was ihr als ein Geheimnis zu besitzen vermeint.

Besucht Uns auch fernerhin auf den Wegen, die eure Zuneigung euch geöffnet hat! Es ist nämlich immer von Nutzen, die Freundschaft mächtiger Herrscher erworben zu haben; denn diese, selbst schon mit geringer Gabe zufriedengestellt, sind immer auf einen gewichtigeren Ausgleich bedacht. Einiges haben Wir euren Boten auch noch mündlich für euch aufgetragen. Wisset, daß Wir euch durch sie etwas zugedacht haben, was euch gewiß willkommen sein wird.

Ein schönes Stück Entwicklungshilfe auf dem Weg zur Hochschulreife! Da werden die Prußen sich aber gefreut haben! Und was Majestät ihnen da »Gewichtigeres« als Gegengabe geschickt hat? Keine Ahnung.

Vom Bernstein war aber nun schon so oft die Rede, daß wir uns etwas näher damit befassen sollten. Denn er gehört nun einmal zu den Prußen wie zur Henne das Ei.

Was ist Bernstein? Der alte Tacitus, den der Theoderich-Brief zitiert, sagt es uns: »Ein verfestigtes Baumharz.« Und unsere Wissenschaft, noch um einiges klüger, fügt hinzu »urzeitlicher Herkunft« und bezeichnet das Produkt kurz und allgemeinverständlich als *Liptobiolith*. Auch über seine Herkunft glaubt man genau Bescheid zu wissen. Wir hören: Spender dieses Harzsteines war ein alttertiärer Urwald auf einem Festland, das sich in grauester Vorzeit über Skandinavien, die nördliche Ostsee und Finnland erstreckte. Nachdem dieser Wald Millionen Jahre lang unentwegt Harz abgesondert hatte, ging er ein beziehungsweise im Meer unter. Das Harz blieb übrig. Es geriet in allerlei Erdschichten, wurde vom Meer wieder herausgewaschen und zu immer neuen Lagerstätten gespült. Die großen Stürme warfen (und werfen) es dann an die südlichen Strände der Ostsee, vor allem an die des Samlands.

Das Interesse für diese seltsame Meeresgabe reicht bis in die Uranfänge der Menschheit zurück. Schon in der Altsteinzeit, ein paar Jahrhunderttausende vor unserer Zeitrechnung, wurde, wie entsprechende Ausgrabungsfunde vermuten lassen, bereits eifrig Rohbernstein gesammelt. Kein Wunder. Die vom Wasser blank geschliffenen Stücke leuchten wie Halbedelsteine in goldgelbem bis rötlichbraunem Glanz, sie sind leicht zu bearbeiten, brenn- und formbar und verfügen über die »magische« Eigenschaft, wenn man sie reibt, kleine Gegenstände anzuziehen. So schnitzte man denn bereits 4000 Jahre v. Chr. kleine Figuren daraus, Idole, Talismane zum Schutz gegen böse Geister und wilde Tiere. Hunderte von Bernsteinperlen förderte Heinrich Schliemann zutage bei seinen Grabungen am Löwentor in Mykenä, das aus der Zeit um 1400 v. Chr. stammt. 500 Jahre später fischten die Assyrer, wie auf einer Keilschrifttafel im Londoner Britischen Museum zu lesen ist, mit eigenen Gruppen in nördlichen Meeren nach dem kostbaren Material. Im alten Rom bereiteten die Sklaven Pilzgerichte mit Bernsteinmessern zu; wegen des Geschmacks und vielleicht auch zum Schutz vor Vergiftungen. Als Glücksbringer half der Bernstein bis ins 19. Jahrhundert hinein gegen Pest, Kropf, Epilepsie, Harnbeschwerden, gegen Fieber aller Art, Ohrenschmerzen und Augenschwäche und (in Rußland) den Ammen beim Stillen und den Babys beim Zahnen; als Pulver auch gegen Magendrücken. Herzog Albrecht von Preußen schickte dem steinleidenden Martin Luther, Homöopathisches vorausahnend, ein Stück Bernstein mit dem Wunsche, der gute Stein möge den bösen austreiben. Heute verwendet man in den Kliniken Laborgefäße aus Preßbernstein, sie hemmen das Gerinnen des Blutes. Und Horoskopgläubigen empfiehlt Elisabeth Villiers in ihrem Buch über *Amulette und Talismane* (1927): »Löwen« sollten stets Bernstein tragen, aber ja nicht »Stiere«!

Erstaunlich ist nun, daß die Prußen den Bernstein offenbar weit weniger schätzten als ihre näheren und weiteren Nachbarn. Wohl recht verwundert über deren reges Interesse, trieben sie zwar eifrig Handel damit, bearbeiteten ihn selbst aber nicht oder kaum, sondern verwendeten ihn ganz simpel als Feuerungsmaterial. Bei solcher Einstellung hätten sie ihre Ersatzkohle nun eigentlich Bernstein, also Brennstein nennen müssen wie wir heute. Doch nein, sie bezeichneten ihn nach seiner Herkunft als *sakis* (Baumharz), wie auch die Litauer (*sakai*) und die nüchternen Römer *(succinum),* und zeigten sich damit beschlagener, als die Eierköpfe Theoderichs vermutet hatten.

Die phantasievollen Griechen hingegen gaben dem Wunderstoff aus dem Norden den Namen *Elektron* und damit den Gelehrten etwas zum Raten. Heinrich Schliemann bringt diese Bezeichnung mit arabisch *elek* zusammen und ist damit wieder beim »Harz«. Andere wollen in dem »Glanzstein« den griechischen Namen *Elektor* für »Sonnengott« erkennen. Auch an das griechische *alékein* (abwehren) hat man im Hinblick auf die Heilkräfte des Zaubersteins gedacht. Seine geheimnisvolle Anziehungskraft andererseits ließ eine Verbindung zu *élktron* (Zugmittel) vermuten. Jedenfalls gab dieser vieldeutige Name den Kern her für die heutige Bezeichnung jener rätselhaften Naturkraft, die erstmals vor 2500 Jahren Thales von Milet an dem Harz aus dem Norden entdeckte und auf der die Zivilisation unseres Jahrhunderts beruht: die Elektrizität.

Also: Ohne die Prußen und ihren Bernstein keine Raumfahrt, keine Atomtechnik, keine Datenverarbeitung, kein laufendes Band, keine Autos, kein elektrisches Licht... ein schönes Gedankenspiel, kaum gewagter als die gängigen Hypothesen etwa in der Astronomie und der Vorgeschichtsforschung.

Vom Ei zurück zur Henne.

Es ist heute Mode, bei fremden Leuten zuerst nach der Gesellschaftsordnung zu fragen. Nun, kein Sozialismus, kein Kommunismus bei den Prußen, wenn irgendwer darauf spekuliert haben sollte. Es gab bei ihnen wie auch sonst in der Welt Herren und Knechte. Die »Herren«, Angehörige eines altverwurzelten Erbadels (pr. *konagis* – Herr, oft als »König« mißverstanden), waren die Ältesten großer patriarchalisch geführter Sippenverbände. Sie bildeten die Führerschicht des Landes und verfügten über beträchtlichen Grundbesitz, über Knechte und Sklaven, höriges Bauerntum und Lehnsleute. Der jeweils reichste und mächtigste mag »Gauleiter« (Fürst eines ganzen Untergaus) gewesen sein. Doch darüber hinaus ging es bei den Prußen nicht. Also »kein Volk, kein Reich, kein Führer«, was auch wieder für ihre friedliche Gesinnung spricht. Nur im Kriegsfalle wählte man aus dem Kreise der Sippenhäuptlinge für das ganze Stammesgebiet einen Oberbefehlshaber »auf Zeit«. Diese Hauptleute sollen sich, wenn sie versagt hatten, vor versammeltem Volk selbst entleibt haben. Welch schöner Brauch!

Also Herren und Knechte! Trotzdem war aus ihrem Lande die Freiheit nicht entschwunden. Denn da gab es noch die breite Schicht der freien Bauern, Handwerker, Händler, Jäger, Fischer und Seeleute. Diese »Freien« bildeten die Masse des Volkes und der prußischen Heerhaufen.

Heerhaufen? – Aber ja! Natürlich hatten sie die. Selbst der Friedlichste muß sich wehren können, da es dem bösen Nachbarn nicht..., eine Allerweltsweisheit. Mit der Bewaffnung dieser Heerhaufen sah es freilich, wie meistens bei friedlichen Leuten, nicht toll aus. Es gab Streithämmer und -äxte, Schleudern für scharfgeschliffene Steine, später metallbeschlagene Holzschilde, Dolche, Speere mit Eisenspitzen, als Hauptwaffe aber Keulen, kurze zum

Werfen, die man wie Handgranaten an einem Gürtel rund um den Leib trug, und lange, wie z. Z. Rübezahls, vorn mit Blei beschwerte Schlagkeulen. Der Häuptling dagegen und natürlich der Kriegshauptmann, der »Herzog« (der damals noch wirklich vor seiner Streitmacht herzog), verfügte über Lanze und Schwert, wohl auch über einen ledernen Helm und Koller und trug nicht nur *seine* Haut zu Markte, sondern auch die seines prächtig gesattelten und gezäumten Pferdes. Wenn er ums Leben kam – wozu in den Kämpfen späterer Zeiten reichlich Gelegenheit war –, verbrannten mit ihm auf dem Scheiterhaufen Kleider und Waffen, Streitroß, Jagdfalken und Hunde, Sklaven und Kriegsgefangene, während im Schein der Flammen Lieder zu seinem Ruhme erklangen.

Wie sie aussahen, die Prußen? Wenn Sie die einfachen meinen – nun, für unsere Begriffe ganz normal. In London oder Amsterdam würden sie heute kaum auffallen. Wobei man bedenken muß, daß im Laufe von 2000 Jahren auch bei ihnen die Mode gewechselt haben dürfte. Ein knielanger Kasack aus Fell, Leinen oder Wollstoff mit einem Strick drumherum, später auch Hosen, Hanf- oder Fellschuhe. Flache, gutmütige Gesichter, Stupsnase, helle Augen, vielleicht Sommersprossen. Weißblondes oder rötliches Bart- und Haupthaar, dieses lang bis auf die Schulter herab und tief in die Stirn hinein, auf dem Kopf zu einem Knötchen gedreht (Kamm und Schermesser waren bekannt). Zu anderen Zeiten wieder fest anliegende Bubikopffrisuren und Schnauzbärte, die an den alten Hindenburg erinnern. Vielleicht hat man sie deshalb in den kultivierten Kreisen des westlichen Mittelalters mit dem damals beliebten Schimpfnamen »Hundeköpfe« bedacht. Zu solchen Vorstellungen könnten jedenfalls die dürftigen Angaben des Tacitus und die fast 1000 Jahre späteren Reliefdarstellungen auf den Bronzetüren des Doms zu Gnesen verleiten.

Die Prußen wohnten in Holzhäusern mit Vorlauben, wie man sie ähnlich heute noch im europäischen Osten findet. Sie waren kindlich-fröhliche Esser und Zecher, worüber sich die christlichen Missionare des 10. Jahrhunderts weidlich entrüsteten. Sie nährten sich von Fleisch, Milch und Milchprodukten, Getreidespeisen,

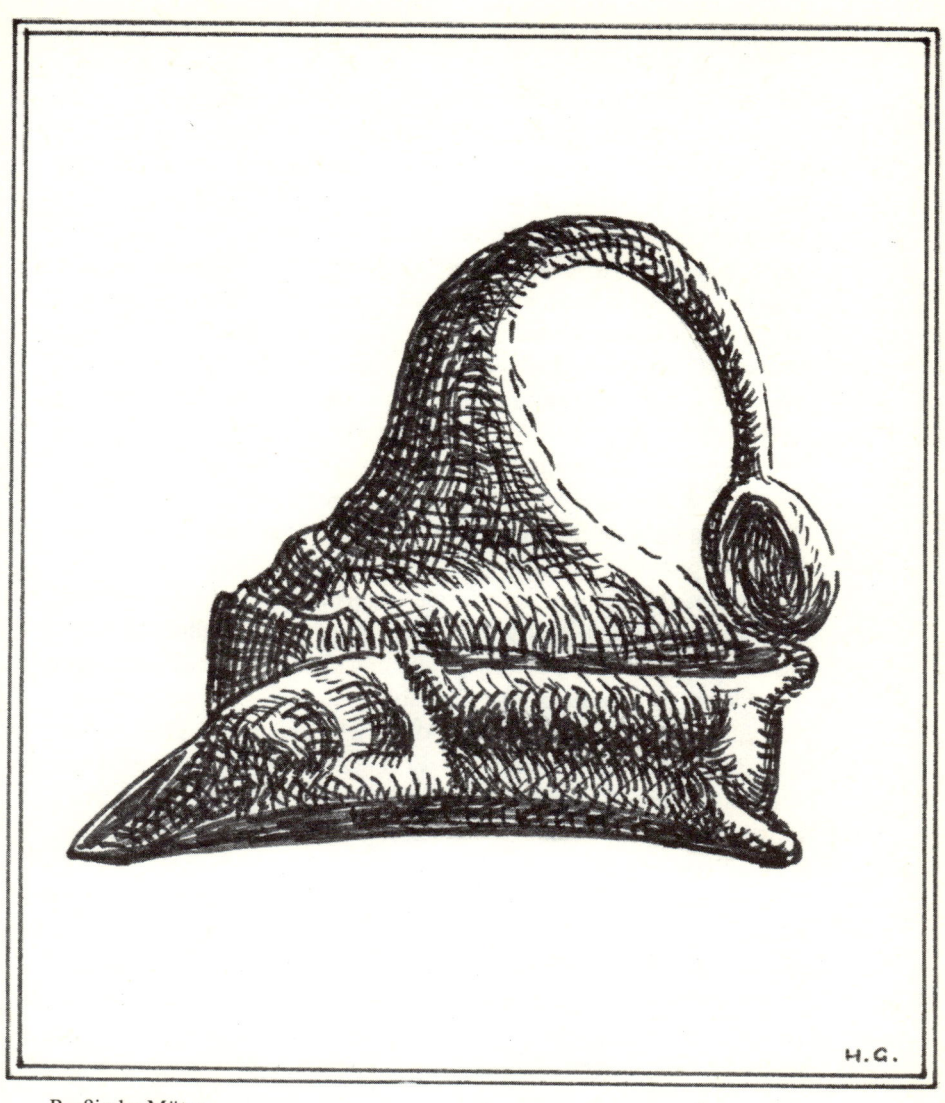

Prußische Mütze
Zeichnung nach einem Siegelbild des Vogts vom Samland (1327)
(Quelle: H.G.)

verschmähten aber Gemüse und machten sich über die Fremden aus dem Westen als »Krautfresser« lustig. Not zu leiden brauchte und betteln durfte dort niemand. Wer Hunger hatte, ging ohne Scheu von Haus zu Haus und konnte sich rundum satt essen, wann und wie es ihm paßte. Eine einfache und überzeugende zwischenmenschliche Lösung sozialer Probleme.

»Ihren Gästen«, schreibt der Ordensgeistliche *Peter von Dusburg*, von dem wir leider viel zuwenig über die Lebensweise der Prußen erfahren, in seiner Chronik von 1326, »ihren Gästen bezeigen sie jede nur irgend mögliche Freundlichkeit, und in ihrem Hause gibt es nichts Eß- oder Trinkbares, das sie ihnen nicht abwechselnd immer wieder aufnötigen würden« (III, 5).

Auch noch im späteren Ostpreußen war dies strenger und geheiligter Brauch. »Essen und Trinken jing ja«, maulte Emil Uschkurat, über den Leichenschmaus zu Ehren seines verstorbenen Onkels befragt, »aber, wissen Se, de Neetijung ließ ze winschen ibrich.«

Was nun das Trinken anbelangt, so lernten die Prußen das Bier, das schon die alten Ägypter, die Germanen und Kelten tranken, wohl erst recht spät kennen (vielleicht als die ersten Bayern ins Land kamen). Einheimische Getränke waren vergorene, mit Rinderblut vermischte Stutenmilch, die stark berauschte, und der berühmte Met, ein alkoholisches Honiggetränk. (Die Weiterentwicklung dieses Stoffes ist der *Meschkinnes,* zu Deutsch »Bärenfang«, ein Teufelstrank, der dem Ahnungslosen den Kopf klar läßt, aber die Beine vom Boden reißt.)

Unser Chronist äußert die Ansicht, die Prußen seien »nicht der Meinung, für ihre Gäste gut gesorgt zu haben, wenn diese nicht bis zur Volltrunkenheit ihren Getränken zugesprochen hätten«. Dann geht er, etwas umständlich, ins Detail: »Sie haben den Brauch, sich zu gleichzeitigen und unmäßigen Zügen zu verpflichten; und so kommt es dann, daß die einzelnen Hausgenossen ihrem Gast ein bestimmtes Getränkemaß verabreichen unter der Bedingung, daß, wenn sie selbst ausgetrunken haben, auch der Gast austrinkt und dieselbe Menge hinunterschüttet. Eine solche Nötigung zum Trinken wird so oft wiederholt, bis der Gast mit den

Die älteste Darstellung der Prußen
Das Bronzerelief am Portal des Doms zu Gnesen mit Szenen aus dem Leben des
hl. Adalbert (1. Hälfte des 12. Jh.s)
(Quelle: Archiv für Kunst und Geschichte, Berlin)

Hausbewohnern, die Ehefrau mit ihrem Mann, der Sohn mit der Tochter allesamt betrunken sind.«

Brauchtum dieser Art lebt weiter in mancherlei Trinksitten unserer Tage. Etwa von dem Trinkkomment eines feudalen Bonner Corps *Borussia,* dem Kaiser Wilhelm II. in jungen Jahren als Student angehörte, bis zu den rauhen Bräuchen in der Stammtischkneipe um die Ecke. »Na denn, prost ex! – Noch 'ne Lage, Herr Ober!« So stehen wir alle in der Nachfolge der Prußen.

In der prußischen Familie herrschte – wie ja hier und da auch heute noch bei uns – der Mann und Vater, und zwar äußerst autoritär. Die Frau und Mutter hatte nicht viel zu vermelden. Nach der aufwendig gefeierten Hochzeit blieb ihr nur die schwere Hausarbeit. Sie durfte nicht mit ihrem Mann an einem Tisch essen, und an bestimmten Tagen war sie verpflichtet, den Hausgenossen und Gästen die Füße zu waschen, ein sicher notwendiges, aber wenig honoriges Geschäft. Das Lager ihres Eheherrn mußte sie mit noch anderen Genossinnen teilen, falls der Mann wohlhabend genug war, mehrere Ehefrauen (bis zu drei) zu kaufen, eventuell auch gleich eine für den minderjährigen Sohn, die er dann stellvertretend betreute. In Notzeiten wurden neugeborene Mädchen, sofern sie noch nicht die erste Muttermilch getrunken und damit voll im Erdendasein Fuß gefaßt hatten, getötet (so wie man auch den Alten und Siechen langes Leiden ersparte); eine Mischung von Euthanasie und »Fristenlösung«. Andererseits gibt es auch Berichte von Heldenmüttern und Seherinnen, die hoch in Ehren standen. So die »Riesin« Pogesania, die (nach S. Grunau) noch im 16. Jahrhundert posthum von den Prußen verehrt wurde, oder die weise Galindierin, von der Peter von Dusburg (III, 4) berichtet.

Kriminalität gab es bei den Prußen so gut wie nicht. Diebe wurden ausgepeitscht, und wenn das nichts nützte, ließ man sie von Hunden zerreißen. Ehebrecher, gleich ob Mann oder Frau, erlitten den Feuertod, ihre Asche wurde in alle Winde verstreut. Bei Totschlag galt das harte Gesetz der Blutrache.

So mancherlei Volksbrauch, nicht nur beim Trinken, und mancher heute noch lebendige Aberglaube geht auf die alten Prußen zurück. So treten Sie bitte ja nicht mit dem linken Fuß zuerst irgendwo hinein, das bringt nichts Gutes! Wenn der Uhu drei Nächte hintereinander auf Ihrem Dach schreit, dann stirbt einer im Haus. Ein klingendes Ohr bedeutet, daß jemand an Sie denkt (links schlecht, rechts gut). Und dann die berühmte Methode Coué! Sagen Sie, wenn der Onkel Doktor Sie ins Bett gesteckt hat, niemals: »Oh, ich bin sehr, sehr krank!«; denn dann ist es aus mit Ihnen; sagen Sie aber: »Es geht mir, wie Gott will«, dann kommen Sie wieder auf die Beine. Und nie von und vor einem Baby behaupten, es sei schön; Sie könnten es berufen, toi toi toi dreimal Holz! Und Träume sind keineswegs Schäume, o nein! Und wenn einem Reiter ein Fuchs über den Weg läuft, bedeutet das ebenso etwas Schlimmes wie heute ein Rehbock im Scheinwerferlicht Ihres Autos. Wenn Sie aber zu Silvester wieder einmal Blei gießen, dann geben Sie acht, daß Ihr Pfarrer nichts davon erfährt! Seit 1595 ist das (im Schamaitischen Katechismus) verboten. Auch vom Weissagen aus dem Schaum des Bieres würde ich abraten.

Übrigens trieben die Prußen auch Sport.

Da gibt es eine tolle Geschichte, die uns der Seefahrer *Wulfstan* berichtet, der so um 880 n. Chr. das Land besuchte. Es handelt sich dabei um eine Sportart, die auch heute noch das Volk in Begeisterung eint: das Pferderennen. Damals, in der Prußenzeit, war es fester Bestandteil ausgerechnet der Begräbniszeremonien, und zwar ein sehr lukrativer. Es wurde nämlich die ganze Habe des Verstorbenen, soweit nicht mit ihm auf dem Scheiterhaufen verbrannt, auf einer Strecke von etwa anderthalb Kilometern als Preis ausgelegt, in verschieden großen und wertvollen Haufen, der größte am weitesten weg. Kleine zehn Kilometerchen davon entfernt war der Startplatz. Dort versammelten sich die prußischen Winklers, Neckermanns und Schockemöhles mit ihren Rössern, und auf »los« ging's los. Querbeet, über Stock und Stein, Zaun und Hecke, große und kleine Ochser, Mauern und Wassergräben. Wer das beste Pferd hatte, der erwischte natürlich den größten Haufen, und so weiter, bis auf das Würstchen ganz hinten, das auf seinem lahmen Zossen das Nachsehen hatte. Da muß was los gewesen sein bei solchen Rennen, mindestens soviel wie später bei den Bauernpferderennen in Ostpreußen. »Hei, kick hinten dem Thiel! Der jacht se forts all vor sich her!« Kein Wunder, daß die Pferdezucht bei den Prußen so hoch im Kurse stand.

Das alles war in Ostpreußen einmal Wirklichkeit, ob es nun jemand glaubt oder nicht. Festzuhalten ist jedenfalls: Es waren fleißige, friedliche und im ganzen recht sympathische Leute, diese Prußen.

Sie hätten noch heute in ihrem schönen Lande leben können, wenn ihre Nachbarn sie in Frieden gelassen hätten.

Aber wer auf der Welt läßt schon wen in Frieden...

# Das dritte Kapitel

meint sich noch weiter mit den steinalten Preußen befassen zu müssen. Der Leser lernt eine Menge fragwürdiger Götter, Geister und Helden kennen und wird mit einer umweltfreundlichen Weltanschauung vertraut gemacht.

Sie hätten noch heute in dem schönen Ostpreußen leben können, die Prußen. Aber sie leben weder dort noch sonstwo mehr. Und sie selbst sind nicht ganz schuldlos dran. Denn eins muß man schon zugeben: die Prußen haben den Eintritt in die Geschichte ein bißchen verschlafen. Man bedenke: zweieinhalb Jahrtausende v. Chr., als die Ägypter ihre Pyramiden bauten, wurden in Ostpreußen noch eifrig Feuersteine beklopft. Um 1200 v. Chr., als die Griechen in Mykenä bereits das Eisen ausprobierten, war man im Prußenland noch nicht einmal richtig bei der Bronze angelangt. Und als die Prußen sich dann endlich mit dem Eisen angefreundet hatten, verließen sie sich doch lieber weiter auf ihre alten hölzernen Bumskeulen. Schuld daran ist gewiß auch das Nordlandeis, das erst so spät das Land an der Ostsee freigegeben hat. Aber ein bißchen hätten sie sich doch beeilen können, meine Prußen, um den Anschluß an den »Fortschritt« ringsum nicht zu verpassen. Doch um das Jahr 1000 n. Chr., als sich gebildete und wohlmeinende Leute für sie und ihr Wohlergehen zu interessieren begannen, lebten sie immer noch, des Lesens und Schreibens unkundig und ihre Rechnungen auf dem Kerbholz markierend, wie die homerischen Griechen oder die Germanen der Völkerwanderungszeit.

Sie lebten in einer wilden, noch jungen Welt, in einem Lande, das damals nicht nur von Wäldern und Seen, sondern noch weithin von Sümpfen, Mooren und Brüchen bedeckt war. Die Urwälder – Laub- oder Mischwald zumeist mit Eichen, Weißbuchen, Fichten, Rottannen, Kiefern, Ebereschen und wilden Obstbäumen – waren dicht, doch nicht undurchdringlich. Im Schatten ihrer Brandlichtungen, Biberwiesen und anderen natürlichen Blößen standen die Großrinder, der mächtige Wisent und der schwarze Auerochse, in kleinen Gruppen; durch das verfilzte Unterholz tappte der Braunbär, der fast drei Meter lang und bis zu neun Zentner schwer wurde, auf der Suche nach dem Honig wilder Bienen, in den Baumkronen lauerte der pinselohrige Luchs auf Rothirsch und Schwarzwild. Bruch und Moor boten Raum für den Elch, das Wildpferd und auch für die Rudel der grauen und schwarzen Wölfe.

Als »Heiden« (pagani) lebten die alten Prußen in einer vorge-schichtlich-mythischen Welt, in der alles, Wald und Heide (pa-gus), voll von Göttern und Geistern war. »Omnem naturam pro deo coluerunt«, schreibt der Ordensgeistliche Peter von Dusburg, dem wir schon begegneten, »alles in der Natur verehrten sie wie Gott«. In der Tat, die Prußen verehrten »alles in der Natur«. Sie hatten heilige Haine und Felder, die keines Unberufenen Fuß be-treten, heilige Gewässer, in denen niemand fischen durfte. Das und nicht etwa Unfähigkeit ist auch der Grund dafür, warum die Prußen keine Wälder rodeten, kein Moor trockenlegten und keine Dämme gegen den Zorn der Flußgötter bauten. Der christliche Chronist findet das alles äußerst ungehörig. Nun, Ehrfurcht ge-genüber der Natur ist nicht ungehörig, im Gegenteil, sie bewahrt vor gedankenloser oder räuberischer Umweltzerstörung. Schade, daß wir sie heute nicht mehr haben.

In der Vielgestalt der Natur offenbarte sich den Prußen eine Stufenordnung von Geistern, mächtigen und schwachen, wohl-wollenden und tückischen, weisen und albernen. Da war etwa *Swaigstix,* der Gott des Himmelslichtes, der mit seiner Gefährtin *Swaigsdunoka* die Gestirne ihre Bahn führte. Da war der Gott *Kurche,* der Nahrungsspender, ihm zu Ehren feierte man im gan-zen Lande fröhliche Erntefeste. Groß war die Zahl der Schutzgöt-ter von Feldern und Saaten, von Herden und Geflügel, von Haus, Hof und Familie. *Dimistipa* etwa, ein Hausgott, oder die Hasen-göttin *Medeine,* die Göttin der Hunde *Zwerine* oder der Wald- und Baumgott *Puskaitis,* dem der Holunder heilig war und der über eine Legion von Waldmännchen, die *Barstucken,* gebot – eine wichtige Macht in einem noch so wilden und gefährlichen Lande.

In Haus und Scheune trieben gute Nachtgeisterchen ihr Wesen, die *Markopeten,* die ihren Teil von Speise und Trank erwarteten. Zu fürchten waren die unheimliche Würgerin *Giltine* und die zu Schabernack neigende *Laume,* die gern kleine Hänsel und Gretel entführte. Die Göttin *Guze* dagegen geleitete den einsamen Wan-derer, wenn er ihr Ehre erwies, sicher vorbei an den lauernden Dämonen und Kobolden der Nacht.

In einer solchen Welt waren natürlich auch die Verstorbenen

nicht tot, sondern nur verwandelt. Man konservierte die Leiche bis zu einem halben Jahr (wie, ist ein bis heute nicht gelöstes Rätsel) und verabschiedete sie dann bei einem festlichen Totenmahl. Da saß sie im Prunkgewand steif und starr auf ihrem angestammten Platz, man trank ihr zu und trug ihr Grüße an früher Verstorbene auf. Danach erst wurde sie unter strengen Zeremonien verbrannt. Bis 40 Tage nach der Einäscherung sicherten wiederholte Gelage den Weg des Verblichenen in die andere Welt ab, damit er auf keinen Fall etwa als Wiedergänger die Hinterbliebenen beunruhigte.

Heilig hielt man die Schlange, von der unfruchtbare Frauen sich Hilfe versprachen, die Eule als Warnerin vor Bösem und – ähnlich wie bei den Germanen – weiße und schwarze Pferde, aus deren Verhalten sich die Zukunft bestimmen ließ.

Verständlich, daß eine so vielgestaltige Geisterwelt, in der der Mensch nur ein Mitglied – und leider keineswegs ein besonders mächtiges – war, Spezialisten erforderte, die mit ihr umgehen konnten. Das war der hierarchisch gegliederte Stand der Seher-Priester. An ihrer Spitze der Oberpriester, der *Grive,* der in dem streng abgeschlossenen Waldheiligtum *Romowe* irgendwo im Norden des Landes die oberste Götterdreiheit betreute, von der wir noch hören werden. Seine Botschaften, durch ein mitgegebenes Krummholz ausgewiesen, waren Götterbefehl. Unter ihm standen die Griven der einzelnen Landesgaue und die Priesterkasten von den *Waidelotten,* den Sehern, bis hinunter zu den *Tulissonen* und *Ligaschonen,* die mitten im Volke die Heilkunst und Totenbetreuung ausübten. Das Geschäft aller dieser Priester war das weite Gebiet der Magie. Sie verstanden sich auf Art, Ort und Zeit der Opfer, auf die Rituale der Beschwörungen, auf die richtige »Ansprache« der Gottheiten, auf Zauberzeichen, Bann- und Segenssprüche: eine mühsam zu erlernende, sich durch Generationen vererbende »Wissenschaft« und »Technik«, bei deren Ausübung schon der kleinste Fehler verheerende Folgen haben konnte.

Erster Einwand: Das alles ist doch Blödsinn!

Vorsicht bitte, Vorsicht! Für diese Menschen damals war das die Welt, in der sie lebten und sich einrichten mußten; es war ihre

Wirklichkeit. Inzwischen hat der Mensch den Intellekt entwickelt, dem er den technisch-naturwissenschaftlichen Fortschritt verdankt. Vielleicht hat er dafür ein Organ verlieren müssen, so daß ihm die Welt götterleer geworden ist und er zwar noch Furcht, aber keine Ehrfurcht mehr empfinden kann. Die heutige Welt ist anders, gewiß. Ob sie besser ist, wird sich erst noch erweisen. Zu Überheblichkeit besteht kein Anlaß.

Zweiter Einwand: Woher will der Autor das alles wissen?

Eine berechtigte Frage. In der Tat, woher? Aus reichlich späten Quellen zumeist, 16. Jahrhundert, leider. Vor allem aus der »Chronika und beschreibung allerlüstlichenn, nützlichsten und waren historien des namkundigenn landes zu Prewssen« des Dominikanermönchs *Simon Grunau* von 1526.

In den halbwegs zeitgenössischen Chroniken aus dem 12. bis 14. Jahrhundert – der *Chronika Polonorum* von Martinus Gallus (?), einer weiteren aus dem Kloster Oliva (Chr. Ol.), einigen aus der Feder polnischer Kirchengrößen (Vincenz Kadlubek, Boguphal) und der schon erwähnten des Ordenschronisten von Dusburg (Db.) – findet man leider all das nicht, was man über die alten Prußen gern wissen möchte.

Aber der Grunau! Ein Schlawiner ist er, dieser Bettelmönch aus Tolkemit am Frischen Haff, ein Ausbeuter und Verfälscher seiner Vorlagen, der im Stile seines erzählfreudigen und bildungsprotzigen Jahrhunderts zu dem Überlieferten noch eine ganze Menge hinzufabuliert. Aber auch wohl wieder nicht so viel, wie es ihm die seriösen Historiker, denen er aus vielerlei Gründen nicht in den Kram paßt, gern anhängen möchten. Schließlich ist er Almosen sammelnd kreuz und quer durch das Land gezogen, in engster Berührung mit den Ärmsten der Armen, den deutschen und prußischen Scharwerkern und Tagelöhnern, den Waldarbeitern, Beutnern und Fallenstellern in den Wildnisgebieten Masurens, den Fischern auf der Kurischen Nehrung, den Bernsteinsammlern im Samland... Dort überall hat er aufgeschnappt, was aus der alten prußischen Vergangenheit allenthalben noch lebendig war, und hat es nacherzählt in der rohen, klobigen Sprache des Volkes. Und obendrein behauptet er, das verschollene *Liber filiorum Belial* (das Buch von den Teufelssöhnen) des ersten Prußenbischofs Christian, der Jahre in der Gefangenschaft der Prußen verbrachte und dieses Volk kannte wie kein zweiter, vor Augen gehabt und benutzt zu haben. Widerlegt hat ihm das bis heute jedoch niemand.

Um zu spüren, was an den Geschichten des Fabulierers Grunau echt sein könnte, dazu gehört schon ein besonderer Riecher. Den habe ich, denn ich bin ja selbst ein Pruße. Darauf werden wir noch zurückkommen.

Für das folgende bedarf es jedenfalls keines besonderen Riechers, es ist aktenkundig, zu finden in der eben erwähnten Chronik des 1223 verstorbenen Polen Vincenz Kadlubek (IV, 19). Der schreibt da: »Alle Geten (Prußen) teilen den Wahn (dementia), daß die vom Körper getrennten Seelen von neuem eingeflößt würden in künftig geborene Körper...« Nun, Wahn? Ich weiß nicht recht. Mit diesem Glauben an die Reinkarnation, die Wiederverkörperung des Menschen-Ich auf dem Wege zu immer höherer Vervollkommnung, befinden sich die Prußen in allerbester Gesellschaft. Nicht nur frühe Hochkulturen wie die altindische lehrten das, auch Plato, Lessing, der alte Preußenfritz, Leo Tolstoj, Benjamin Franklin, Franz Werfel und viele andere glaubten daran oder ahnten etwas davon. Goethe war sicher, »schon tausendmal« auf der Erde gewesen zu sein, und der US-General Patton sah sich in hellsichtiger Rückschau als römischen Legionär über Schlachtfelder in Old Germany stapfen. Man kann vieles glauben. Man kann auch an das Nichts glauben und die Sinnlosigkeit all unseres Tuns. Aber läßt sich mit einem solchen Weltbild leben? Die Prußen konnten es mit dem ihren.

Leute, die in einer so gestalteten Glaubenswelt lebten, können jedenfalls keine kulturlosen Wilden gewesen sein, wie eine spätere Zeit es uns weismachen will. Und wenn der christliche Chronist Canaparius (um 1000) von ihnen schreibt: »Sie denken nur ans Fressen und sind von mörderischer Raubgier« (für Lateiner: quorum deus venter est et avarica juncta cum morte), so ist das doch wohl nichts anderes als eine infame und sehr gezielte Verleumdung.

Nein, bitte nicht so! Die Prußen waren ein Volk von Kultur. (Nebenbei: Kultur gibt es auch ohne Kühlschrank, Television, Neonbeleuchtung und Pocketkamera. Goethe schrieb den »Faust« bei Kerzenlicht und fotografierte mit seinem Skizzenbuch.)

Will man daran zweifeln, daß auch in den Hallen der prußischen Fürsten der Sänger die Saiten schlug? Daß dort Götter- und Heldenlieder erklangen? Daß sie ihren Siegfried hatten, ihren Odysseus vielleicht, ihr Kalevala vielleicht, ihren Rurik und Olaf Åsteson? Nichts davon ist erhalten...

Die Germanen haben es da besser gehabt. Zwar hat auch in deren Bereichen Rom alles vorchristliche Kulturgut zu tilgen versucht. Aber es gab doch den großen und großherzigen Franken-Karl, der germanische Dichtung sammeln und bewahren ließ. Es gab das Refugium Island, wohin der lange Arm der Kirche nicht reichte und wo ein Schreibkundiger um 1200 aufzeichnete, was in dem zähen Bauernvolk noch an altgermanischem Kulturgut lebendig war. Und es gab im Heiligen Römischen Reich einen – anonymen – Dichter der höfischen Zeit, der den Mut hatte, das mit christlichem Aufputz nur dürftig getarnte heidnisch-germanische Epos von der Nibelungen Ruhm und Untergang zu schaffen. Anders wüßten wir heute nichts von Odin und der Weltesche, nichts von Hildebrand und Hadubrand, nichts von Siegfrieds Tod und Kriemhilds Rache.

Den Prußen entstand kein Homer, kein Kaiser Karl, kein hilfreicher großer Unbekannter. Schwacher Glanz nur aus dem, was späte Forscher mühsam zusammenlasen, als dieses Volk schon sich selbst entfremdet und zu einer amorphen Masse höriger Scharwerker und Kriegsknechte herabgewürdigt war, läßt erkennen, wovon man an den steinernen Rundaltären inmitten der offenen Burghallen gesungen haben mag, wenn die Feuer emporloderten in den nächtlichen Himmel.

Von der hohen Götterdreiheit vielleicht, deren Bildnisse in der Waldeseinsamkeit des Heiligtums Romowe verehrt wurden, aufgestellt in Aushöhlungen des Stammes einer uralten, immergrünen Eiche. Drei gewaltige Götter waren das, ebenbürtig einem Wotan, Baldur und Thor.

*Perkunos,* der bärtige Götterkönig, der zornige, flammende Donnerer, dem ein ewiges Feuer brannte. Im Gewittersturm brauste er über das Land, und das Volk fiel auf die Knie: »*Djewas Perkunos, abgehle nus!* – Gott Perkunos, erbarme Dich unser!« Sein Wohlwollen aber brachte Genesung mit der Asche von seinem heiligen Feuer oder dem Wasser aus Seen, die ihm geweiht waren. Und es galt als hoher Gnadenerweis, durch seinen Blitzschlag sterben zu dürfen.

*Potrimpos,* der ewige Jüngling, geschmückt mit dem Ährenkranz, Gott der Fruchtbarkeit, des glückhaften Werdens und Wachsens, dem die Schlange geweiht war. Man ehrte ihn mit Brand- und Blutopfern.

Und als dritter der bleiche *Pikollos,* der hagere Greis mit dem eisgrauen Bart, der Gott der Furcht, der Qual und der Strafen. Totenschädel von Mensch und Tier waren sein magisches Zeichen, und nur das Opfer des Teuersten, das man besaß, konnte ihn versöhnen.

Drei gewaltige Götter, wahrlich. Von ihnen wird man gesungen haben, denn sie bestimmten das Leben der Menschen.

Vielleicht auch von dem sagenhaften Brüderpaar, das in alter Zeit über See mit den *Goten,* den »Göttersöhnen«, ins Land kam: *Waidewud* und *Bruteno.* Ihre hohe Kultur öffnet ihnen Häuser und Herzen, und sie verbinden Zugewanderte und Eingesessene zu einem einzigen Volk. Waidewud wird der König, sein älterer Bruder Bruteno, der Graue, Grafe, Grive, wird der Hohepriester in Romowe, dem Heiligtum der drei mächtigen Götter, die man mit ins Land gebracht hat. Wer fühlte sich nicht versucht, an Äneas zu denken, den Heimatvertriebenen, der die Götter des zerstörten Troja nach Italien brachte!

Schmählicher Kindertribut, den das Urvolk alljährlich an das südliche Masowien zu entrichten hat, führt zu einem Befreiungskrieg, den Waidewud, König und Herzog zugleich, nach schweren Kämpfen siegreich beendet. Der Sohn des erschlagenen Masowierfürsten bittet um Frieden und bringt den prußischen Göttern ein weißes Roß als Brandopfer dar. Langer Friede darauf, Handelsverkehr, Heiraten.

Doch dann zieht Unheil herauf. Die zwölf Söhne Waidewuds neiden dem Vater, der inzwischen das alttestamentarische Alter von 116 Jahren erreicht hat, die Macht. Bruteno, der Graue, der Grive, ein Greis von 132 Jahren, schlichtet auf einem Versöhnungsfest in Romowe den Streit, das Land wird geteilt. *Litwo,* der Älteste, erhält das Gebiet zwischen Njemen und Bug, *Samo* das Bernsteinland am Meer, *Sudo* das große Wald- und Seengebiet im Südosten, das nach ihm Sudauen benannt wird, und so fort. Auf diese Weise entstehen also die zwölf prußischen Stammesgebiete, in denen sich die Söhne auf ihren Burgen als Fürsten einrichten.

Jetzt aber erscheint es dem greisen Brüderpaar an der Zeit, abzutreten. In Romowe findet ein Freuden- und Dankesfest statt. Auf seinem Höhepunkt besteigen Waidewud und Bruteno den Scheiterhaufen. Die Flammen lodern auf, Perkunos, der gnädigzürnende, zeigt sich, im Blitz und Donner des Gewittersturmes werden die Brüder der Erde entrückt.

Die folgende Königswahl aber bleibt ohne Ergebnis. Wieder entflammt blutiger Streit, und Litwo jagt seinen Bruder Nadro zu Tode. Er und sein Land Litauen werden daraufhin für immer aus der Gemeinschaft der Brüder ausgeschlossen. Das Prußenland aber bleibt forthin ohne König.

Ein grandioses Epos von homerischen Dimensionen. Vielleicht hat ein Dichtersänger es einmal gestaltet? Hat es solche Heldenlieder gegeben?

Es hat sie gegeben.

Da findet, so weiß der Heimatforscher W. Schlusnus zu erzählen, lange Zeit später auf der Marienburg ein Fest statt. Unter Spaßmachern und Gauklervolk zeigt sich mit einem Mal ein weißhaariger, uralter Mann. Er schlägt die Kantele und singt. Singt vom Helden Waidewud. Er singt prußisch, und niemand versteht ein Wort. Die trunkenen Ritter äffen ihn nach, und der Chronist, Klang und Rhythmus des Liedes verspottend, höhnt ebenfalls eifrig mit:

Niemands hat verstanden / dem armen Prüsse.

Drum schenk ich ihm auch hundert / taube Nüsse.
Nichts davon ist erhalten...

Die Erinnerung aber an die Volksbegründer Waidewud und Bruteno und ihre Taten wetterleuchtet noch im 16. Jahrhundert in dem gedemütigten Volk.

# Das vierte Kapitel

schildert das Wirken zweier romchristlicher Zeugen Jehovas, die mit den besten Absichten zu den Prußen reisen, jedoch auf keinerlei Gegenliebe stoßen, und macht Sie nebenbei mit einer neuen alten Sprache bekannt.

Wer auf der Welt läßt schon wen in Frieden!

Nicht allein, daß immer wieder übers Meer allerlei Volk in meiner Heimat anlandete, Wikinger und Dänen, die nicht nur Handel treiben wollten – auch im Süden und Südwesten regten sich die Polen, die schon damals zur Ostseeküste schielten.

Polen, ein noch nicht lange bestehendes, aber bereits straff regiertes Staatengebilde zwischen Warthe und Weichsel um Posen und Gnesen herum, war 966 römisch-christlich geworden, zumindest soweit es den ersten (nachweisbaren) Herrscher, Mieszko I., betraf. Das jedoch genügte, um den neuen Glauben auch über die eigenen Grenzen hinaus bei den armen Noch-Heiden zu verbreiten, zumal sich damit eine Erweiterung des eigenen Machtbereichs zwanglos verbinden ließ. Das klingt bekannt? Ausgeschlossen, wir sind nicht im 16. Jahrhundert bei den Inkas und Azteken, auch nicht ein paar Jahrhunderte später mit Briten, Franzosen, Portugiesen und Holländern in Indien, China oder Afrika. Wir befinden uns im 10. Jahrhundert und mitten in Europa.

Wer bei solchen Ambitionen eifrig Hilfestellung leistete, das waren nicht nur die drei sächsischen Ottos (I.-III.), Kaiser des Heiligen Römischen Reiches Deutscher Nation, »Freunde« und mehr pro forma auch Lehnsherren des Polenhäuptlings, sondern auch der jeweilige Heilige Vater in Rom (11 Päpste und Gegenpäpste gab es zwischen 963 und 1000). Die Jahrtausendwende stand bevor, Weltuntergang, Jüngstes Gericht. Und es wäre nicht zu verantworten gewesen, wenn man vorher nicht schnell noch alle Heiden bekehrt hätte, wo immer sie greifbar waren. 967 schon bemächtigte sich der Polenherzog Mieszko, sich dabei tüchtig mit den deutschen Markgrafen Wichmann, Gero und Hodo herumstreitend, der slawischen und natürlich heidnischen Pomoranen mitsamt ihrem Küstenland Pomorje (Pommern). Mit der Bekehrung freilich hatte es noch lange Weile, die fand erst 250 Jahre später statt.

Weiter ostwärts hingegen, im Weichseldelta und bei den prußischen »Hundsköpfen«, da wollte und wollte es nicht klappen. Ob man es dort einmal andersrum versuchte? Erst Bekehrung und dann Schwert?

Den ersten Versuch solcher Art unternahm, wie man den drei zeitgenössischen Berichten von Canaparius (999), Brun von Querfurt (1004) und einem slawischen Unbekannten (um 1000) entnehmen kann, ein Herr *Woitech* aus Prag. Er war fürstlichen Geblüts, verwandt und versippt bis ins deutsche Kaiserhaus hinauf.

Ein seltsamer, recht bedauernswerter Knabe, dieser Herr Woitech. In frühester Jugend erkrankt er auf den Tod, die Eltern versprechen ihn für den Fall der Genesung dem Herrn, und dieser tut ein Wunder. Von der »häßlichen Krankheit« (so zu lesen) kuriert, sieht sich der Knabe Woitech genötigt, Gott sein Leben lang dafür dankbar sein zu müssen. Man läßt ihn in Magdeburg die Klosterschule des heiligen Moritz durchlaufen, weiht ihn zum Priester, und mit wenig über 30 Jahren ist er bereits Bischof. Barfuß zieht er als Büßer in seine Residenz Prag ein, hochbejubelt. Aber als der Eiferer die lebensfrohen Prager mitbüßen lassen will, macht er sich schnell beim Volk und bei der niederen Geistlichkeit (der er das Heiraten verbietet) so unbeliebt, daß er Prag verlassen muß. Er geht nach Italien und versucht sich in dortigen Klöstern ein paar Jahre in Selbstkasteiung als Tellerwäscher, Wasserträger und Kloreiniger.

Nach neun Jahren muß ihn der Papst sehr energisch auf seinen Bischofsstuhl nach Prag zurückbefehlen. Und wieder klappt es nicht, ein regelrechter Aufstand gegen ihn bricht los und treibt ihn zur Flucht. Die Böhmen werden dafür mit dem Kirchenfluch belegt, und sie revanchieren sich, indem sie Herrn Woitechs Geburtshaus samt seinen darin befindlichen Brüdern in Asche legen. Doch kaum zu glauben, ein Jahr später will man ihn nochmals nach Böhmen in Marsch setzen. Aber er will nicht, und als er wiederum muß, wollen die Prager nicht. Statt dessen will er nun Missionar werden. Wir sehen ihn im folgenden in der Umgebung des jungen, versponnenen Kaisers Otto III. als Freund und Berater, auch hier wäscht er Teller und wienert nachts heimlich das Schuhzeug des kaiserlichen Gefolges. Dann reist er nach Frankreich, besucht dort Klöster und auch die Gräber religiöser Märtyrer. Danach ist er in Polen und Ungarn tätig als »Befestiger im Glauben«. Von der

Macht seines Wortes weiß eine alte Historia Böhmens zu erzählen: »Da ereignete sich die wundersame Begebenheit, daß mit gespitzten Ohren Rinder, Pferde, Esel, Ziegen und Schweine stillstanden und, als ob sie die guten Lehren fühlten und begriffen, ihm durch Nicken ihrer Köpfe beistimmten« (Dubrav. historia Bohemensis p. 47). Herr Woitech wertet das nicht als Erfolg, er will zu richtigen Heiden.

Zum Beispiel zu den Prußen.

Und so erleben wir ihn denn im März des Jahres 997, von den besten Wünschen des (zweiten) polnischen Gesamtherrschers, Boleslaw I. Chrobry (der Tapfere), und einer bewaffneten Eskorte begleitet, per Schiff auf dem Wege ins Heidenland. Er segelte zunächst die Weichsel hinunter zu einem Ort namens *Gyddanycz,* den in alter Zeit einmal die Goten angelegt hatten. Dort saßen inzwischen ebenfalls finstere Heiden, die Kaschuben, recht unwirsche slawische Brüder, die dem Tapferen (siehe oben!) noch nicht so recht botmäßig waren und den schönen Wasserweg zur Ostsee verunsicherten. Wenn man den zeitgenössischen Berichten glauben darf, dann bekehrte Herr Woitech als ein mittelalterlicher Billy Graham dort in einer eintägigen öffentlichen Massenveranstaltung »viele Heiden«. Ob auf Deutsch, Polnisch, Tschechisch oder gar Lateinisch, wird nicht berichtet, auch nicht, ob die Bekehrten registriert wurden und wie lange sie dem neuen Glauben treu blieben.

Jedenfalls gab dieser Erfolg Herrn Woitech viel Mut für das nun Folgende. Er schiffte gen Osten und ließ sich zusammen mit seinem Stiefbruder Gaudentius und einem weiteren Hilfswilligen namens Benedikt irgendwo an der Küste (des Samlandes?) aussetzen. Das Schiff mitsamt Eskorte machte sich im Schutze der Dunkelheit schnellstens davon, die Rückfahrt war nicht inbegriffen und von Herrn Woitech, der heißen Herzens an die Märtyrergräber in Frankreich dachte, wohl auch nicht eingeplant.

Prußisch konnte Herr Woitech nicht, und die Prußen ihrerseits verstanden weder Tschechisch noch Deutsch, von Latein ganz zu schweigen, allenfalls ein bißchen Polnisch (was nicht von Vorteil war). Es kam zu Mißverständnissen. Als er im ersten Dorf gleich zu predigen begann, hatten die Leute zunächst ihren Spaß an den ulkigen Fremden in ihren Kutten, mit dem kreisrunden Kahlschlag auf dem Hinterkopf. Dann aber wurden sie es leid, und ein Kerl schlug Herrn Woitech, während dieser gerade auf Lateinisch aus dem Psalter lobpries, mit einem Ruder ins Kreuz.

Anderen Orts wurde es noch ungemütlicher. Das Volk schrie: »Das sind die Pachulken, denen wir das schlechte Wetter und die Mißernten verdanken!« (eine ganz unbegründete Unterstellung), und der Dorfälteste ließ ihnen übersetzen, es sei ein Wunder, daß sie in diesem Aufzug und mit dieser Masche überhaupt so weit gekommen seien. Denn: »Wir hier in dieser Gegend haben ein eigenes Gesetz und unsere eigene Lebensart. Ihr bringt uns ein anderes, uns fremdes Gesetz, das wir nicht wollen.« Und: sie sollten gefälligst noch in derselben Nacht verschwinden auf Nimmerwiedersehen. Was sie auch taten.

Nach so viel Mißerfolg beschlossen die drei Bekehrer, der Wirklichkeit ein paar Konzessionen zu machen. Man wollte Kopf- und Barthaare wachsen lassen und sich landesüblich kleiden, um nicht gleich so aufzufallen. Im übrigen trat man den Rückweg zur Küste an. Doch das alles half nun auch nichts mehr.

Vielleicht tappte Herr Woitech während des Rückmarsches ahnungslos oder (was wahrscheinlicher ist) absichtlich mitten in heiliges Gelände, vielleicht auch irritierte die Prußen sein Polnisch; denn in diesem Punkte waren sie durch schlimme Erfahrungen empfindlich geworden. Vielleicht kam auch beides zusammen, jedenfalls schlugen sie ihn nunmehr kurzerhand tot. Angeblich am 3. April 997. Angeblich bei Tenkitten auf dem Zuweg zur Frischen Nehrung (oder auch ganz woanders). Der Mann, der den ersten Streich führte, vermutlich ein Priester, betonte ausdrücklich, dies sei Rache für seinen von den Polen erschlagenen Bruder.

Die beiden anderen, den Gaudentius und den Benedikt, ließ man laufen, so daß sie Herzog Boleslaw dem Tapferen berichten konnten. Dieser ließ die Überreste des Verblichenen mit Silber auslösen, Pfund gegen Pfund (daß da noch Reste vorhanden waren und daß die bestialischen Prußen darüber mit sich reden ließen, Wunder über Wunder!). Man schaffte die Gebeine nach Gnesen,

So sah es der Historienmaler des 19. Jh.s – hochdramatisch
und mit Sicherheit falsch.
Der Tod des hl. Adalbert. Holzschnitt nach einem Gemälde von Fritz Roeber
(Quelle: Archiv für Kunst und Geschichte, Berlin)

und der tapfere Boleslaw errichtete ihnen einen Dom und rundherum gleich ein ganzes Erzbistum. Bei der Einweihung des Gotteshauses schritt an der Spitze des Festzuges der deutsche Kaiser Otto III., 19 Jahre jung. Im Büßergewand, barfuß und weinend. Als er von Gnesen schied, gab ihm der Tapfere von dem Ausgelösten einen Knochen als Andenken mit. Ja, nun...

Damit nicht genug: 1038 erstürmten die Böhmen unter Herzog Bretislav I. anläßlich eines Raubzuges Gnesen und führten, was von Herrn Woitech noch übrig war, heim nach Prag. Den Lebenden hatten sie nicht gemocht, der Tote war ihnen als Attraktion willkommen. Doch ganz sicher ist man nicht, ob nicht vielleicht noch etwas von ihm in Gnesen zurückgeblieben ist.

Herr Woitech aber hatte durch sein Ableben erreicht, was ihm das Leben versagt hatte: um seinen Namen würde der Glanz der Märtyrerkrone strahlen... Die Geschichte kennt ihn als Adalbert von Prag, die Kirchengeschichte als den *Heiligen Adalbert*.

Der zweite Missionar, der sich an den Prußen versuchte, war *Brun von Querfurt*. Der »erste *deutsche*«, wie der ostpreußische Heimathistoriker B. Schumacher gebührend zu rühmen weiß, während sein polnischer Kollege St. Zakrzewski in ihm den »Apostel der polnischen Mission nach Osten« sieht. Recht haben beide: ein Deutscher, der polnische Mission betrieb.

Für die ausgemauerten Bundesbürger: Querfurt ist eine Kreisstadt im Bezirk Halle, 120 m über dem Meeresspiegel der DDR. Dort besaß im 10. Jahrhundert n. Chr. Bruns Vater, der Graf Brun, eine Burg, von deren Turm aus man bei klarem Wetter bis nach Merseburg sehen und hinter der Saale die Slawen ahnen konnte, die teilweise noch finstere und bösartige Heiden waren. Hier auf dieser Burg wird Brun junior geboren, wahrscheinlich im Jahre 974. Von 986 bis 995 besucht er die Prominentenschule der Zeit, die sogenannte »Moritzschule« in Magdeburg, zuletzt ist er dort wohl Kanonikus am Mauritiusdom. 997, als Adalbert-Woitech im Prußenland den Tod findet, holt der siebzehnjährige Otto III., ein Jahr zuvor von Papst Gregor V. zum deutschen Kaiser gekrönt, sich den Kanonikus Brun als Kaplan in seinen Hofstaat.

Im Gefolge des versponnenen, selbstquälerischen Kaiserjüng-
lings zieht Brun nach Italien mit, gegen das aufständische Rom. In
Ravenna trifft er auf den Mann, der sein weiteres Leben entscheidend bestimmen soll: auf den Einsiedlermönch Romualdus. Dieser Romualdus fordert und praktiziert selbst ein Leben wie heute
noch in Indien die Sadhus und Jogis: Einsamkeit (oder allenfalls
Zweisamkeit zum Lehren und Lernen) in einer Einödklause, Kon-
templation und Meditation anhand der Heiligen Schrift, körperli-
che Arbeit, kärglichste Kleidung und Nahrung, Bezwingung des
Teufels durch häufiges Fasten und Nachtwachen, notdürftigste
Körperpflege... Brun beschließt, auch so ein Einsiedelmann zu
werden.

In Rom tritt er 998 zunächst in das Kloster St. Bonifatius und St.
Alexius auf dem Aventin ein, in dem auch Woitech-Adalbert ein-
saß, ein Jahr später legt er als Bruder Bonifatius das Mönchsge-
lübde ab. Scheußliches, das er bei dem kaiserlich-päpstlichen
Strafgericht in Rom miterleben mußte, mag ihn in seinem Entschluß bestärkt haben: Der römische Adlige Johannes Crescentius, der sich der Heiligen Stadt bemächtigt und den Erzbischof
Philagathos von Piacenza als Gegenpapst Johannes (XVI.) ausge-
rufen hatte, wird auf der Engelsburg unter Bruch eines gegebenen
kaiserlichen Worts geköpft und an den Beinen öffentlich ausge-
hängt; dem Griechen Philagathos, einem ehemaligen Lehrer Ottos, werden auf Befehl des Kaisers Ohren, Nase und Zunge abge-
schnitten und die Augen ausgestochen, der erbitterte Papst
Gregor läßt den verstümmelten Konkurrenten rücklings auf
einen Esel setzen und so an der johlenden Menge vorbei durch die
Stadt schleppen.

Das Jahr 1000, als Weltuntergangsjahr vielfach vorausgeschaut
und gefürchtet, sieht Brun im Büßerkreise des Romualdus in einer
Einsiedelei bei Rom, der Priestermönch Benedikt von Benevent
schult ihn dort in Askese. Als ein Jahr später in Rom ein Aufstand
gegen den deutschen Kaiser losbricht, zieht Romualdus mit seinen
Schülern auf die sumpfige Po-Insel Pereum unweit Ravennas um.
In der Einsiedlergemeinschaft sind auch einige junge Polen, darunter ein Sohn des tapferen Polenherzogs Boleslaw. Oft kommt

von Ravenna heimlich Kaiser Otto herüber, voll von Buß- und Sühnegedanken, schüttet sein zerquältes Herz aus und läßt sich trösten. Auch er will Mönch und Missionar werden, später...

Im November 1001 fordert der polnische Boleslaw, den der Kaiser ein Jahr zuvor in Gnesen besucht und unter Erlassung aller Tributzahlungen zum »Bruder und Hilfsarbeiter (cooperator) der Kaiserlichen Majestät« ernannt hat, Missionare für die Bekehrung der ungebärdigen Prußen an. Zwei der Einsiedler, Benedikt und Johannes, sind sofort bereit. Sie reisen voraus, Brun soll mit der schriftlichen Genehmigung des Papstes folgen.

Zuständig dafür ist Silvester II., denn Papst Gregor V. steht im Weltuntergangsjahr bereits vor Gottes Thron, 999 hat man ihn (wahrscheinlich) ermordet. Am 23. 1. 1002 stirbt dann auch der glücklose Kaiser Otto III., noch keine 22 Jahre alt. Der Einsiedelmönch Brun wandert barfuß und Psalmen singend, sich von Wasser und Brot nährend und nur an Festtagen auch etwas Obst und Wurzeln hinzufügend, nach Rom und wird von Papst Silvester zum »Erzbischof der Heiden (archiepiscopus gentium)« ernannt. Danach reist er nach Norden ab.

Aber nicht zu den Polen. Mit diesen hat es nämlich Ärger gegeben. Den Wechsel auf dem deutschen Königsthron und Nachfolgestreitigkeiten seiner böhmischen Vettern ausnutzend, ist der polnische Boleslaw, der schon Pommern, Schlesien, Mähren und Kroatien eingesteckt hat, in Prag einmarschiert und weigert sich beharrlich, das schöne Böhmerland als Lehen aus der Hand des deutschen Königs Heinrich II. anzunehmen.

Das bedeutet Krieg. Denn im Gegensatz zu seinem verblichenen Vetter Otto ist dieser Heinrich ein nüchterner, klarsehender Mann, der das sich ständig ausweitende Großreich des Boleslaw als die größte Gefahr für das eigene Imperium erkennt. So trägt er denn auch keine Bedenken, sich gegen den christlichen Polenherzog mit den heidnischen Liutizen zu verbünden, einem wendischen Volksstamm, der 983 das deutsche Joch mitsamt dem christlichen Glauben wieder abgeworfen und die von Otto I. gegründeten Bistümer Brandenburg und Havelberg zerstört hat. Die Empörung in der christlichen Welt wegen eines so abartigen

Bündnisses ist dabei von König Heinrich einkalkuliert. Er sollte recht behalten: Die Kirche nahm ihm das auf Dauer nicht übel, 1014 krönte sie ihn zum Kaiser, 1146 sprach sie ihn heilig.

Krieg also zwischen dem Deutschen Reich und Polen! Das ist nicht der Zeitpunkt für friedliche Missionsarbeit in diesen Gegenden, und so dreht Brun denn in Richtung Ungarn ab. In ihrem Bereitstellungslager an der prußischen Grenze warten indessen Benedikt, der sich zwecks Anpassung an die Landessitten schon lange Haare wachsen läßt, Bruder Johannes, die zwei polnischen Novizen Isaak und Matthäus und Laienbruder Christinus, der Koch der Vorausabteilung, vergeblich auf den Marschbefehl des Papstes, den Brun mitbringen soll. Sie warten nicht mehr lange. Am 11. 11. 1003 werden sie alle fünf umgebracht. Nicht von Prußen, sondern von Leuten des Boleslaw, die bei ihnen noch etwas von dem Reisegeld vermuten, das der Tapfere bewilligt hatte.

Missionar Brun ist inzwischen in Ungarn angelangt und dort in ein Spannungsfeld widerstreitender Interessen geraten. Bei dem Großherrn Stephan, der sich ab 1001 n. Chr. König nennt und im Donauknie residiert, ist seit etwa drei Jahren die römisch-katholische Mission erfolgreich gewesen, desgleichen in Siebenbürgen, dem Reich der Gylas-Fürsten. Dazwischen aber sitzt in seiner Hauptstadt Moroswar (heute Csanád) der Fürst Achtum. Und der nun ist griechisch-orthodox, wenn auch nicht gerade aus vollem Herzen. (So hält er sich einen Harem von sieben teilweise heidnischen Frauen.) Hier nun, bei den »Schwarzen Ungarn«, wie er sie nennt, sieht der »Erzbischof der Heiden« zunächst sein Betätigungsfeld, sicher nicht zur überschäumenden Freude der griechischen Mönche, die dort bereits am Werke sind.

Der Grafensohn Brun scheint nicht nur der gewaltige und überzeugende Redner gewesen zu sein, als der er gerühmt wird, sondern auch ein streitbarer und harter Mann. Die Legende weiß zu erzählen, bei einem Zwischenbesuch in seiner Heimat Querfurt habe der Esel, auf dem er einritt, in dem felsigen Boden Hufabdrücke hinterlassen, die noch lange danach gezeigt wurden. Und in Ungarn scheint es auch nicht sanft hergegangen zu sein. Brun selbst berichtet bedauernd dem deutschen König Heinrich in einem berühmt gewordenen Brief aus dem Jahre 1008, ein paar hartnäckigen Ungläubigen seien da wohl die Augen ausgestochen worden. Und er ist redlich verwundert, daß die Schwarzen Ungarn später dann doch noch römische Christen wurden. (Sie wurden es notgedrungen nach der Besiegung und »Beseitigung« des Fürsten Achtum durch König Stephan.) Bruns Tätigkeit im Schwarzen Ungarn, die mit Unterbrechungen von 1003 bis 1007 dauert, hat jedenfalls keine Erfolge zu verzeichnen. Zweimal hätten ihn die schlimmen Madjaren beinahe umgebracht.

So reist er denn gegen Ende des Jahres 1007 aus Ungarn ab. Aber wiederum nicht nach Polen. Dort ist nach kurzer Pause der Krieg mit den Deutschen erneut ausgebrochen, Boleslaw steht vor Magdeburg. Nein, der »Erzbischof der Heiden« hat noch nicht die Prußen, er hat die Petschenegen im Visier. Das ist ein militantes, nomadisierendes Turkvolk vom unteren Dnjepr, das sich seit 895 unter Verdrängung der Ungarn über das ganze Küstengebiet zwischen Don und Donau ausgebreitet hat. In Kiew wird Brun von dem dort residierenden russischen Großfürsten Wladimir I. etwas säuerlich begrüßt. Seine Residenz hat schon seit 866 einen griechischen Bischof, die Christianisierung im Lande leitet zur Zeit der aus Konstantinopel kommende Metropolit Michael. Der Fürst selbst ist 990, um die griechische Prinzessin Anna heiraten zu können, zum griechisch-orthodoxen Glauben übergetreten. Ein Mann wie der römisch-katholische Brun ist dort also gar nicht zu brauchen. Der Wladimir versucht denn auch dem Sendling des Papstes sein Vorhaben auszureden. Als das nichts fruchtet, bringt er ihn höchstpersönlich an den Grenzzaun, den er zu den Petschenegen hat ziehen lassen, und schließt ihm das Tor auf. Spektakuläre Verabschiedung: der Fürst mit seinen Leuten auf einem Hügel diesseits des Zaunes, Brun mit den Seinen auf einem ebensolchen jenseits. Und aus dem Jenseits ruft Brun dem Wladimir hinüber: »Gott möge dir das Paradies eröffnen, so wie du uns das Tor zu den Heiden öffnest!« Der Fürst winkt und reitet ab, das arge Gefühl im Herzen: »Der ist besorgt und aufgehoben.«

Zwei Tage lang ziehen die christlichen Brüder unbehelligt durch die Petschenegensteppe, dann werden sie bei den Horenoffizien, an bestimmte Tageszeiten gebundene Gebetsübungen, überrascht, festgehalten und wohl auch verprügelt. Die aufgebrachte Menge glaubt, es mit fremden Zauberern und Medizinmännern zu tun zu haben. Doch seltsam, überall, wo dieser missionierende Friedensapostel mit dem härenen Gewand und dem harten Herzen erscheint, wird es politisch (obwohl König Heinrich ihm dringend angeraten hat, ja seine Finger aus der Politik herauszuhalten!): Die Häuptlinge der Petschenegen erkennen sehr schnell, daß diese seltsamen Fremdlinge ihnen noch von Nutzen sein können. Fünf Monate lang dürfen sie ungestört bekehren und taufen und bringen es in dieser Zeit auf ganze 30 (dreißig!) Seelen. Nach diesem Erfolg erklären die Häuptlinge Brun, sie würden alle, alle Christen werden, aber... aber zuvor müsse er den Frieden mit dem russischen Wladimir zustande bringen.

So erscheint denn der längst totgeglaubte Missionar zur allgemeinen Verwunderung wieder in Kiew, diesmal als bevollmächtigter Unterhändler der Petschenegen. Und er kann auch tatsächlich so etwas wie einen Frieden vermitteln, bei dem der Wladimir sogar seinen Sohn als Geisel stellt. Von langer Dauer ist das nicht, 1013 sind die Petschenegen schon wieder auf dem Kriegspfad gegen die Russen, im Bunde mit dem polnischen Boleslaw, der inzwischen Böhmen herausrücken mußte und nun im Osten weiter an seinem Großreich bastelt. Fünf Jahre später erobert er tatsächlich Kiew, sein Blick zielt auf Konstantinopel (weshalb die polnische Geschichtsschreibung den »Tapferen« heute auch noch »der Große« tituliert). Aber zu diesem Zeitpunkt ist der deutsche Friedensstifter schon lange vom Schauplatz abgetreten.

Schließlich findet Brun nun doch den Weg nach Polen, Mitte 1008 sehen wir ihn bei seinem Förderer Boleslaw. »Ich liebe diesen Fürsten wie meine Seele und mehr als mein Leben«, schreibt er in dem erwähnten Brief an den deutschen Heinrich. Und wieder versucht er sich als politischer Ratgeber und Vermittler. Indem er dem König, mit allem Respekt und aller Vorsicht natürlich, gründlich die Meinung sagt. Wegen des schändlichen Bündnisses mit den Liutizen-Heiden, und überhaupt.

»Ist es recht«, so schreibt er, »ein christliches Volk [die Polen] zu verfolgen und ein heidnisches [die Liutizen] zum Freund zu haben? Wie stimmt Christus zu Belial?... Mit welcher Stirn gehen nebeneinander die heilige Lanze [des Mairitius] und die teuflischen Feldzeichen derer, die von Menschenblut sich nähren? Hältst Du es nicht für Sünde, o König, wenn ein Christenhaupt – es ist schrecklich zu sagen – unter der Fahne der Dämonen geopfert wird?«

Heinrich hält das nicht unbedingt für Sünde, und wenn, dann kann man später Buße tun. Im Augenblick geht es ihm nur darum, dem allzu flügge gewordenen Boleslaw die Schwingen zu stutzen und ihn in den Käfig der Vasallenschaft zurückzuzwingen. Außerdem sieht er in dem Einsiedelmönch Brun mit seiner übertriebenen Askese bei aller gebotenen Hochachtung im Grunde einen Spinner. Dessen Appell jedenfalls verhallt ohne Wirkung.

Zu Anfang des Jahres 1009, mit siebenjähriger Verspätung, macht Brun sich nun endlich an seine selbstgewählte Hauptaufgabe, die Bekehrung der Prußen. Mit einem Einsatzstab von etwa zwanzig Mann. Der Boleslaw gibt ihm bis zur Grenze Geleitschutz mit.

Und nun, wo wir Sensationelles erwarten, verläuft alles sehr schnell und sehr karg und sehr schweigsam. Der Trupp überschreitet die Grenze. Wo, das ist nicht bekannt. Vermutlich irgendwo im Sudauischen. Brun predigt. Das wird ihm verboten. Er läßt es nicht, wird daraufhin gefangengenommen und am 9. März 1009 mit seinen Gefährten getötet. Mehr weiß man nicht.

Angeblich hat der tapfere Boleslaw auch diese Toten losgekauft. Aber wo sind sie geblieben? Eine Grabstätte und ein Erzbistum hat er ihnen nicht eingerichtet. Und H. G. Voigt, der Biograph Bruns, empfiehlt, zu seinem Gedenken ersatzweise an dem Adalbertskreuz bei Tenkitten auf der Frischen Nehrung einen Kranz niederzulegen. Aber wurde Adalbert-Woitech wirklich dort erschlagen? Und steht das Kreuz heute noch, wo wieder Heiden im Lande sind? Und wenn ja, würde man dort mit Blumen willkommen sein?

Sehr viel wissen wir vom Leben des so rührigen und so erfolglosen christlichen Missionars und Märtyrers Brun von Querfurt, des

»Erzbischofs der Heiden«, und so wenig von seinem traurigen Tode. Um so kräftiger rankt sich die Legende an diesem Nichtwissen hoch, zumal bald nach den schlimmen Ereignissen im Prußenland ein blinder Mönch namens Wibert auftaucht und behauptet, er sei mit dabei gewesen und als einziger dem Gemetzel entronnen. Sein angeblicher Tatsachenbericht, aufgezeichnet in der sogenannten Tegernseer Handschrift vom Ende des 11. Jhdts., zusammen mit dem, was sich in der Biographie des hl. Romualdus von dem Italiener Damiani (um 1037) findet, ergibt etwa folgendes:

Brun zieht also mit seinem Einsiedlertrupp ins Heidenland und kommt sehr schnell an die Burg eines »Königs« namens *Nethimer*. Der hält die zerlumpten, barfüßigen Fremden für Bettler und verspricht ihnen Geld, wenn sie mit ihrem albernen Gesinge und Gerede aufhören. Darauf entfernt sich Brun, zieht irgendwo in der Wildnis seine Amtstracht als Erzbischof mit dem ganzen Pontifikalschmuck an und erscheint wiederum. Der »König« ist nicht wenig verblüfft ob dieser Verwandlung. Und als Brun nun noch die Messe zelebriert und aus den Evangelien rezitiert, ist er sichtlich beeindruckt. Er spricht daraufhin von der Macht der eigenen Götter und der Zauberkraft der ihnen geweihten Idole und Amulette. Brun sagt »pah!« und verlangt die Wunderdinger zu sehen. Sie werden gebracht, er schaut sie an und wirft sie stracks in das Feuer, das in der Mitte der Wohnhalle brennt. Kein Donner grollt, kein Sturmwind braust ums Haus, kein zürnender Blitz trifft den Schänder der Heiligtümer.

Doch der »König« ist nun, was zu verstehen ist, bitterböse. Zur Überprüfung des Sachverhalts verlangt er auf der Stelle die Feuerprobe. Brun akzeptiert ohne Zögern. Das Feuer wird auf Hochglut gebracht, ein Stuhl hineingestellt, und der Erzbischof setzt sich da hinauf, im vollen Ornat. Um ihn lodern die Flammen, ringsum singen seine Begleiter sieben Psalmen, er bleibt unversehrt.

Kommen Sie mit? Sind Sie beeindruckt? Nun ja – die Sache mit dem Rohrplattenkoffer voller Festgewänder, den die barfüßigen, in härene Lumpen gekleideten Einsiedlermönche da offenbar auf ihren Eseln mitführen, mag noch angehen. Auch daß dem »Erzbischof der Heiden« und seiner Prachtkleidung nichts passiert, mag man wohl glauben, schließlich hat er alles vorher gründlich mit Weihwasser besprengt. Aber der Stuhl, Herrschaften, der heidnische Stuhl! Daß der das ausgehalten haben soll...

Nun, der »König« mit dem ganz unprußischen Namen Nethimer ist vollauf überzeugt. Sofort läßt er sich mit dreihundert seiner Untertanen in dem nahegelegenen See taufen und einen jüngeren Bruder, der da nicht mitmachen will, kurzerhand umbringen.

Das wiederum gefällt nun einem weiteren Bruder namens *Sebeden,* der auf seiner Burg in der Nachbarschaft sitzt und offensichtlich vom Teufel besessen ist, ganz und gar nicht. Als Brun trotz ausdrücklichen Verbots auch in seinem Gebiet zu missionieren beginnt, läßt er ihn aufgreifen und enthaupten. 18 seiner Gefährten werden aufgehängt.

Wie gesagt, der arme alte, geblendete Wibert fand angeblich als einziger Überlebender in die ferne deutsche Heimat zurück, und der hat das alles erzählt.

Die Geschichtswerke verlangen von uns Bewunderung für die Märtyrer. Natürlich bewundern wir und mit Recht. Sich selbst zum Opfer bringen für das, was die Zeit gerade für Groß und Edel erkannt hat, ist der höchste Sinn, den ein Mensch seinem Leben geben kann. Wir bewundern um so bereitwilliger, als uns heute zu Bewunderung und Ehrfurcht so wenig Anlaß gegeben wird. Die vielfarbigen tapferen Glaubensstreiter *unserer* Tage verkommen meistens ungekannt und ungehört hinter den schalldichten Mauern der Geheimdienstkeller und erhalten nur selten die Möglichkeit, von Chronisten gepriesen und als Märtyrer verehrt zu werden.

Im neuen Jahrtausend war dann für die alten Prußen 200 Jahre lang Ruhe, soweit man die ständigen Plänkeleien mit den Polen und auch mit dem litauischen Brudervolk so bezeichnen kann. Die Prußen waren in dieser Zeit gar nicht mehr so friedlich, sie schafften bessere Waffen an, bauten ihre Wallburgen aus und wehrten sich ihrer Haut. Ein empörter polnischer Chronist um 1100 (Gallus anonymus) bezeichnet sie als eine »höchst unbändige« Nation.

Sie taten gut daran, ihre Friedfertigkeit abzulegen. Denn bald kam es knüppeldick über sie. Es kamen die Deutschen mit Panzern...

Doch das ist ein Kapitel für sich.

Wie wäre es zuvor mit einem bißchen Altpreußisch? Keine Sorge, soviel ist davon gar nicht übriggeblieben. An die 1200 Wörter vielleicht. Die wenigen schriftlichen Belege stammen aus viel späterer Zeit, als Volk und Sprache schon korrumpiert und sich selbst entfremdet waren.

Besteigen wir also die Zeitmaschine und fahren wir für ein Weilchen voraus ins 16. Jahrhundert. Die gute alte Ostsee rauscht noch wie einst, das Prußenland ist jedoch nicht wiederzuerkennen. Es ist inzwischen ein durchaus westliches, weltliches Herzogtum geworden, das soeben das erste christliche Gewand abgestreift und ein neues angelegt hat.

Und der deutsche Herzog Albrecht, der dort jetzt herrschte, »Marggraff zu Brandenburg, in Preussen, zu Stettin, inn Pommern, der Cassuben vnd Wenden, Hertzog, Burggraff zu Nürnberg vnd Fürst zu Rügen etc.«, hatte die Schrift Luthers »Von der Freiheit eines Christenmenschen« nicht ohne Erfolg gelesen. Jedenfalls ließ er den Kleinen Katechismus ins Prußische übertragen »vor die Pfarrherr auff dem Lande, die Einfeltigen daraus zu vnterweisen«. Er sprach die Erwartung aus, »das auch dauon durch Gottes segen mit der zeyt sonderlich ein feine Christliche wolgezogene Preussische jugent erwachsen vnd also solch Preussisch vnd zum theil barbarisch volck je lenger je mehr mit Gotseligkeyt vnd allerley guten sitten explorirt oder ausgeschmuckt sol werden«.

Seitdem wußte der prußische »Hausvater« auch auf Prußisch, was es etwa mit der »Weltlichen Obrigkeit« (Römer 13) auf sich hatte:

Erains bousei poklusman steisei Aucktimmiskan... Beggi stai ni pidai stan kalbian ensus.

Herzog Albrecht von Preußen (1490–1568).
(Quelle: Archiv für Kunst und Geschichte, Berlin)

Jederman sey unterthan der Obrigkeyt... Denn sie tregt das Schwerdt nicht umb sonst.

Seitdem sprach der deutsche Pfarrherr ohne Vermittlung eines *Tolken* (Dolmetschers) auf Prußisch den Segen:

Stas Rikijs ebsignasi wans bhe pokunsi wans.

Der HERR Segne euch und Behüte euch.

Stas Rikijs poswaigstinai swaian Prosnan kirschewans.

Der HERR erleuchte sein Angesichte vber euch
bhe bouse ioumas etnijwings.
vnd sey euch gnedig.

Er war ihnen nicht gnädig und hat sie nicht behütet. Sein Angesicht, das blutrot über ihnen aufgegangen war wie der Morgen des Jüngsten Gerichts, war das der eisernen Reiter mit dem schwarzen Kreuz auf der Brust. Und der Friede, den sie ihnen gebracht hatten, war der eines Friedhofs.

»Anno 1677«, so steht auf einem Exemplar dieses Katechismus von der Hand eines Zeitgenossen vermerkt, sei »ein einziger alter Mann, auf der Curischen Nährung wonend«, der noch Altpreußisch gekonnt habe, gestorben. Und der Schreiber stellt resignierend fest: »Diese alte Preussische Sprache ist nuhnmehr gantz und gar vergangen worden.«

Man beachte dieses »worden«!

Es spricht Bände.

# Das fünfte Kapitel

wechselt vorübergehend den Schauplatz. Sie erfahren etwas von schimmernder Wehr, von heiligen Kriegen, Orden und Ehrenzeichen und lernen nebenbei eine weitere Sprache hinzu.

Über das Land der Prußen kamen also die Deutschen mit Panzern.

Natürlich nicht mit den feuerspuckenden Eisenkisten, mit denen man schon gegen Ende des Ersten Weltkrieges die Waffentechnik bereicherte (*Tanks* nannte man sie damals). Nein, ich meine diese eisernen Anzüge, die heute noch in alten Rüstkammern und Schlössern ohne Inhalt herumstehen und gelegentlich spuken. Im 13. Jahrhundert – und da sind wir ja inzwischen angelangt – gab es die volle Ausstattung freilich noch nicht, da begnügte man sich mit Stahlhelm und eisengestricktem Panzerhemd. Diese Blechverpackung, mit Inhalt natürlich, nannte man Ritter.

Was ist ein Ritter sonst noch? Schauen wir im ersten besten Schulbuch nach:

Die Ritter bilden die adlige Oberschicht des hohen Mittelalters. Als gerüstete Reiter machen sie den Kern und die Stärke des Heeres aus. Ihr Gewand ist das Panzerkleid, ihr Vorrechtszeichen das Schwert.

So ist es, das Schulbuch hat wie immer recht. Die Ritter waren keine herrschende oder unterdrückte Klasse, sondern ein Stand; der über ganz Europa verbreitete Stand der Waffenträger, der das entsprechende Handwerk ausübte. Ein Säbel an der Seite oder ein Colt im Halfter, manchmal auch schon ein Schlagring erhöht, wie jeder weiß, ganz ungemein das Selbstgefühl. Wie aber erst so eine ganze Metallverschalung mitsamt Schwert und Schild und Lanze! Dieses überdimensionale Selbst- oder besser Standesbewußtsein einte die Ritter über alle Unterschiede von Sprache, Herkunft und Besitz hinweg auch da, wo sie einander (in aller Fairneß natürlich und unter Beachtung strenger Regeln) die Schädel spalteten. Jeder einzelne Rittersmann sah sich hohen Idealen wie Tapferkeit, Ehre, Treue verpflichtet und hielt sich meistens auch daran. Kaiser Maximilian I. (»der letzte Ritter«) fühlte sich diesem Stand ebenso fraglos zugehörig wie der arme Liedermacher Walther, der von der Vogelweide, der oft am Tage noch nicht wußte, in welchem Heuschober er nachts schlafen würde.

Vom 11. bis ins 15. Jahrhundert machten im Abendland die Ritter auch die Kultur; eine sinnenfrohe, schönheitstrunkene, die an den Adelshöfen gepflegt wurde. Man feierte frohe Feste, focht prächtige Turniere aus und verehrte die Frauen, ohne unter der unlösbaren Schwierigkeit, gleichzeitig »Gott und der Welt zu gefallen«, allzusehr zu leiden. Die Mönche hatten daran keinen Anteil mehr, die Bürger noch nicht und die Bauern schon gar nicht. Für den, der noch mehr wissen will, ein paar Stichworte: Minnesang, Tristan, Wartburgkrieg, Hartmann von Aue, Artusrunde... In den heutigen Begriffen *höflich* und *ritterlich* (heutigen?) lebt noch etwas von jener Zeit.

Der Ritterstand war Kern und Seele des Heiligen Römischen Reiches Deutscher Nation. Jahrhundertelang hatte man die *militia Christi,* den Kampf für Christus, als Auseinandersetzung mit dem Teufel im eigenen Inneren aufgefaßt und damit überreichlich zu tun gehabt. Mit den Andersgläubigen war man dabei keineswegs schlecht ausgekommen. Siehe den christlichen König Heinrich II., der sich nicht scheute, im Bunde mit den heidnischen Liutizen seinem christlichen Kollegen, dem Polenherzog Boleslaw, ans Leder zu gehen.

Um 1200, zur Zeit der staufischen Kaiser, sah das ganz anders aus. Zu dieser Zeit verstand sich das Deutsche Reich als ein Militärstaat, dazu berufen, die Herrschaft des Kaisers als des weltlichen Stellvertreters Christi mit Waffengewalt über die Ungläubigen der ganzen Welt auszudehnen. Ein grandioses Mißverstehen des Christuswortes »Ich bin nicht gekommen, Frieden zu senden, sondern das Schwert«. (Matth. 10,34). Es ist mit schuld, wenn heute die Pfarrer ihre Kirchen nicht mehr so recht voll bekommen.

Historiker und Psychologen meinen nun gleichermaßen, das komme von den Germanen. Deren kämpferisches Lebensgefühl, lange verdrängtes Erbteil im deutschen Blute, sei hier eine seltsame Ehe eingegangen mit der Liebes- und Friedensbotschaft Christi. Da mag was dran sein. Tacitus berichtet schon um 100 v. Chr. von den germanischen Gefolgschaften, die sich, getreu dem Grundsatz »Führer befiehl, wir folgen!«, für alles und jedes herumschlugen. Und gestern...? Und heute? In der französischen Fremdenlegion stellen immer noch Deutsche das Hauptkontingent, und wenn im Kongo oder Sudan ein herumstänkernder weißer Landsknecht aufgegriffen wird, ist er leider viel zu oft aus deutschen Landen.

Das germanische Erbteil also ist es, nach frühmittelalterlichem Schlafe wieder aufgewacht im 12. Jhdt. Und wodurch aufgeweckt? Durch den Zusammenstoß mit den maurischen Eroberern in Spanien. Der Islam nämlich hat den traurigen Ruhm, diese Mißgeburt von »heiligem Krieg« nicht nur zur Welt gebracht, sondern unter der grünen Fahne des Propheten auch nach besten Kräften praktiziert zu haben. Das hat dann fortzeugend Böses geboren bis zu jener fatalen Neuzeittheorie von »gerechten« und »ungerechten« Kriegen.

Jedenfalls kam es zu den bekannten Kreuzzügen. Der erste derselben fand um 1100 statt, und ihm folgten im Verlauf von 150 Jahren noch sechs weitere. Mit Mann und Roß und Wagen brachen die Fürsten, die Ritterheere der christlichen Länder ins Morgenland auf, um die Heiligen Stätten von den »Ungläubigen« zu befreien. Die Losungen: Gott will es! Den Heiden Tod oder Taufe! Als Lohn winkten der vom Papst im voraus verbriefte Ablaß von allen (allen!) Sünden und die ewige Seligkeit.

Nun gibt es Leute, die sagen, das sei alles »kalter Kaffee« und die ganze Menschheitsgeschichte erkläre sich aus dem Profitstreben gerissener Ausbeuter. Fürwahr: wenn man sich so umschaut in unserer Welt der Multikonzerne und Ölmagnaten, dann möchte man's gern glauben. Und ganz gewiß galt das auch für das 19. Jahrhundert, als Karl Marx sich über die Kinderarbeit in England empörte. Aber je weiter wir zurückgehen, desto fragwürdiger wird's. Der Dreißigjährige Krieg war nicht mehr nur ein Ausbeuterunternehmen, die Reformation kein gerissener Schachzug des Hauses Fugger und der Kriegsdichter Homer nicht von der griechischen Rüstungsindustrie angeheuert.

Auch die Ritterheere des 12. und 13. Jahrhunderts waren nicht von Profithyänen aufgestellt, um neue Handelswege oder Rohstoffgebiete zu erkämpfen, obwohl ganze Klüngel von Geschäftemachern sich in ihrem Gefolge tummelten und gelegentlich auch einer der fürstlichen Teilnehmer dabei einen schönen Batzen

Land vereinnahmte. Es ging diesen Rittern schon um Christus, den man immer noch an den heiligen Stätten in Jerusalem vermutete (während er doch längst in die Herzen der Mystiker jener Zeit eingezogen war). Es ging schon und durchaus um das »Gott will es!«, so wie man es verstand. Anderenfalls wäre ein Mann wie der deutsche Kaiser Rotbart gewiß nicht mit ins Heilige Land gezogen, um dort umzukommen, sondern hätte seine Krieger mit Bumstrara auf dem Bahnhof verabschiedet.

Das Ergebnis all dieser Kreuzzüge lag kaum über Null. Um Jerusalem rangeln sich heute noch die »Ungläubigen«, Juden und Araber – die Christen haben da so gut wie nichts zu vermelden.

Eines Tages war es dann aus mit all der Ritterei. Jemand erfand etwas wahrhaft Menschheitsbeglückendes: das Schießpulver. Und gegen die damit betriebenen Mordwerkzeuge waren kein Kraut und kein noch so prächtiger Panzer mehr gewachsen. Der Feind zog sich in sichere Entfernung zurück, man sah nicht mehr das Weiße in seinem Auge und konnte weder fair noch unfair gegen ihn sein, sondern nur noch abwarten, bis er einen totschoß. So starben die Ritter aus wie einst die Saurier der Vorzeit. Nur wenige vegetierten noch bis ins 16. Jahrhundert hinein als Raubritter auf ihren Felsennestern und waren keineswegs so treuherzig wie der vielzitierte Götz von Berlichingen.

Die eiserne Uniform der Ritter, obwohl wertlos geworden, hielt sich weit länger als der Stand selbst. Aus purer Tradition. Ich habe als kleiner »Bofke« noch späte Nachfahren der Ritter, die Kürassiere des Regiments Nr. 3, in ihrer Lohengrin-Uniform durch die Wrangelstraße in Königsberg reiten sehen: blitzend die silberblanken Helme mit dem Nackenschutz, die funkelnden Brustpanzer über den weißen, mit himmelblauer Borte abgesetzten Waffenröcken, die schweren Palasche... eine tolle Show! Auch der letzte deutsche Kaiser zeigte sich am liebsten in Kürassieruniform. Mit Marschallstab und Vogel auf dem Helm. So schließt sich der Ring von der schimmernden Wehr der Ritter bis zum schimmernden Wehrfimmel Wilhelms II., der uns in den Ersten Weltkrieg führte.

Apropos, die Franzosen haben heute noch Kürassiere.

Die deutschen Ritter hatten übrigens auch eine eigene Sprache entwickelt, die über das ganze Reich verbreitet war und überall verstanden wurde, in höfischen Kreisen, versteht sich: das Mittelhochdeutsche. Freilich konnte man damit nur Sprüche machen (jawohl, Sprüche! Lebensweisheit in Versen) und Liebeslieder; für Wahlreden, Polizeiberichte, Werbungstexte und für die Darlehnsverträge der Herren Fugger etwa war sie gänzlich ungeeignet.

Probieren wir's mal! Hier ist eine der Wirtschaftsmeldungen aus unserer Presse:

*Deutsche Fiat AG, Heilbronn.* Die Deutsche Fiat stellt ihre Automontage ein. Nach Angaben der Verwaltung müssen dadurch etwa 250 Mitarbeiter entlassen werden (FAZ vom 5. 5. 72).

Wie würde sich das auf Mittelhochdeutsch ausnehmen? Etwa so:

Ze Heilbron bî dem Nekare die herren von Tiusche Fiwat tuon kunt unde ze wizzen, daz si niene verrer enwellent werken deheine ime selbest bewegende wagen. Des ist zwênhundert und fünefzic oder mê von dero knechte ûfgeben, daz in got hie niht langer guot deheines erwerben engunne unde si müezzen leider mit urloube dannen scheiden.*

Na bitte, geht denn das? Doch wohl kaum! So fand diese Sprache mit Recht und mit den Rittern zusammen ihr Ende, und Martin Luther, einem dringenden Bedürfnis nachkommend, erfand ein neues Deutsch, das er nach eigener Angabe »dem Volke vom Maule« ablas und das ihm auch aufs Maul paßte, das Neuhochdeutsch, das wir heute noch schreiben und teilweise auch sprechen. Freilich nicht ohne gewisse Veränderungen. Ausdrücke wie *Flugzeugkatastrophe, Pornofilm, Sexbombe, Dividendenerhöhung* wären Luther höchst spanisch vorgekommen, bei *Fernsehen* hätte er an seine schöne Aussicht von der Wartburg gedacht, und *Systemprogrammierer* und *Medialplanungsreferent* hätten ihn wahrscheinlich sein Tintenfaß an die Wand werfen lassen.

---

* Sprechen Sie nur die Selbstlaute mit ˆ lang aus und ie, uo und üe immer getrennt. zz = ss, z am Wortende = ß. *niene* niemals, *verrer* ferner, *ime* sich, *dehein* kein, *in* ihnen, *engunne* nicht gewähre. So, nun können Sie auch Mittelhochdeutsch.

Die Feld-, Wald- und Wiesenritter kennen wir jetzt, nicht aber eine Sonderausgabe dieser Spezies, erwachsen auf dem trächtigen Boden der Kreuzzüge: die geistlichen *Ritterorden* (Orden von lateinisch *ordo* = Ordnung, Stand, Vereinigung). Während die »einfachen« Ritter an den heiligen Kriegen gewissermaßen nur als Zeitfreiwillige teilnahmen, taten dies die Ordensritter als Berufssoldaten auf Lebenszeit. Und wenn jene schon frühzeitig bis auf dürftige Reste ihrer Panzerbekleidung ausstarben, so ist von diesen jedenfalls einer bis in unsere Gegenwart eifrig mitmarschiert – wenigstens im Geiste.

Zunächst fing die Sache recht harmlos an. Im Jahre 1099 wird Jerusalem erobert, nicht ohne schwere Verluste. Hilfe tut not, und da konstituiert sich im Anschluß an ein Hospital, in dem 2000 Kriegsbeschädigte zu betreuen sind, unter Einbeziehung des Pflegepersonals der Orden der *Johanniter*. Pflege der Armen und Kranken ist die Aufgabe, die er sich selbst stellt. So etwas ist nun kaum unter Gesichtspunkten wie Achtstundentag, Tariflohn mit Sonntagszulagen und bezahlter Jahresurlaub zu betreiben, sondern läßt sich erfolgreich nur mit Selbstentäußerung und Nächstenliebe verwirklichen. Und solche Eigenschaften fallen einem ja nicht zu, sondern müssen in immer neuem Anlauf mühsam erworben werden. Um es ihren Leuten etwas leichter zu machen, übernimmt diese Gemeinschaft deshalb ein handfestes Rezept, das schon seit dem frühen Mittelalter in den Klöstern mit Erfolg praktiziert wurde: die *Regula Benedicti*. Das ist die Dienstanweisung, die um 500 n. Chr. der heilige Benedikt für das Zusammenleben der Mönche erlassen hat. Was da verlangt wird, ist hart: Abschluß von den Freuden der Außenwelt; Seelenzucht, zu üben durch Meditation, Gebet, Schweigen…, Verzicht auf Privateigentum, auf Ehe, auf sexuellen Verkehr…, unbedingter Gehorsam. Man nennt das auch Askese, und viele Leute meinen heute, so etwas sei gesundheitsschädlich. (Wenn sie es allerdings als »Trimm Dich« oder asiatisch zubereitet als »Joga« vorgesetzt bekommen, dann schlucken sie es mit Begeisterung.) Von den Johannitern hat bestimmt jeder schon etwas gehört. Wir kommen darauf zurück. Nichts jedenfalls gegen diesen Orden, im Gegenteil.

»... die Deutschen mit Panzern.«
Deutschordensritter in Uniform. Zeichnung von E. Klein
(Quelle: Historia-Photo, Bad Sachsa)

Anders sieht es mit dem zweiten Ritterbund aus, den etwas später (1108) eine Initiativgruppe von acht Kreuzzüglern unter dem Vorsitz eines Franzosen namens Hugo (von Payens) aus der Taufe hebt. Es sind die »Armen Ritter vom Tempel Salomonis«, auf dessen Ruinen in Jerusalem sie in einem Neubau residieren. Wem der Name zu lang ist, der darf sie einfach *die Templer* nennen. Zielsetzung (und nun spitze man bitte das Ohr!): Schutz der Jerusalempilger vor Banditen und vor den Feinden des christlichen Glaubens. Also nicht mehr nur eine Samaritergemeinschaft, sondern eine Kampftruppe mit recht unbestimmten Aufgaben. Sie hat reichen Zustrom aus Frankreich, Spanien, England und Schottland. Später nähern sich die beiden Orden einander an: Die Templer übernehmen ein bißchen Krankenpflege, die Johanniter ihrerseits – nicht zu ihrem Heil – den Militärdienst. Alles natürlich mit Segen und Hilfe der Kirche.

Der dritte und jüngste im Bunde ist der »heilige ritterliche Orden des Spitals Sankt Mariens vom Deutschen Hause«, ursprünglich eine Pflegegemeinschaft in dem großen Zeltlazarett, das Kaufleute aus Bremen und Lübeck 1190 vor der belagerten Festung Akkon eingerichtet hatten. Ein Gremium kreuzzugbeflissener deutscher Fürsten macht 1198 daraus einen Ritterorden. Dieser übernimmt auf päpstliche Weisung die Satzung der Johanniter und die Tracht der Templer, aber – er nimmt nur Deutsche auf! Auch fühlt er sich nicht nur dem Papst in Rom verpflichtet, sondern geht auch eine feste Bindung zum Kaiser des Deutschen Reiches ein. Also ein nationaler Adelsbund – ein deutschnationaler. Der *Deutsche Ritterorden*. Von der ursprünglichen Aufgabe, dem Schutz und der Betreuung der deutschen Jerusalemtouristen, ist da bald kaum noch die Rede, weit mehr von dem unerbittlichen Waffenkampf gegen die bösen Heiden in aller Welt.

Der Historiker E. Maschke (1939) sieht in dem Orden der Ritter vom Deutschen Hause eine »Gemeinschaft deutscher Männer, die mit der Kraft ihres Schwertes dem Deutschen Reiche Neuland eroberte und dem deutschen Volke in ihm eine neue Heimat gab«. Er sieht richtig. Denn schon in dem Prolog zu den Ordensstatuten heißt es: »Sie sind Ritter und erwählte Streiter, die aus Liebe zum

Gesetz und zum Vaterland die Feinde des Glaubens mit starker Hand vertilgen.«

Dementsprechend ist der Orden militärisch-hierarchisch straff organisiert. Oberster Befehlshaber ist der *Hochmeister,* Residenz Akkon. Gleich hinter ihm kommen die *Landmeister,* Befehlshaber und Verwaltungschefs in den unterworfenen Ländern. An ihrer Seite kümmern sich die *Ordensmarschälle* als Chefs des Stabes und Generalquartiermeister um Musterung, Ausrüstung und Bewaffnung, um Munition und Verpflegung, um den Krimskrams der schweren Belagerungs- und Sturmmaschinen. Die Gauleiter, Burg- und Stadtkommandanten stellen die *Komture* und *Vögte* dar, ihre Rangordnung ergibt sich aus der Wichtigkeit ihrer Amtsbezirke. Das Gros bilden die »einfachen« *Ritterbrüder,* die Subalternoffiziere des Ordens (um 1230 sind es etwa 2000). Ihnen untersteht die Masse der Muschkoten, der »Reisigen« und »Knechte«, über die der Orden nebst »Gut und Erbe« und anderen »Leuten, Weib oder Mann« als Eigentum verfügt. Außerdem gibt es für die rein kirchlichen Belange die *Priesterbrüder* und daneben die *Halbbrüder,* Leute von »niederer Herkunft«, die »niedere Arbeiten« zu verrichten haben (Hausputz und Landwirtschaft, Handelsgeschäfte, Spendensammeln). Da das nur eine halbe Sache ist, tragen sie auch nur ein halbes Kreuz auf dem Mantel.

An hehren Leitbildern aus der Geschichte fehlt es dem Orden nicht. Da sind die »Zahn-um-Zahn«-Streiter Jehovas, geheiligt durch ihre Aufnahme in das Buch der Bücher: die Leibgardisten König Davids, die Krethi und Plethi (kein Witz, sondern zu finden im 2. Buch Salomonis); die Schlägersippe des israelischen Freiheitshelden Judas Makkabäus, der bereits »Abtrünnige« und »Gottlose« verbrannte. Ja, verbrannte! Siehe 1. Makkab. 3, 5! Der Kampf Karls des Großen gegen die Sarazenen in Spanien (778) liefert den französischen Supermann Roland, der mit seinem Horn Olifant meilenweit zu hören war und die Kriegsschauplätze so mit Blut tränkte, daß man darin waten konnte. Die mittelhochdeutsche Fassung des Liedes vom blutigen Roland stand in jeder besseren Ordensbibliothek zur moralischen Aufrüstung bereit.

Siegel des Ordenshochmeisters
(Quelle: Historia-Photo, Bad Sachsa)

Blättern wir noch ein wenig in den Statuten.

In den Orden wird man schon mit 14 (vierzehn!) Jahren aufgenommen, zunächst zur Probe, dann auf Lebenszeit. Abzeichen der Ritter ist ein schwarzes Kreuz von beträchtlichen Ausmaßen, das Mantel, Umhang und Waffenrock ziert. Das Essen ist dünn und für alle gleich, nur der Kommandant bekommt etwas mehr für Nachschläge, die er als Belohnung verteilen darf. Man schläft gemeinsam in einem Raum, wo es »des Nachts nicht an Licht fehlen« soll. »Und wenn sie schlafen, so sollen sie über ihren Hemden gegürtet liegen und in ihren Unterkleidern und Hosen, wie es sich für geistliche Leute geziemt.« Von Badezimmern und deren Benutzung hört man nichts. Das WC hängt als geschlossener Balkon oben aus der Burgmauer heraus. Die Spinde haben unverschlossen zu sein (also »Verleitung zum Kameradendiebstahl« als Charakterprobe). Auch wenn die Herren Ritter unterwegs über Land sind, hat Licht an ihrer Schlafstätte zu brennen, »damit sie nicht an ihrem guten Leumund Schaden nehmen«. »An verdächtigen Orten und Zeiten sollen sie Gespräche mit Frauen, und besonders mit jungen, meiden.« Küssen darf man nicht einmal die eigene Mutter oder Schwester, es ist »ein offenes Zeichen der Unkeuschheit«.

Verzicht auf jegliches Eigentum, auf Liebe und Ehe, unbedingter Gehorsam... Von Haus und Familie getrennt... »hat nichts mehr, was ihm selber gehört«... Ein Leben lang... Ein Männerbund ohne die lindernde Hand, das tröstende Wort, das verzeihende Lächeln einer Frau; keine frohen Feste, kein Tanz und Spiel, kein Kinderlachen... Ein Leben lang. Wohin soll das führen?

Wir wissen, wohin es geführt hat.

Hören wir, was der Ordenschronist Peter von Dusburg von einem Königsberger Komtur namens Berthold zu rühmen weiß. Dieser Berthold meinte, mit Armut und Gehorsam wohl fertig werden zu können. Doch das Gelübde der Keuschheit könne man nur erfüllen, wenn Gott mithelfe. Und ob das bei ihm der Fall sei, wollte er ausprobieren. Er besorgte sich (von den oben erwähnten »Leuten«) ein junges Mädchen, das (so Dusburg) an Schönheit nicht seinesgleichen hatte. Beinahe jede Nacht lag er mit ihr zusammen auf seinem Lager. Beide nackt. Ein Jahr lang. Und siehe, Gott half, nichts passierte! Das wenigstens beschwor das Mädchen hinterher. Und da man dem wohl nicht so ganz traute, sah man zur Sicherheit noch genau nach. Tatsächlich...

Der Chronist denkt angesichts dieser wundersamen Begebenheit an Samson, David und Salomo. Mir meinerseits geht und geht das arme Mädchen nicht aus dem Kopf.

Nun, eins muß klar sein: Nichts gegen Selbstdisziplin! In unserer von Alkoholikern und Nikotinikern, von Fixern und Pornoisten verschandelten Zeit kann man sich Notwendigeres kaum denken. Aber solche im Verzicht auf alles bis zur Perversion – Verzeihung, Perfektion – getrimmten Brüder, was die anstellen können, wenn man ihnen Waffen in die Hand gibt – um das zu begreifen, braucht man kein Psychiater zu sein. Von den hohen Idealen der Gralsritterschaft, die Wolfram von Eschenbach in seinem *Parzival* verkündet, ist das hier alles weit entfernt.

Inmitten des heiteren höfischen Treibens, das sich in glanzvollen Turnieren, in lebensfrohem Minnedienst, im bunten Prunk der Gewänder, Waffen und Rüstungen unter freiem Himmel kundtut, baut sich die kalte, düstere, spartanische Eigenwelt dieser einsamen Ordensritter auf. Hier herrscht finsterer, stumm-erbitterter Ernst. Ihn spiegeln die Bauten wider, die der Orden errichtet: rotdunkel drohende Burgen, strenge, herrische, erbarmungslose Kirchen. Tod oder Taufe!

Man sieht, was da auf die armen Heiden zukommt: eine Maschinerie von unheimlicher Präzision, eine »verschworene Gemeinschaft« von Kriegern in der Hand eines Führers, beseelt von der Idee des Heldentodes auf dem Schlachtfeld als letzte Erfüllung des Lebens.

Mitmischend im politischen Intrigenspiel des Nahen Ostens, in ständige Streitereien mit den beiden konkurrierenden Orden verwickelt, arbeitet sich der deutsche Ritterbund langsam hoch. Früh schon erfreut er sich allerhöchster Protektion. Bereits 1197 hatte Kaiser Heinrich VI. die unbotmäßigen Zisterziensermönche aus ihrem Kloster in Palermo exmittiert und dieses den Deutschen aus dem Morgenlande übertragen. Im Jahre 1200 hat der neue Orden in Halle bereits ein eigenes Haus. 1207 bekommt er in Hessen eine Kirche nebst den dazu gehörenden Ländereien geschenkt. Runde 20 Jahre später ist er, von Kaiser und Papst gleichermaßen durch immer neue Schenkungen begünstigt, bereits in Deutschland, Österreich, Italien und Griechenland seßhaft. Nach 1210 versucht sich die ehemalige »Pflegegemeinschaft« im ungarischen Burzenland auch als Kolonisator und Staatsgründer. Doch das Unternehmen schlägt fehl, und da das Morgenland um diese Zeit auch nicht mehr viel hergibt, ist der tatendurstige Kriegerbund vorübergehend arbeitslos. Aber tüchtige Militärs werden immer irgendwo gebraucht. 1226 erreicht ihn ein verlockendes Angebot aus dem Norden. Dort werden wir ihm wieder begegnen.

Und heute? Wir hörten da vorher etwas von »mitmarschieren«...

Nun, heute gibt es nur noch die Johanniter-Malteser. Inzwischen weitgehend verbürgerlicht und verweltlicht, haben sie zu ihren humanitären Zielen zurückgefunden und sind ihnen treu geblieben. Im Dienst für die Hilfsbedürftigen in aller Welt leisten sie Großes. Sie alle kennen das achtspitzige rote Kreuz der (evangelischen) Johanniter oder das weiße der (katholischen) Malteser, mancher von Ihnen mag den Rettungswagen mit diesen Zeichen sein Leben verdanken.

Die Templer gingen schon zu Anfang des 14. Jahrhunderts aus mysteriöser Ursache und unter gräßlichen Umständen in Frankreich zugrunde.

Auch der Deutsche Ritterorden ist tot, 1525 umgebracht und eingeäschert von dem letzten Hochmeister Albrecht von Brandenburg höchstpersönlich. Was von ihm noch durch drei Jahrhunderte dahinglimmte, löschte Napoleon 1809 aus. (Der priesterliche Zweig, von Franz I. als »Hoch- und Deutschmeister« in Österreich erneuert und dort noch existent, hat mit dem alten Kampfbund soviel Ähnlichkeit wie eine Fliegenklatsche mit einem Maschinengewehr.) Doch der Geist der alten Ritterbrüder spukte, wie gesagt, in grotesken Verzerrungen noch bis in die jüngste Vergangenheit im deutschen Vaterland herum. Überall, wo in Deutschland ein Führer von Gottes oder der Vorsehung Gnaden den Verzicht auf eigenes Denken, Fühlen und Wollen, den bedingungslosen Gehorsam bis in den Heldentod verlangte; wo schimmernde Wehr in klirrendem Marschtritt erdröhnte; wo man die Fahnen in den Ostwind oder sonstwohin erhob und um »Lebensraum« für das Reich auszog; wo »verschworene Gemeinschaften« auf »Ordensburgen« zur Vernichtung Andersgläubiger und Andersrassiger erzogen wurden; überall da verstand man sich in der Nachfolge des Deutschen Ordens. Zitat: »... der Ordensgedanke von dem selbstlosen Einsatz für eine Idee und der persönlichen Hingabe für sie lebt in der Gegenwart wieder auf und trägt im Nationalsozialismus seine schönste Frucht.« (*H. Krieg* in der Einleitung zu Maschke/Kasiske: Der Deutsche Ritterorden, 1942.)

Damit ist es heute nun wohl vorbei. Doch die Erinnerung daran lebt noch fort, und nicht nur hierzulande, in mancherlei seltsamem Brauchtum. Das schwarze Kreuz ziert auch heute noch die Kampfmaschinen der Bundeswehr. Noch heute tragen Soldaten und andere Menschen kleine Metallkreuze als »Orden« auf der Brust oder anderswo. Die Ritterkreuzträger des Zweiten Weltkrieges sind, wie schon der Name sagt, »Ritter des Ordens zum Eisernen Kreuz«. Und selbst die Prominenten unserer Tage, die bei Empfängen das nun wirklich harmlose Bundesverdienstkreuz zur Schau stellen, lassen sich manchmal »Ritter« nennen. Dieses jedoch zumeist nur in Todesanzeigen.

# Das sechste Kapitel

präsentiert einen armen Idealisten, der aus Hundeköpfen mit Liebe und Güte brave Christenmenschen machen wollte und dabei selbst vor die Hunde ging.

Kehren wir ins Prußenland zurück. Auch dort sind inzwischen 200 Jahre vergangen. 200 Jahre sind eine lange Zeit. Rechnen Sie mal von heute 200 Jahre zurück: 1770 war Schiller elf Jahre alt, Napoleon lag noch im Steckkissen, ein stud. jur. namens Goethe flirtete gerade in Sesenheim mit der Pastorentochter Brion. Per Postkutsche reiste man über abgründige Wege, Gas und Elektrisch gab es noch nicht, nicht einmal Petroleumlampen, und das Reich Bismarcks, das wir als das bestmögliche aller Deutschen Reiche heute so vermissen, lag noch hundert Jahre im Schoß der Geschichte.

So hatte sich denn auch für die Prußen die Welt rundherum ziemlich verändert. Die deutschen Markgrafen, die Dänen und die polnischen Herzöge hatten eifrig das Christentum verbreitet, teils mit-, teils gegeneinander, teils jeder für sich zum höheren Ruhme Gottes. Man hatte die slawischen Liutizen in Mecklenburg aufs Kreuz gelegt, die Wenden im Spreewald, die Pommern und war ganz sachte bis zu Oder und Weichsel vorgedrungen. So sahen sich die Prußen fast nur noch von christlichen Nachbarn umgeben. Die Polen im Süden schlugen das Kreuz, die Kaschuben im Westen, und auch die Schweden, die von Norden her über die See kamen, fragten immer häufiger nach dem Örtchen, wo man beten könne. Die armen Prußen kamen sich schon ganz rückständig vor und waren gar nicht mehr so abgeneigt, den neuen Glauben in ihre Glaubenswelt einzubauen, sofern man glauben konnte, daß es nur um den Glauben ging. Gerade dies aber war ihnen in verschiedenen bösen und langwierigen Raufereien mit Polen und Dänen doch sehr zweifelhaft geworden.

Da erscheint Anfang des 13. Jahrhunderts, 200 Jahre nach Herrn Woitech und dem Querfurter Brun, wiederum ein christlicher Bekehrer, der es im Alleingang versuchen will. Es ist ein Mönch namens *Christian*. Ein kluger, besonnener Mann. Sorgfältig tarnt er seine Identität und Herkunft (wahrscheinlich handelt es sich um den Abt Gottfried des polnischen Zisterzienserklosters Lekno). Er beherrscht Latein, Deutsch, Polnisch und Prußisch. 1206 reist er zu den Prußen, um dort Gefangene loszukaufen. Zu seiner eigenen Überraschung wird er von den *filii Belial,* den verschrienen »Teufelssöhnen«, aufs freundlichste aufgenommen.

Man läßt ihn herumreisen, zeigt ihm sogar als Sehenswürdigkeit den Platz, wo einst sein Vorgänger Adalbert den Tod fand, diese Zeiten sind vorbei. Er studiert Land und Leute. Später wird er ein Buch darüber schreiben, die legendäre, längst verschollene *Chronik*, eine Art Tacitus-Germania der Prußen, aus der die Geschichtenerzähler des 16. Jahrhunderts (Lucas David, Simon Grunau u. a.) noch eifrig geschöpft haben.

Zurückgekehrt, berichtet er dem Papst Innozenz III., in Preußen sei »das Feld reif zur Ernte«, und erhält einen Missionsauftrag.

Ein kluger Mann, dieser Christian! Mit Fleiß beginnt er seine Arbeit nicht von Polen aus, sondern in dem prußischen Kulmer Land, das im 11. Jahrhundert unter eine fragwürdige polnische Oberherrschaft geraten war. Mit Fleiß wendet er sich nicht an den einzelnen »Normalverbraucher« oder an »das Volk«, sondern an die Sippenhäuptlinge, auf deren politisch-opportunistischen Sinn er setzt.

Und ein braver Mann, dieser Christian. Er scheint zu glauben, was er da predigt. Er tritt arm und bescheiden auf, verlangt nichts: keine Unterwerfung, keinen Arbeitsdienst, keine Kirchensteuer. Nur um freie Station und Verpflegung bittet (bittet!) er für sich und seine paar Helfer. Und er hat Großes vor. Die Taufe ist ihm keine Formalität, keine Sache der Statistik. Er lehrt das Christentum und lebt es vor. Er will Christen, die überzeugt sind. Er erträumt sich im Land der Prußen ein freies Bistum, entzogen der Machtpolitik der Großen rundum, unmittelbar dem Papst unterstellt.

Was Wunder in dieser Zeit, in der rundum die Eroberer lauern, daß so ein Apostel Erfolge hat! Zunächst freilich nur im Südwestzipfel des Prußenlandes, in den Gebieten um Kulm und Löbau. Hier zieht er umher, predigt, tauft, weiht »Kirchen«, die meistens nichts weiter sind als Laubhütten oder einfach Altäre unter freiem Himmel. Man läßt ihn und seine bekehrten Schäflein gelassen gewähren. Von Zeit zu Zeit reist er zum Papst zur Berichterstattung. Bei der dritten Visite 1215 kann er in Rom die prußischen Häuptlinge *Warpoda* und *Surwabuno* vorstellen, die mit Sippe und Gefolgschaft übergetreten sind. Sie werden daselbst mit großem Gepränge getauft (auf die Namen Philipp und Paul), Christian wird »Bischof der Prußen«. Ein Bischof ohne Land zwar, aber voll guter Hoffnungen. Und vielleicht hat er in Rom ein bißchen geprahlt, ein bißchen schöngefärbt; denn etwas später erlaubt ihm der neue, offenbar noch recht ahnungslose Papst Honorius III., sein »Bistum« zu unterteilen und nach Bedarf selbst für die Teilstücke Bischöfe zu weihen. Im Prußenland lachen darüber sogar die Hühner; doch immerhin, der gute Christian scheint voranzukommen: Philipp und Paul, die beiden prußischen Neuchristen, haben ihm Teile ihrer Gebiete zum persönlichen Unterhalt abgetreten, und auch im Polnischen ist er durch Schenkungen zu etwas Landbesitz gekommen.

Doch als der frischgebackene Bischof aus Rom zurückkehrt, findet er die Landschaft von Grund auf verwandelt. Die lieben Anlieger – die Herzöge Swantopolk II. von Pommerellen und Konrad I. von Masowien und Kujawien, ein rechter Widerling, von dem wir noch hören werden – haben sich die Abwesenheit Christians zunutze gemacht, um bei den prußischen Nachbarn wieder ihr eigenes böses Spielchen zu treiben: Sie verlangen von den in den letzten neun Jahren Bekehrten Unterwerfung und Frondienste.

Nun werden die Prußen böse. Sie hatten es ja immer gewußt: Erst Taufe, dann Knechtschaft. Nieder also mit diesem betrügerischen Glauben, der die Menschen zu Sklaven macht und die Erde zum Jammertal! Und plötzlich sind Heerhaufen da. Woher sie kommen, wie stark sie sind und wer sie führt, darüber erfahren wir nichts. Erst einmal brechen sie in das Gebiet um Löbau ein, dann in das Kulmer Land und räumen dort mit dem neuen »Bistum« auf. Kein Stein bleibt auf dem anderen. Dann ist Masowien dran, und die Quellen versorgen uns mit einer Menge Greuelnachrichten. Da werden alle wehrfähigen Männer getötet, die Weiber und Kinder verschleppt, schwangere Frauen erschlagen, Säuglinge auf die Staketen der Zäune gespießt. Das verheerte Land wird ausgeplündert, alle Befestigungen, Kapellen und Kirchen (dreihundert angeblich) werden zerstört, die Priester »während des Zelebrierens der heiligen Messe« abgeschlachtet, Kirchengerät, Bilder, Altäre zertrümmert oder geraubt, die Nonnen geschändet...

»Um es kurz zu machen«, schreibt der Chronist (Db.II,2), »kein Mensch wäre fähig, in vollem Ausmaß zu schildern, was für furchtbare und verabscheuungswürdige Verbrechen sie dem Glauben und den Gläubigen zufügten.«

Punktum! Ein Teil wird stimmen, ein erheblicher, sicher. Aber dieser Paukenschlag am Anfang seines Kriegsberichtes dient dem Ordenschronisten vornehmlich als Rechtfertigung für alles Kommende. Wir sollen glauben gemacht werden, daß die Prußen viehische Barbaren, »Teufelssöhne (filii Belial)«, unverbesserliche Bluthunde sind. Und wir glauben es nicht.

Der Herzog Konrad von Masowien, auf seine Stammburg Plock zurückgeworfen, versucht mit den Eindringlingen über einen Loskauf seines Landes zu verhandeln. Es erscheinen drei prußische Parlamentäre namens *Lettewen, Peroch* und *Corandt.* (Hier erfährt man mit einmal Namen; da, wo man sie gern wissen möchte, erfährt man nichts.) Der Konrad soll zahlen. Doch die Staatskasse ist leer. So lädt der noble Landesvater seine Edlen nebst Gemahlinnen zu einem Gastmahl, und während sie alle »fröhlich« (ausgerechnet!) tafeln, requiriert er heimlich deren kostbare Pelze und Pferde und bietet sie den Prußen als Lösegeld an. »Doch das nützte leider nichts«, resigniert der Chronist.

Schlimm das alles, sehr schlimm – selbst wenn nur ein Drittel davon stimmen sollte. Schlimm besonders für einen Apostel des Friedens und der Güte wie den guten Bischof Christian. Für ihn ist das jetzt die Stunde der Bewährung. Und er versagt. In dieser schweren Stunde verleugnet er alles, was er bisher gelehrt und getan hat. 1217 bittet er Papst Honorius III. um Genehmigung, für einen Kreuzzug mit Feuer und Schwert gegen die ruchlosen Prußen zu werben, und erhält sie durch die päpstliche Bulle vom 3. März des gleichen Jahres. Kreuzzüge gegen den heidnischen Osten Europas gibt es, seit 1147 der eifernde Zisterziensermönch Bernhard von Clairvaux den heiligen Krieg gegen die Wenden predigte. Auch Bischof Christian ist ja Zisterzienser. Und seine Kollegen im Norden, Bischof Berthold und dessen Nachfolger Albert, haben mit dieser militanten Bekehrungsart in Livland bereits die schlechten Beispiele geliefert, die gute Sitten verderben.

Bei den Adelsleuten mit kämpferischen Ambitionen sind solche Ostfeldzüge beliebt als so eine Art Ersatzdienst. Die Anmarschwege sind nicht so weit wie nach Palästina, die Beute, »fahrendes Gut« und Immobilien, läßt sich besser realisieren, und man ist schneller wieder zu Hause, sofern man nicht überhaupt gleich im Lande bleibt.

Aber mit Land und Lehen kann der Bischof ohne Land leider nicht dienen, alles noch zu erobernde Land hat sich ausdrücklich der Papst vorbehalten. Auch wünscht Christian selbst nur Zeitfreiwillige, die nach beendeter Aktion wieder abziehen, zufrieden mit Ablaß (sogar für Totschlag an Geistlichen, sofern man die Unkosten erstattet) und ewiger Seligkeit.

Doch es kommt anders. Der unselige Zauberlehrling hat Geister gerufen, die er so schnell nicht wieder loswerden soll.

Im Winter 1221 erscheint das Kreuzheer auf dem Schauplatz, an seiner Spitze polnische und schlesische Würdenträger von Rang und Namen, so die Bischöfe Gethko von Masowien und Michael von Kujawien, ferner die Herzöge Heinrich »der Bärtige« von Niederschlesien, Leszek »der Weiße« von Kleinpolen und natürlich auch der masowische Konrad; und, im Jahr zuvor zur Herrschaft gekommen und noch neu im Geschäft, Herzog Swantopolk von Pommerellen nebst Bruder Wratislaw. Also, nicht erstmals auf diesem Schauplatz, ein slawisches Gemeinschaftsunternehmen. Und was für eines! Die Absichten sind unverkennbar: Eroberung und Unterwerfung des Prußenlandes. Wie man die Beute teilen wird, bleibt offen, erst muß man sie haben.

Papst Honorius, den erstrebten prußischen Kirchenstaat vor Augen, und sein Bischof Christian hatten sich das fürwahr anders gedacht. Schon 1219 waren den potentiellen Kreuzkriegern durch eine päpstliche Bulle strenge Kirchenstrafen für Übergriffe angedroht worden. Es gehe hier nicht um Knechtung und »materiellen Gewinn«. Und ein Jahr später, am 8. Mai 1220, hatte der Papst noch zusätzlich allen bekehrten und bekehrungswilligen Prußen versichert, er werde sie »in ihrer vollen Freiheit (in omni libertate)« schützen und, soweit das in seiner Macht stehe, niemals dulden, daß sie »mit fremder Zwangsherrschaft belastet und dem Joch der Knechtschaft unterworfen« würden.

Doch was hilft das alles schon, die rauhe Wirklichkeit sieht anders aus: Das Heer der slawischen Eroberer, sich laufend durch Abwanderung und Zuzug erneuernd, haust barbarisch im Lande, es plündert, brandschatzt, mordet und versklavt nach Herzenslust. Doch mit Planung und Koordination scheint es nicht so recht zu klappen, der große Erfolg bleibt jedenfalls aus. Es gelingt lediglich, das Kulmer Land und die Löbau zu »befreien« und durch neue Befestigungen abzusichern. Beglückt ist eigentlich nur der Masowier Konrad, der vorübergehend seine Sorgen los ist. Er schenkt dem Christian einen Teil des Kulmer Landes und die Hälfte aller Einkünfte.

1224, nachdem das vereinigte Slawenheer endlich abgezogen ist, erfolgt der Gegenstoß der Prußen. Er ist von bisher nicht erlebter Gewalt. Die prußischen Heerhaufen – wie stark sie sind, wer sie führt und welche Stämme daran beteiligt sind, wissen wir nicht – dringen über die Weichsel nach Pommerellen ein, und Swantopolk, der in der alten Gotenschanze – Gothiskandza – Gyddanycz – Danzig residiert, bekommt die volle Rache der Aufgebrachten zu spüren: Sie erobern und verwüsten seine Stadt. Und so groß ist ihre Erbitterung auf alles, was sich Christ nennt, daß sie die Zisterziensermönche des Klosters Oliva öffentlich hinrichten.

Gleichzeitig überrennen sie Masowien und jagen den armen Konrad bis nach Plock in seine Wehrburg, wo er hinter festen Mauern das Ende des Unwetters abwartet und Pläne für die Zukunft schmiedet. Mit den slawischen Genossen war das wohl nicht das Rechte, er wird sich andere Hilfswillige suchen müssen, um dem prußischen Spuk im Norden ein für allemal ein Ende zu machen.

Bischof Christian hat inzwischen im Kulmer Land das »Bistum Kulm« eingerichtet. Jetzt ist er kein armer Mönch mehr, sondern Landesherr. Doch das alles bleibt Papier, das Land ist verwüstet und menschenleer, und die Prußen rundum stecken voll Haß. Bei ihnen steht er mit auf der Liste der Kriegsverbrecher. Der Kreuzzug, den er selbst heraufbeschwor, hat ihm und seiner Mission die letzten Chancen verdorben.

In dieser Zeit sind, wie wir gesehen haben, Ritterorden im Kommen. Die drei Vorbilder im Morgenland reizen zur Nachahmung. So ist seit kurzem weiter oben in Kurland, Livland und Estland der Orden der *Schwertbrüder* (rotes Schwert nebst Kreuz auf weißem Mantel) mit Schwert und Taufe eifrig und erfolgreich tätig. Und das bringt den nun völlig von Gott verlassenen Christian auf die Idee, sich jetzt auch so eine Kampftruppe zuzulegen. Ganze 14 Ritter lassen sich dafür anheuern. Im umstrittenen Grenzgebiet zwischen Masowien und dem Kulmer Land, zu Dobrin (Dobrzin), bauen sie sich eine Burg zusammen und nennen sich »Brüder des Ritterdienstes im Prußenland«. Die Prußen sehen sich das eine Weile an, dann bieten sie ein Heer auf und schlagen diesen traurigen Ritterbund mitsamt einer masowischen Hilfstruppe in der Gegend des späteren Strasburg zusammen. Fünf der Ritter bleiben übrig und kümmern noch eine Zeitlang auf ihrer Burg dahin.

Bischof Christian aber steht vor dem Scherbenhaufen seiner Wirksamkeit. »Ein anderer wird dich gürten und führen, wo du nicht hin willst.« (Ev. Joh. 21, 18). Er hatte es anders gewollt. Er hatte die Prußen bilden und lehren, ihnen Schulen bauen, sie zu freien Christen machen wollen. Geld gesammelt hatte er, um die neugeborenen Prußenmädchen freizukaufen, die man in Notzeiten umbrachte, ehe sie verhungerten. Ein guter, zu guter Mensch. Er mußte scheitern in einer Welt, in der das Christentum in den Köpfen der Mächtigen eine scheußliche Ehe mit Raub und Mord und Versklavung eingegangen war.

Er, der Mann des Friedens, hat sich beim ersten Rückschlag der Gewalt verschrieben. Nun steht die Gewalt groß im Raum; sie ist dabei, sich zu etablieren, an ihm vorbei und über ihn hinweg. Neue Herren kommen ins Land, für die das Kreuz identisch ist mit dem Griff ihres Schwertes. Der arme Bischof muß ohnmächtig mit ansehen, was da heraufkommt für das Volk, um das er gerungen, das er vielleicht liebgewonnen hat.

Und nun geschieht etwas Seltsames: dieser Bischof Christian

gerät 1233 in prußische Gefangenschaft, wie eigentlich, das weiß man nicht. Dort bleibt er fünf Jahre. Im Samland. Und kommt zurück nicht als ein gequälter, geschundener, gebrochener Mann, eher wie von einer langen Reise. Als er in seinem Bistum Kulm eintrifft, ist dort alles anders. Die neuen Herren, die Träger des schwarzen Kreuzes, sind dabei, sich für immer im Prußenland einzurichten. Sie haben den Papst offenbar glauben gemacht, der gute alte Christian sei verschollen und sich dessen gesamte Rechte überschreiben lassen. Ein »Bischof der Prußen« ist hier zur Zeit nicht gefragt.

Noch gibt er den Kampf nicht auf. Man hört von Querelen, von Beschwerden in Rom. Er ist noch da, aber er ist nicht mehr auf dem Bildschirm. Der Rest ist Schweigen. Wo er zuletzt gelebt hat und wann er gestorben ist, weiß man nicht.

Was hatte es auf sich mit dieser merkwürdigen »Gefangenschaft«? Wollte er wirklich nur, wie man vermutet, wieder ein paar verschleppte Brüder des Klosters Lekno herausholen? Oder war das Ganze geplant als ein letzter, verzweifelter Versuch, die Dinge zu wenden, die führenden Prußen doch noch zur Annahme des neuen Glaubens zu bewegen und ihrem Volk ein Christentum in Freiheit zu bringen, bevor das Schwert über sie kam?

Wie dem auch immer sei oder gewesen sein mag, das Unternehmen war vergeblich, wenn auch nicht umsonst: 800 Mark Lösegeld hat er den Samländern zahlen müssen!

# Das siebente Kapitel

ist das angekündigte besondere. Es erzählt, warum und wie der große Kolonialkrieg der Deutschen beginnt, und stellt den Initiator dieses Krieges vor.

Im Morgengrauen des 1. September 1939 überschritt die 228. (ostpr.) Landwehrdivision Hitlers südlich des Städtchens Freystadt die polnische Grenze und drang bei der Mühle Slupp über die Ossa in das Kulmer Land ein. Von den Jubelmärschen durch Österreich und das Sudetenland verwöhnt, hofften die deutschen Landser etwas beklommen, auch hier als »Befreier« willkommen zu sein. Sie waren peinlich berührt, als ihnen in Rehden die Menschen in ihrer Muttersprache akzentfrei und unmißverständlich erklärten, die Deutschen solle allesamt der Teufel holen.

Ziemlich genau 700 Jahre zuvor hatten schon einmal Deutsche das Kulmer Land betreten. Auch bewaffnet. Auch als »Befreier«. Und ebenso unwillkommen. Es waren die gepanzerten Ritter des Deutschen Ordens.

Der Kolonialkrieg des Ordens gegen die Prußen (»Landnahme«, wie man das so nett verharmlosend umschreibt) ist, wie gesagt, ein besonderes Kapitel. Hier beginnt es.

Nun fragt man sich, und mit Recht, was diese Deutschen im Prußenland, das weitab von ihren Grenzen lag, eigentlich zu suchen hatten und wie sie überhaupt dahin kamen. Schließlich waren die Hauptanlieger der Prußen ja die Polen, und die hatten die Prußenfrage immer als *ihr* Problem betrachtet und durch häufige räuberische Kriegszüge zu lösen versucht. Ohne jeden Erfolg freilich, und das ist kein Wunder. Denn nachdem der tapfere Boleslaw 1025 die Augen geschlossen hatte, war es um Polen nicht mehr allzugut bestellt. Zu viele Königssöhne stritten sich um das väterliche Erbe, und so zerfiel das polnische Reich im 11. und 12. Jahrhundert in mehrere Teilfürstentümer, deren Beherrscher sich meistens in den Haaren lagen und von Fall zu Fall wechselseitig umbrachten. Einen dieser Herren kennen wir bereits. Es ist Herzog Konrad I., seit 1206 Beherrscher von Masowien und Kujawien. Ein perverser, bösartiger Schwächling, dieser Konrad, ein Westentaschen-Nero, der unter anderem seinen alten Lehrer, nur weil dieser ihm die Meinung zu sagen wagte, einkerkern, blenden und schließlich erdrosseln ließ. Seine ständigen Fehden mit den prußischen Nachbarn hatten ihn und seine beiden Herzogtümer in ernste Schwierigkeiten gebracht, und rundum fand sich niemand mehr, der diesem Stinkstiebel helfen konnte oder mochte.

Ruine der Ordensburg Rehden
(Quelle: Archiv für Kunst und Geschichte, Berlin)

Und da begegnet dieser Konrad doch – wie der Zufall oder das Schicksal oder die Vorsehung so spielt – eines Tages irgendwo im Süden dem Mann, der in dieser Zeit leicht überall da anzutreffen ist, wo große und kleine Politik gemacht wird: dem Hochmeister des Deutschen Ordens *Hermann von Salza.*

Dieser Ordensmann dürfte auch heute noch bekannt sein. Ist er doch einer jener großen Hermänner, an denen kein deutsches Geschichtsbuch vorbeikommt. Wenn man den Dunst nationaler Beweihräucherung von dieser Gestalt hinwegpustet, kommt ein bemerkenswert nüchterner, erstaunlich moderner Mensch zum Vorschein. Modern, wenn man darunter den Sinn für politische Zusammenhänge versteht, die Begabung für Propaganda und Werbung, Organisationstalent und Führungskunst, diplomatische Schläue, ein nüchternes Gespür für das Machbare und ein ungebrochenes und ungehemmtes Verhältnis zur Macht. Das alles zeigt sich stark ausgeprägt in diesem Genossen einer Zeit, die noch weithin in patriarchalisch-feudalistischem Dämmerschlaf zwischen Himmel und Hölle dahinschlurt.

Man begreift diese historische Frühgeburt erst richtig, wenn man sie da aufsucht, wo sie beheimatet ist: im Umkreis Friedrichs II., des letzten Stauferkaisers. Dieser Barbarossa-Enkel, ein vielseitig gebildeter, weltoffener Geist von ungeheurer, durch keinerlei moralische Skrupel gehemmter Tatkraft, ist selbst recht eigentlich ein Anachronismus, ein »Herr vom andern Stern«; solche Menschen bringt erst zwei Jahrhunderte später die Renaissance hervor. Auch der Staat, den er in seinem Stamm- und Erbland Sizilien aufbaut – ein straff zentralisierter und durchorganisierter Beamtenstaat ohne feudale Zwischengewalten mit einer fast schon modernen Geldwirtschaft –, ist wie ein Griff in die Zukunft, die Welt ringsherum kennt so etwas nicht.

Der Hochmeister Hermann von (Langen-)Salza nun ist, schlicht gesagt, des genialen Kaisers geniale rechte Hand. Er ist sein Privatsekretär, Finanzberater, Sonderbotschafter in offener und geheimer Mission, Werbefachmann, Hochzeitsbitter, Reisemarschall, Generalstabschef – und vertrauter Freund. Er verhandelt mit Landgrafen, Herzögen, Fürsten und Königen, vermittelt in den vielfältigen Differenzen des Kaisers, etwa mit den Templern, den Johannitern, den aufsässigen lombardischen Städten, dem Patriarchen von Jerusalem. Er managt die zweite Ehe Friedrichs mit der Tochter des Königs Johann von Jerusalem; und als Friedrich ausgerechnet am Hochzeitstage dem Schwiegervater außer der Tochter entgegen allen Absprachen auch noch das Königreich abknöpft, fällt auf die Szene dieses argen Schelmenstücks aus der Kulisse der Schatten Salzas. Als es um die Freilassung des von dem Grafen von Schwerin gekidnappten Dänenkönigs Waldemar geht – ein Kapitel allerhöchster politischer Brisanz –, agiert Salza entscheidend mit und erwirkt nebenbei noch für das seinen Ostabsichten wichtige Lübeck den Status einer Freien Reichsstadt. 1235 kann er, ein Meister im Reden und Überzeugen, Friedrichs Sohn Heinrich, der den Aufstand gegen den Vater probt, durch sein Wort zur Aufgabe bewegen. Für seinen Kaiser reist er werbend durch Europa, bringt 700 Ritter für den neuen Kreuzzug zusammen und kämpft dann zwei Jahre lang an der Seite Friedrichs mit dem Schwert und mit Diplomatie im Heiligen Land. Das ist nur einiges aus dem Repertoire dieses vielseitigen Könners, der es dabei versteht, stets bescheiden im Hintergrund zu bleiben.

Das Erstaunlichste jedoch ist, daß dieser Mann, obwohl als engster Vertrauter Friedrichs bekannt, in diesen Jahren wachsender Spannungen zwischen dem eigenwilligen Kaiser und dem kämpferischen Papst Gregor IX. als ehrlicher Makler auch bei der Kurie unbedingtes Vertrauen genießt. So macht man ihn zum Treuhänder der Garantiesumme, die Friedrich bis zur Verwirklichung des gelobten Kreuzzuges hinterlegen muß: 100000 Goldunzen, das sind nach dem Inflationskurs von 1974 etwa 40,2 Millionen DM! 1230 bringt er zwischen den Widersachern Gregor und Friedrich die schwierige Übereinkunft von Ceperano zustande, und als sich Kaiser und Papst in Anagni zu einem Vieraugengespräch treffen, darf er mit seinen zwei Augen als einziger Zeuge dabei sein. Er allein ist es, dem es über 15 Jahre hinweg gelingt, den Bruch zwischen den beiden großen Mächten der Zeit zu verhindern. Der Tag, an dem es dann doch dazu kommt und seinen kaiserlichen Freund der päpstliche Bannstrahl trifft, ist zugleich sein Todestag (20. 3. 1239).

Hermann von Salza (um 1170–1239)
Hochmeister des Deutschen Ritterordens
(Quelle: Historia-Photo, Bad Sachsa)

»In den Ostwind hebt die Fahnen...«
Friedrich II. verabschiedet 1236 in Marburg Freiwillige für den deutschen Kolo-
nialkrieg im Prußenland.
Gemälde von P. Janssen, 19. Jh.
(Quelle: Archiv für Kunst und Geschichte, Berlin)

Und an den Feuern des großen Geschehens weiß dieser Meister aus dem Morgenland allzeit zugleich in aller Freundschaft und Ehrlichkeit seine eigene Suppe zu kochen oder besser die seines Ordens, dessen Größe und Einfluß er ganz unwahrscheinlich zu steigern weiß.

»Wohin er den Fuß setzt«, schreibt einer seiner zahlreichen Biographen mit Recht und nicht ohne Humor, »sprießen Urkunden für den Orden hervor.« Und bald nach Salzas Tode beklagt sich der Passauer Domherr Albert der Böhme, einer der schärfsten Agitatoren der Papstmacht, ziemlich vergrämt, das Heilige Römische Reich werde jetzt durch die Deutschen Ritter regiert. Man kann kaum sagen, er habe allzusehr übertrieben.

Was den Hochmeister Hermann von Salza bei all seinem Tun treibt, keineswegs unterschwellig, sondern sehr bewußt, ist das Streben nach Macht. Er wird einen Machtbereich schaffen. Kein Finanzimperium wie später die Fugger oder die Rothschilds, keine Großhandelskette, keinen Ölkonzern, das alles ging damals noch nicht. Mit allen Mitteln wird er einen eigenen Staat gründen – den autonomen deutschen Ordensstaat.

Ein sehr moderner Mensch ist dieser hohe Ordensmeister. Und wiederum ganz ein Kind seiner Zeit; denn er ist vollen und ehrlichen Herzens davon überzeugt, dieses alles geschehe zum höheren Ruhme Gottes.

Nun waren Neugründungen von Staaten damals nichts Ungewöhnliches. In Nahost versuchten sich Fürsten und Ritterorden wetteifernd auf diesem Gebiet (so etwa die Johanniter in Tripolis und Antiochien, der britische König Richard auf Zypern), in Livland war gerade der Bischof Albert mit Hilfe der Schwertbrüder dabei, auf dem Rücken von Kuren, Letten und Esten einen Kirchenstaat zu errichten. Auch der Deutsche Orden hatte sich ja von dem schwachen ungarischen König Andreas II. mit dem Burzenland belehnt, nach Rückversicherung bei Papst Honorius III. in Siebenbürgen als autonome deutsche Bau- und Siedlungsgenossenschaft festgesetzt. Doch als der madjarische Souverän unter dem Druck einer von seinem Sohn Bela geführten Opposition die Verträge annullierte und die deutschen Ritter aus Ungarn vertreiben ließ, nötigte sich dem Hochmeister Salza die Erkenntnis auf, daß der Papst allein dem Orden doch keine rechte Hilfe war. (Vgl. Stalin: »Wieviel Divisionen hat der Papst?«) Das Experiment endete ruhmlos.

Da taucht nun, kaum daß diese Enttäuschung verwunden ist, der masowische Konrad auf und klagt dem Meister Salza sein Leid mit den widerspenstigen Prußen im Norden an der schönen Ostsee. Er bittet um militärische Hilfe und gibt dem Orden nicht nur alles zu erobernde (und ihm gar nicht gehörende) Prußenland zu eigen, sondern schenkt ihm auch das Gebiet zwischen Ossa, Weichsel und Drewenz, das Kulmer Land, als Operationsbasis (wobei der Bischof Christian mit seinen älteren Rechten auf der Strecke bleibt).

Salza erkennt sofort die neuen Möglichkeiten, die sich dem Orden hier bieten. Aber diesmal ist er vorsichtiger. Bevor er noch mit Konrad handelseinig wird, läßt er sich erst einmal dessen gesamte Versprechungen höheren Orts schriftlich bestätigen. Als »freien und immunen« Besitz mit Rechtsgarantie der vollen Landeshoheit. Und zwar von seinem Freund, dem Heiligen Deutschen Kaiser. Friedrich II., von dem geplanten Unternehmen hell begeistert, unterzeichnet 1226 in dem auch Nichthistorikern bestens bekannten Rimini (Scharnow, Touropa!) eine diesbezügliche Urkunde, die Salza als ein diplomatisches Meisterstück wohl weitgehend selbst entworfen hat. Der Kaiser trägt nicht die geringsten Bedenken, seinem Freund diesen Wechsel auf die Zukunft auszustellen; denn als deutscher König hat er (nach dem Allgemeinen Kgl. Bodenregal) das Recht an allem herrenlosen (!) Land, und als Kaiser des Heiligen Römischen Reiches ist er »über alle Könige erhöht« und seine Macht »durch alle Weltgegenden erweitert«. Kraft dieses Machtanspruchs »verleiht« Friedrich dem Hochmeister des Deutschen Ordens das Kulmer Land, auf daß er »wie ein Reichsfürst« darin herrsche.

Nun erst, mit diesem Freibrief in der Tasche, kann Salza den nötigen Druck hinter seine Verhandlungen mit dem Masowier-Herzog setzen. Zwei Ordensritter werden losgeschickt, um zunächst einmal die angebotene Operationsbasis zu besichtigen. Doch sie müssen feststellen, daß der gute Konrad da etwas verschenkt hat, was er gar nicht besitzt: Im Kulmer Land sitzen die Prußen!

Recht forsch übernehmen die beiden Ritter gleich die Führung eines masowischen Heerhaufens gegen den bösen Feind, der gerade wieder einmal auf Plock marschiert. Das Waffenglück ist ihnen jedoch nicht hold. Die Streitmacht wird geschlagen, der masowische Mitkommandeur gefangengenommen, die beiden deutschen Helden bleiben arg zugerichtet auf der Walstatt zurück. Des Konrads Eheliebste Agaphia, die das Unternehmen angeregt hat, läßt sie aufsammeln und von ihren Leibärzten wieder zusammenflicken.

Danach beginnt das große Feilschen. Immer neue Schenkungsurkunden muß Konrad ausfertigen, keine genügt dem Salza. Schließlich kommt es im Juni 1230 zu dem Vertrag von Kruschwitz, in dem der Masowier einen eindeutigen und vollständigen Verzicht auf das Kulmer Land ausspricht und alle Hoheitsrechte auf den Orden überträgt. (Eine Originalurkunde darüber existiert nicht, und so behaupten denn die Polen bis heute, dieser Vertrag sei ein vom Orden aufgelegter Schwindel.)

Erst 1234, vier Jahre später, läßt sich Salza auch von Papst Gregor IX. mit dem Kulmer Land belehnen. Zwar ist er nun, doppelt abgesichert, ein souveräner, von Masowien völlig unabhängiger Herrscher, aber diese Doppelverpflichtung bringt dem Orden in Zukunft auch eine Menge Unzuträglichkeiten. Denn irgendwie scheiden sich hier die Geister: Die Kirche will Machterweiterung durch Bekehrung, zwar auch mit Gewalt, wo es nottut, doch sollen die Getauften dann »freie« Christenmenschen sein, d. h. sich unter kirchlich-bischöflicher Obhut ihr Gemeinwesen selbst gestalten und verwalten können. (So verlangt und erhält sie von allem eroberten Land ein Drittel als eigenen Machtbereich!) Der Kaiser jedoch und mit ihm der Orden will Eroberung mit dem Schwert. Objekt des Schwertes sind die Prußen, räuberische Wilde in herrenlosem Land, potentielle Untertanen gleichermaßen, ob bekehrt oder nicht, in einem autoritär geführten Staat, in dem es für sie nichts zu mucksen gibt.

Ja, dieser Staat! Dieses Gebilde, das da in dem genialen Kopf eines einzelnen entsteht, ist doch etwas anderes als die neuen Staatengebilde der Zeit, die emporwachsen und vergehen wie die Blumen auf dem Felde. Hier ist alles – Administration, Anlage der Burgen und Handelsplätze, Besiedlung, Wirtschaft und Finanzen – im voraus geplant und organisiert (wobei dem Salza das sizilianische Musterländle seines Kaiserfreundes Friedrich als Vorbild gedient haben mag). Dieser Staat ist auf dem Papier bereits fertig, ehe überhaupt der erste Schwertstreich geführt ist.

Und auch die politischen und psychologischen Voraussetzungen hat Salza geschaffen. Auf seinen vielen Reisen zu den deutschen Ordenshäusern und Fürstenhöfen hat er erfolgreich für das geplante Unternehmen Propaganda gemacht, in Böhmen, Pommern und Polen hat er sich politisch abgesichert, mit der Hanse die Fragen des Nachschubs über See und der späteren Handelsverbindungen abgeklärt. Die Vorbereitungen sind abgeschlossen. Der Eroberungskrieg gegen das Land der Prußen kann beginnen.

Ein schmutziggrauer Morgen dämmert herauf. Seit Stunden fällt feiner Regen und durchweicht Kleider und Schuhzeug.

»Seit 5 Uhr 45 wird zurückgeschossen!«

Pferdeschnauben, Kommandos, Klappern von Waffen und Geschirr. Es geht los.

Und über dem in Regenfeuchtigkeit funkelnden und dampfenden Land steigt blutrot eine brütende Sonne hoch.

Ach Unsinn, das war ja...

Doch vielleicht spiegelt sich an jenem Frühlingsmorgen des Jahres 1231 eine ähnlich düstere Sonne in den blanken Helmkappen, den Schwertern und Schilden der Ordensritter, die sich mit einem Haufen Reisiger unter der Führung des deutschen Landmeisters Hermann Balk und seines Generalstabschefs Marschall Dietrich von Bernheim am Südufer der Weichsel bereitstellen zum Vorstoß in das Kulmer Land. Dort drüben sitzen in drei ausgebauten Wehrburgen die Prußen fest.

Schon im September 1230 hat Papst Gregor IX. zu einem Kreuzzug gen Osten aufgerufen; aber bis sich da etwas tut, so lange will Landmeister Balk nicht warten. Jetzt geht es los! Die

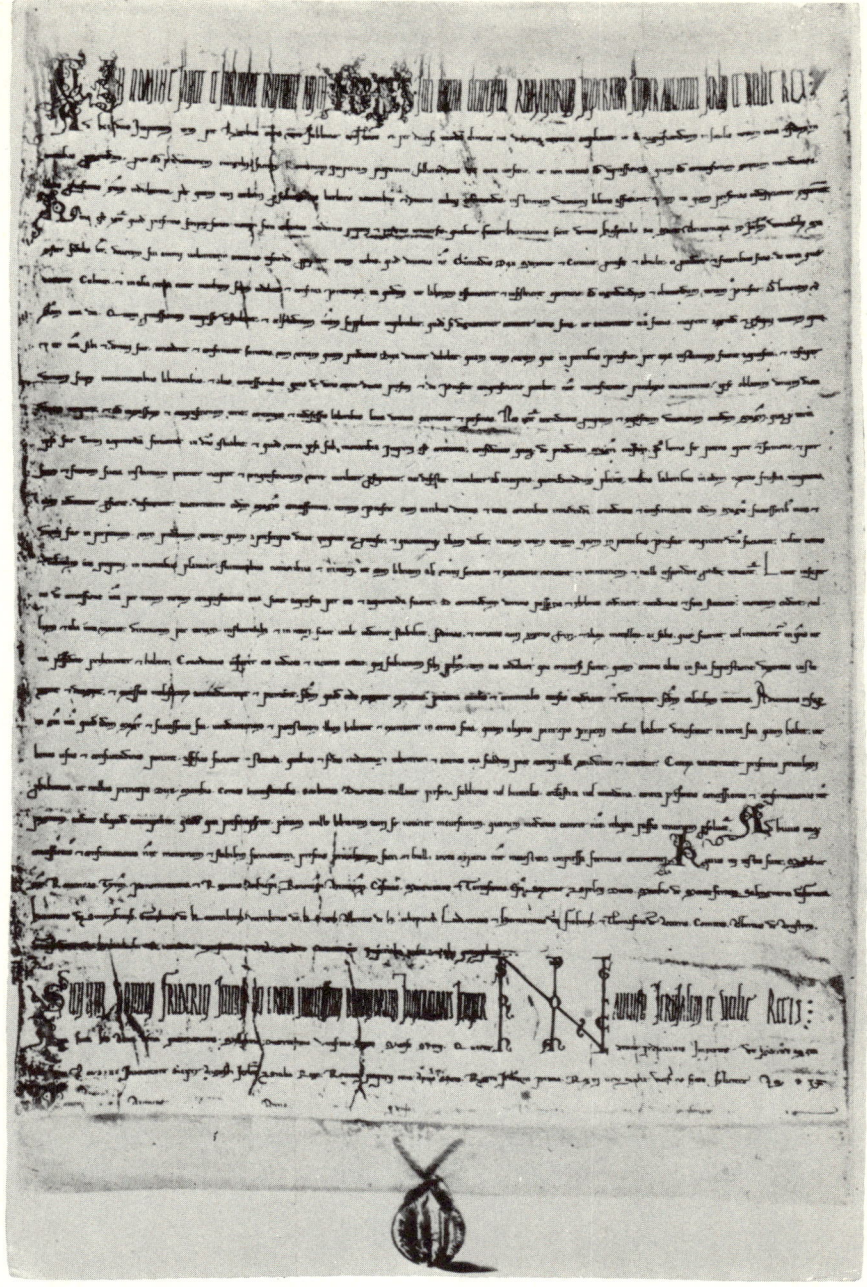

Die Urkunde von Rimini (1226)
(Quelle: Historia-Photo, Bad Sachsa)

Streitmacht freilich, über die er verfügt, ist nicht gerade imponierend: außer ihm und dem Marschall noch ganze sieben Ritter, dazu kaum mehr als hundert Mann Kriegsvolk. Der Masowier hat diesem Häuflein klein an seinem Ufer der Weichsel zwei feste Plätze erbauen lassen, die »Burgen« *Vogelsang* und *Nessau*. Und da hausen nun schon drei Jahre lang diese deutschen Krieger und singen. Ja, singen! Aber nicht etwa »In den Ostwind hebt die Fahnen!« oder »Es zittern die morschen Knochen« oder ähnlich Markiges. Und wenn wir unserem Chronisten, dem Dusburg Peter, glauben wollen, dann ist es nicht einmal froher Vogelsang (haha!), was da über die Weichsel zu den Prußen hinüberklingt, sondern schon eher so etwas wie »Lili Marlen«, jedenfalls Lieder von »unsagbarer Traurigkeit (tristicie et meroris)«.

Beim Anhören solcher Jammertöne werden die Prußen kaum vor Furcht gezittert haben. Wir hören weiter von unserem offenbar zu Gags aufgelegten Chronisten: Als die Hundsköpfe wieder einmal einen unfriedlichen Abstecher nach Kujawien gemacht haben und auf dem Rückmarsch sind, folgen ihnen doch tatsächlich ein paar dieser metallverkleideten Figuren, und sie fragen sich »über alle Maßen verwundert, wo die wohl her kämen und was sie hergeführt haben mochte«. Auskunft erhalten sie von einem Kujawier, den sie unterwegs aufgegriffen und mitgenommen haben: »Das sind fromme Männer und gleichzeitig vorzügliche Waffenstreiter, aus Deutschland vom Papst geschickt! Und die werden gegen euch Krieg führen, bis ihr eure wilden Dickschädel unter das Joch der heiligen römischen Kirche gebeugt habt!« Nun, »als sie das gehört hatten, schüttelten sie sich vor Lachen und machten sich davon (subridentes discesserunt)« (II,11).

Jedenfalls reicht es dem Balk jetzt. Es ist ja nicht mehr mit anzusehen, wie frech sich diese Burschen da drüben in ihren Drecknestern sielen! So oder so, jetzt geht es los.

Das Mini-Heer setzt über den Fluß, der Konrad, der mit seinen Räubertrupps schon oft in dem Land drüben ins Laufen kam, ist als Scout mit dabei. Die Schiffe verbrennt man nicht hinter sich wie andere berühmte Eroberer, im Gegenteil, man versteckt die Kähne sorgfältig am Ufer, um sofort retirieren zu können, falls es brenzlig werden sollte. Es wird aber nicht. Es scheint, als ob die Prußen die Invasion der deutschen Panzerreiter regelrecht verschlafen. Ungestört können die Eroberer einen Stützpunkt errichten. »In quadam arbore quercina – auf einem Eichenbaum«, weiß der Dusburg zu berichten und beschwört damit die Vorstellung eines Hochsitzes herauf, auf dem die neun Ritter lauern. Nun, da hat er als Nichtsoldat wohl etwas mißverstanden. Man war auf die Reste der alten Burg *Turno* (Thorn) gestoßen, die man jetzt mit Erdwällen und Palisaden zu einer Art Blockhaus-Fort ausbaut. Und vielleicht gab es da auch eine uralte heilige Eiche.

Es geht in diesem deutschen Kolonialkrieg schon ein bißchen so zu wie später im Wilden Westen Amerikas, ein bißchen aber auch wie beim alten Homer – so angeberisch, verlogen, verräterisch und grausam. Nachdem alles bisher so glatt verlaufen ist, zieht Meister Balk alsbald gegen die erste Prußenburg *Rogow* und erschlägt die sich entgegenstellende Besatzung, die – spät genug – Unheil gewittert hat. Nicht nur die Burg, auch deren Kommandant fällt in die Hände der Ritter.

Und nun wird es trojanisch. Der geschnappte Prußenhäuptling (wer weiß, was Schönes man ihm angedroht hat!) führt die Feindmacht vor die zweite Burg unweit Kulm. Er geht auch gleich ein bißchen spionieren und kommt zurück (!) mit der Nachricht, dort sei alles betrunken. Wie dereinst die Griechen Homers überrumpeln die Ritter jene Ahnungslosen, machen sie allesamt nieder und legen in Asche, was an dieser Wehrburg brennbar ist.

An die dritte Burg, auf der der streitbare Pomesanierfürst *Pipin* sitzt, traut man sich direkt nicht heran, auch hier bedient man sich altgriechischer Methoden.

Der Häuptling der ersten Burg, ein Neffe des besagten Pipins, spielt (vielleicht hat man ihm kein schlimmes Ende, sondern einen Judaslohn, vielleicht aber auch beides in Aussicht gestellt) seinen Onkel heimtückisch den Ordensbrüdern in die Hände. Die schneiden ihm erst einmal den Nabel heraus und nageln den an einen Baum. Dann lassen sie den Prußenfürsten da herumlaufen, bis seine Eingeweide um den Stamm gewickelt sind (Chr. Ol. p. 21). Schließlich schleifen sie ihn, wie weiland Achill den Hektor, bis zu dem Thorner Kastell und hängen ihn zu allem Überfluß auch noch an einem Baum auf (Db.III,7). Vielleicht an vorbenannter heiliger Eiche.

Der einzige Sohn dieses unglückseligen prußischen Edlen namens *Matto* wurde nun nicht etwa ein furchtbarer Rächer seines Vaters. Nein, er ließ sich taufen (auf den Namen großer Vorbilder Hermann) und hinterließ, wie die Chronisten preisen, ein Geschlecht von Kindern, Enkeln und Urenkeln, »die bis auf den heutigen Tag wahre Gotteskinder und Bekenner des christlichen Glaubens sind« (Chr. Ol. p. 21). Wahrlich, es geschehen Wunder!

Recht überraschend ist nun, daß an solchen christlichen Greueltaten keiner der Chronisten Anstoß nimmt. Das alles geschieht zum höheren Ruhme Gottes und trägt denn ja auch, wie man sieht, reiche Früchte. Wehe aber, wenn es die anderen tun, die prußischen Untiere, die »Hundsköpfe«, die »Teufelssöhne«! Da wird dann in genüßlicher Abscheu detailliert geschildert, wie die Christen an den Füßen aufgehängt, am Feuer geröstet und auf jede entsetzliche Art verstümmelt werden. Natürlich fehlt auch die Geschichte mit dem Nabel nicht. Nur Greuelpropaganda? Vielleicht. Ähnliches haben ja auch Christen späterer Zeiten von Indianern, Negern, Juden, von Boches, Kosaken und anderen Wilden zu berichten gewußt. Verteufelung des Gegners als Feigenblatt für die eigenen Gemeinheiten. Und selbst wenn das alles so stimmen sollte – »Auge um Auge, Zahn um Zahn«?

Ich weiß, das will nicht ins Bild passen. Wir alle haben uns die redlichen Gottesstreiter anders vorgestellt. Zwölf Jahre lang, von der Nona bis zum Abitur, durfte ich in der Aula unseres Königsberger Gymnasiums täglich bei der Morgenandacht zu einem Kolossalgemälde des Historienmalers Carl Steffeck emporblicken. Da zog (1309) der Hochmeister Siegfried von Feuchtwangen in seine neue Residenz, die Marienburg, ein: gütig lächelnd, segnend die Hand erhoben über den blonden Gretchenschöpfen deutscher Siedlerfrauen, die ihm ihre strampelnden Kinder entgegenstreckten. Wie Christus einst in Jerusalem... Dieses Bild über uns, wurden wir groß.

So mag man kaum glauben, was uns der Dusburg Peter da alles erzählt. Aber da es der Ordenschronist, in allem die Stimme seines Herrn, mit einer gewissen satten Genugtuung berichtet, sind Tendenz und ethische Grundhaltung kaum anzuzweifeln.

Und noch ein Weiteres zeigt sich gleich zu Anfang dieses Vernichtungskrieges mit erschreckender Deutlichkeit: Die Unfähigkeit der Prußen, sich in Zeiten der Not zusammenzuschließen. Kein Volk, kein Reich, kein Führer. Selbst innerhalb der einzelnen Stämme dominiert der Gruppenegoismus der Sippenhäuptlinge, und auch innerhalb der Großsippen gibt es, wie wir sahen, Eifersucht und Verrat. Ungehört verhallt in den weiten Wäldern der Ruf des alten Waidewud-Attinghausen: Seid einig!

Gegenüber den demoralisierten Polenhaufen im Süden, mit denen man sich bald herumschlug, bald auch in Zweckkumpanei gegen andere zusammenfand, mochte das noch angehen. Welche Chancen aber konnte dieses freundlich-naive, lebensfrohe und arglose Volk wohl haben gegenüber der finsteren, zielbewußten Entschlossenheit der straff organisierten, streng geführten und technisch überlegenen deutschen Eroberer-Profis?

Jedenfalls hat der Orden das ihm vom armen Konrad geschenkte und vom Kaiser Friedrich garantierte Eigentum, das Kulmer Land, nun auch im Besitz. Der Krieg kann weitergehen.

Eins übrigens glaubt man sicher zu wissen: der Hochmeister Hermann von Salza hat das Land zwischen Weichsel und Memel, auf dem sein deutscher Musterstaat Wirklichkeit werden soll, nie mit eigenen Augen gesehen.

# Das achte Kapitel

läßt den deutschen Kolonialkrieg erst einmal zehn Jahre lang laufen und weiß dabei eine Winterschlacht à la Stalingrad gebührend zu würdigen. Dazwischen machen wir die Bekanntschaft eines bemerkenswerten Repräsentanten des Zeitgeistes.

Es geht weiter, sogar ziemlich schnell. Und genau nach Salzas Plan. Die von diesem festgelegte und von dem Landmeister Balk praktizierte Strategie ist klar, sie wird – wie in jedem Krieg – bestimmt von den Nachschubmöglichkeiten. Und diese bietet in dem weithin unzugänglichen Land allein die Wasserstraße, die Weichsel. Auf und an ihr geht es stromabwärts, Zielrichtung ist das Meer.

Das unternehmen nun freilich nicht die neun (oder mehr) Ritter allein, auch nicht die paar hundert Reisigen. Inzwischen hat der Kreuzzugsaufruf Gregors IX. Früchte getragen, die ersten Kreuzfahrer rücken an. Was der Papst da als Wehrsold für den christlichen Kriegsdienst im Osten geboten hatte, war allerhand: unter anderem totale Amnestie für Brandstifter oder Gewalttäter an Geistlichen. Allein schon für das bloße Anhören einer Kreuzpredigt gab es 20 Tage Sündenbuß-Erlaß! Man kann sich ausmalen, was da so auf dem Schauplatz erschien: weniger Crème wohl als Abschaum.

Als erster trifft im Kulmer Land der Burggraf Burchard von Magdeburg mit 5000 Streitern ein. Mit einem Teil dieser Krieger schifft die Handvoll Ordensritter möglichst lautlos die Weichsel hinunter und errichtet ungefähr 30 Kilometerchen abwärts auf einer ziemlich morastigen Insel – ans Ufer wagt man sich noch nicht – aus vorgefertigten Bauelementen den Stützpunkt Marienwerder. Die Pomesanier merken anscheinend nichts oder stellen sich tot. Jedenfalls geschieht weiter nichts.

Im Kulmer Land baut der Orden mit Hilfe des Magdeburgers die alten Burgen Kulm und Thorn auf und aus und siedelt in den Burgbereichen den Haufen deutscher Kolonisten an, der auf Planwagen mit Kind und Kegel die Streitmacht des Burggrafen begleitet hat, getrieben von der Hoffnung, es werde in dem fremden Ostland schöner zu leben sein als in der alten Heimat. Und zunächst läßt sich auch alles recht erfreulich an. Die Anfang 1233 erlassene »Kulmische Handfeste« gewährt den Neuen erhebliche Rechte: ihre Richter können sie selbst wählen, die Strafen sind nur halb so hoch wie zu Hause; das Land, das zugeteilt wird, kann man frei vererben und mit Zustimmung des Ordens auch verkaufen.

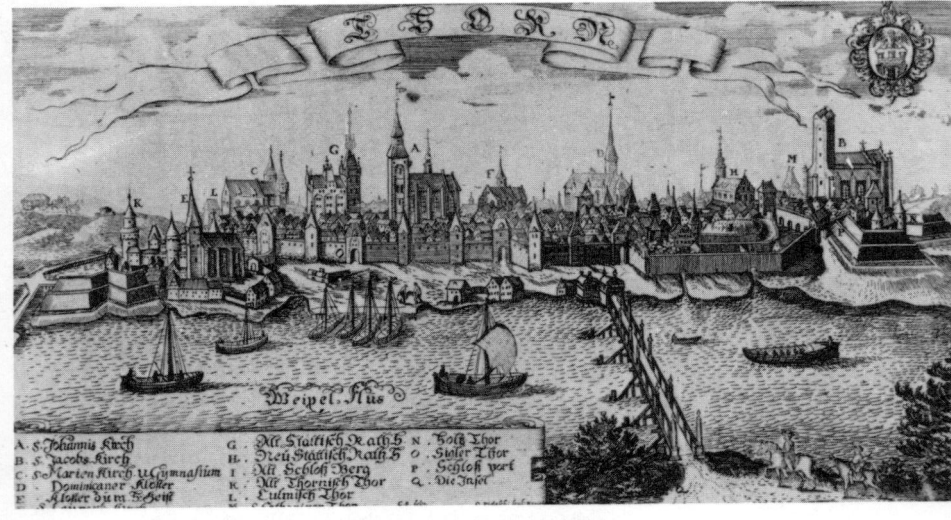

Thorn im 17. Jahrhundert. Kupferstich von 1686
(Quelle: Bildarchiv Preußischer Kulturbesitz, Berlin)

Freilich ist der neue Landwirt zum Kriegsdienst verpflichtet. Wer mehr als 40 Hufen (= 672 Hektar = 6,72 km²) besitzt, muß persönlich in voller Rüstung zu Pferde erscheinen nebst zwei von ihm ausgestatteten Reitern; wessen Besitz unter 40 Hufen bleibt, der kommt leichtbewaffnet mit einem Pferde davon. Auch hat der Neusiedler Naturalabgaben zu leisten, nicht viel: pro Pflug je 1 Scheffel (etwa 55 Liter) Weizen und Roggen jährlich. Wie sagten doch die Ostpreußen später? »Bißche was mecht schon sein!«

So langsam finden sich auch die übrigen Kreuzfahrer ein, eine recht gemischte Gesellschaft: die Herzöge Heinrich von Breslau (3000 Mann), Wladislaw Odonicz von Großpolen (2200 Mann), natürlich auch der Konrad von Masowien (4000 Mann) nebst Sohn Kasimir, der inzwischen Kujawien als Herzogtum übernommen hat (2000 Mann). Und dann ist auch wieder einer dabei, der die Vorgänge an seiner östlichen Grenze mit wachsender Beunruhigung beobachtet und auf alle Fälle mal die Hände im Spiel behalten will, unser Freund Swantopolk, der Herzog von Pommerellen. Er bringt außer seinem Brüderchen Sambor noch 5000 Mann mit. Wenn wir mal eben nachrechnen: Insgesamt sind das mehr als 20 000 Mann. Und wiederum eine Zweckgemeinschaft slawischer Brüder. Kann das dem Deutschen Orden gefallen? Kaum. Aber noch ist er nicht soweit, daß er sich seine Freunde aussuchen kann. Später wird sich das ändern.

Nun fragt man sich natürlich und mit Recht, was angesichts solcher Bedrohung wohl in den Köpfen der Prußen vorgehen mag. Leider wissen wir da so gut wie nichts. Die Ritter führten darüber nicht Buch; sie interessierten sich für die Gedankenwelt heidnischer Untermenschen ebensowenig wie die US Army seinerzeit für den Inhalt von Vietnamesenköpfen. Auf das Denken der Prußen aber aus ihrem Handeln zu schließen ist schwer, weil wir darüber durch die Ordenschronisten nur lückenhaft und entstellt unterrichtet sind. Sie waren ja »Heiden«, ihre Götter gaben ihnen ein, was sie tun sollten, und manchmal wohl auch die bösen Dämonen der Nacht…

Die Pomesanier jedenfalls, die neue Ritterburg Marienwerder vor Augen und ein 20 000-Mann-Heer im Rücken, machen etwas überraschend Vernünftiges: Sie schicken ein paar von ihren Edlen als Gesandtschaft los und bieten die Taufe an. (Man fühlt sich gedrängt, so viel Pragmatismus in späteres Ostpreußisch zu übertragen: »Zu was wer' ich Streit anfangen wejen dem bißche Wasser!«) In Wahrheit wollen sie wohl nur Zeit gewinnen; denn natürlich wissen sie genau, daß die Tausende von Kreuzkriegern sich nur auf ein Jahr verpflichtet haben und dann wieder abziehen. Übrigens ist das die Zeit, als der gute Bischof Christian sich aufmacht zu nochmaliger friedlicher Bekehrung und dabei von den Prußen festgesetzt wird.

Auch das Kreuzheer, diese recht heterogene Zweckgemeinschaft, zeigt sich lustlos. Man hilft dem Landmeister Balk die neue, ständig durch Hochwasser gefährdete Burg in der Weichsel ans Ufer verlegen und tut sich im übrigen in dem geplagten Kulmer Land gütlich. Nicht einmal für den abgängigen Christian unternimmt man etwas. Es scheint, man will sich den Sündenerlaß durch schlichtes Absitzen der Zeit verdienen.

Doch als dann der Winter 1233/34 mit ungewöhnlicher Kälte einbricht, die Sümpfe zugefroren und die Wälder entlaubt sind (der Magdeburger ist inzwischen schon wieder nach Hause abgezogen), bricht die restliche Streitmacht nun doch tief in Pomesanien ein. Südlich des Drausensees, in der Nähe eines heiligen Waldes, trifft sie an dem Flüßchen *Sirgune* (Sorge) auf ein riesiges, freilich schlecht bewaffnetes Prußenheer. Es kommt zu einem fürchterlichen Gemetzel, das bis zum Abend währt. Dann entscheidet Swantopolk mit seinen Pommern, die sich als Nachbarn in diesem Lande besser auskennen als die anderen, durch eine Umgehungsoperation den Kampf. Die Dunkelheit der Nacht ermöglicht den Prußen den Rückzug, doch 5000 der Ihren und fast ebenso viele vom Kreuzheer decken das Schlachtfeld. Das heißt dann noch lange danach *Surkaporn* – das Totenfeld (meint man zu glauben).

Sind die Pomesanier damit erledigt, ist ihr Land verloren? Es scheint nicht so. Das hart angeschlagene Kreuzheer verzichtet auf den Durchbruch zum Drausensee und zieht sich ins Kulmer Land zurück, wo Hermann Balk zur Absicherung der offenen Stelle zwi-

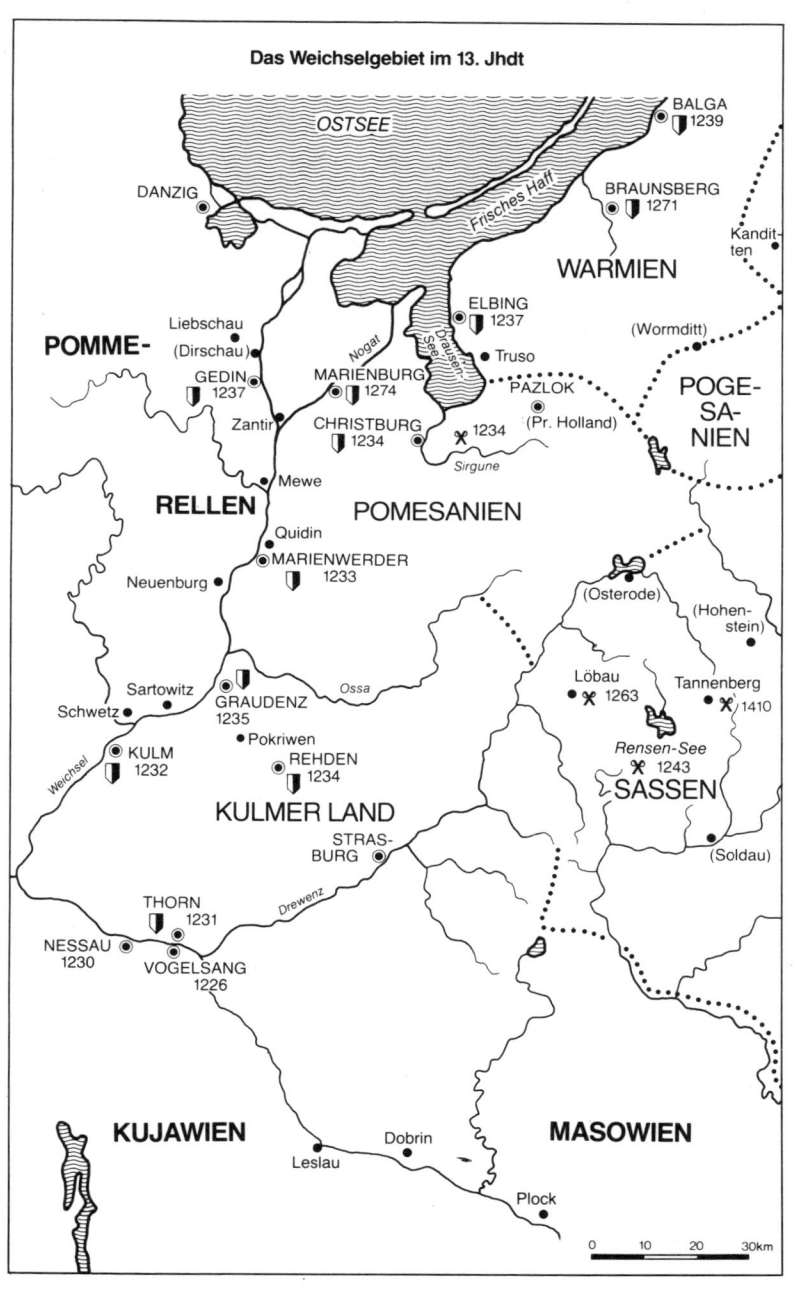

Das Weichselgebiet im 13. Jhdt

OSTSEE

BALGA
1239

DANZIG

Frisches Haff

BRAUNSBERG
1271

Kanditten

WARMIEN

Liebschau
(Dirschau)

POMME-

GEDIN
1237

Zantir

Nogat

ELBING
1237

Truso

(Wormditt)

MARIENBURG
1274

PAZLOK
(Pr. Holland)

POGE-
SA-
NIEN

CHRISTBURG
1234

Drausen See

Sirgune

1234

Mewe

RELLEN

Quidin

POMESANIEN

MARIENWERDER
1233

Neuenburg

(Osterode)

(Hohen-
stein)

Sartowitz

Ossa

GRAUDENZ
1235

Löbau
1263

Tannenberg

1410

Schwetz

KULM
1232

Pokriwen

REHDEN
1234

Weichsel

KULMER LAND

Rensen-See
1243

SASSEN

(Soldau)

STRAS-
BURG

THORN
1231

Drewenz

NESSAU
1230

VOGELSANG
1226

KUJAWIEN

Leslau

Dobrin

MASOWIEN

Plock

0    10    20    30km

schen Ossa und Drewenz das Kastell *Rehden* erbauen läßt. (Rehden? Kam das nicht schon einmal vor?) So recht als Sieger scheint sich das slawische Christenheer nicht zu fühlen, es zieht dann auch bald ab.

Die Pomesanier ihrerseits, so lassen die Quellen etwas vage verlauten, finden mit Unterstützung des Nachbargaues Warmien die Kraft zu einem Rachefeldzug gegen Nachbar Swantopolk, dem sie das Desaster an der Sirgune verdanken. Zustatten kommt ihnen dabei, daß sich der junge Herzog Sambor, gerade erst aus der harten Vormundschaft seines überlebensgroßen Bruders entlassen und noch ziemlich vergrämt, auf die Seite der Prußen schlägt (er will sogar eine Prußin heiraten!) und ihrem Racheheer den Durchmarsch durch sein Gebiet um Liebschau erlaubt. Wieder werden die Stadt Danzig und das Zisterzienser-Kloster Oliva geplündert und gebrandschatzt. Und dabei hat Swantopolk die Waffenbrüderschaft mit dem Orden schon satt, die Burg Marienwerder an seiner Grenze gefällt ihm gar nicht, und überhaupt...

Was macht der hohe Meister Salza inzwischen? Der reist mit seinem Kaiserfreund Friedrich in Italien und sonstwo umher. Auf dem Reichstag zu Mainz 1235 trifft er auf einen finanziell sehr potenten, ganze 17 Jahre jungen Mann, der bereit ist, für sein Seelenheil einiges zu investieren: den Markgrafen Heinrich »den Erlauchten« von Meißen. Dem macht er die Idee eines neuen Kreuzzuges gen Osten schmackhaft.

Bereits ein Jahr später erscheinen Erlaucht denn auch höchst prächtig nicht nur mit einem beachtlichen, erstmals rein deutschen Kreuzheer, sondern auch mit 500 (fünfhundert!) funkelnagelneuen Rittern, einer Privatarmee, die er mit dem Silber aus seinen Bergwerken bei Freiberg finanziert hat. Er scheint sich von deren Einsatz einiges zu versprechen, denn er bringt auch gleich die Dominikaner-Mönche mit. Und tatsächlich, das Heer findet in Pomesanien diesmal keinen Widerstand, die sechs Wehrburgen fallen kampflos, rundum strömt mit seinen Häuptlingen das Volk zusammen, und die Mönche schaffen es kaum mit dem Taufen.

In einem Jahr hat der Silberjüngling das Ziel der Klasse erreicht, der erste Prußenstamm ist unterworfen, 1237 reist er befriedigt

nach Hause ab. Einen Teil seines Heeres läßt er dem Orden groß-
mütig zu weiterer Verwendung zurück.

Was ist da geschehen? Was hat den überraschenden Sinneswan-
del bei den Pomesaniern herbeigeführt? Hat die Missionsarbeit
des guten Christian hier späte Früchte getragen? Oder haben die
Dominikaner etwa ihr Handwerk besser verstanden als Christians
Zisterzienser? Oder war das einfach kluge Taktik im Hoffen auf
bessere Zeiten? Oder hatten die prußischen Häuptlinge sich bei
der Unterwerfung unter den Orden persönliche Vorteile ausgerechnet? Wir wissen es nicht. Wir sehen die Fakten und staunen.

Nun wäre es eigentlich an der Zeit, uns etwas näher damit zu beschäftigen, wie der Orden – jenseits aller Verteufelung – de facto
mit den Unterworfenen umging. Denn jetzt hatte er ja welche zum
»Umgehen«. Doch vielleicht verfolgen wir erst einmal den Ablauf
der Ereignisse weiter, bis wir an einen merkbaren Einschnitt
kommen. Man weiß ja, wie das so ist mit der Zeit: manchmal trödelt sie jahrelang mehr oder weniger gemächlich dahin, und dann
mit einmal gibt es einen Ruck, und alles überschlägt sich, meistens
zum Schlechteren hin. Man blickt sich um und erkennt die Welt
nicht mehr.

Auch für den Orden entwickelt sich alles noch ein paar Jahre
lang erwartungsgemäß und genau nach dem von Salza ausgearbei-
teten Plan. Mit zwei Kriegsschiffen, die der silberne Sachse noch
vor seiner Abreise dem Orden spendiert hat (sie führen die sinni-
gen Namen *Friedland* und *Pilgrim),* schuckelt man auf dem Drausensee herum. Der ist (damals) gar kein See, sondern eine im Süden ziemlich versumpfte Ausbuchtung des Frischen Haffs. Gleich
gegenüber hat die Nehrung (bei dem späteren Badeort Kahlberg)
eine offene Durchfahrt, ein »Tief«, durch das man in die Ostsee
gelangt. Damit ist fortan der Nachschub über See gesichert, und so
legen die Ritter denn am Ostufer des Drausensees, unweit des
prußischen Truso, eine Wehrburg an, wie alle diese Burgen zugleich Handelsplatz und zugleich militärische Basis für weitere
Operationen.

Als Auswanderer aus der Freien Reichsstadt Lübeck, auf dem
Wege zu Bischof Alberts Kirchenstaat Livland, davon hören, än-

dern sie den Kurs ihrer Koggen und lassen sich im Schutze dieser neuen Burg nieder, den Feind direkt vor der Haustür. Das wird dann noch im gleichen Jahr 1237 die Stadt Elbing, in der runde 700 Jahre später der Herr Schichau seine Werft betreiben wird. Ein Jahr danach bauen die Dominikaner dort bereits ein Kloster.

Und was tun die Warmier dagegen, auf deren Gebiet sich das alles abspielt? Nichts tun sie, und das erscheint auch unserem Chronisten so erstaunlich, daß er von einem Wunder spricht: Gott in seiner Güte habe die Sinne der Feinde so vernebelt, daß sie wie eine Hammelherde Don Quijotes statt eines Häufleins Ritter ein strahlendes Riesenheer zu sehen vermeinten. Was also blieb ihnen übrig, als ihren Nacken unter den rechten Glauben (fides Catholica) zu beugen. Das gilt für den Westen des Landesteils Warmien.

1237 gelingt es dem politischen Geschick des Hochmeisters Hermann von Salza, aus der Ferne endlich die lange geplante Vereinigung mit den Schwertbrüdern zustande zu bringen, die weiter nördlich im Bunde mit Bischof Albert die Gebiete zwischen dem Rigaischen Meerbusen und dem Peipussee unter ihre Herrschaft gebracht haben. Eine Zange schließt sich jetzt um Litauen und das Prußenland. Die Vision eines deutschen Riesenreiches im Osten steigt auf wie eine Fata Morgana. Sie ist den Deutschen erst 1945 in den Trümmern ihrer Städte versunken.

Gegen Ende der goldenen dreißiger Jahre ziehen am politischen Himmel dunkle Wolken auf, rundum beginnt es zu kriseln. Immerhin gelingt es dem Orden in der Zeit um die Jahrzehntwende, noch zwei weitere prußische Stammesgebiete, Warmien und das Barterland, unter seine Kontrolle zu bringen. Der erstaunlich moderne strategische Plan, der dazu führen soll, sieht die Wegnahme der wichtigen Feste *Honeda* durch eine Operation von der Wasserseite her und die Bildung eines starken »Brückenkopfes« an dieser Stelle der Haffküste vor.

Doch das Unternehmen erweist sich als überaus schwierig und zieht sich über drei Jahre hin. Der erste, 1238 mit »Friedland« und

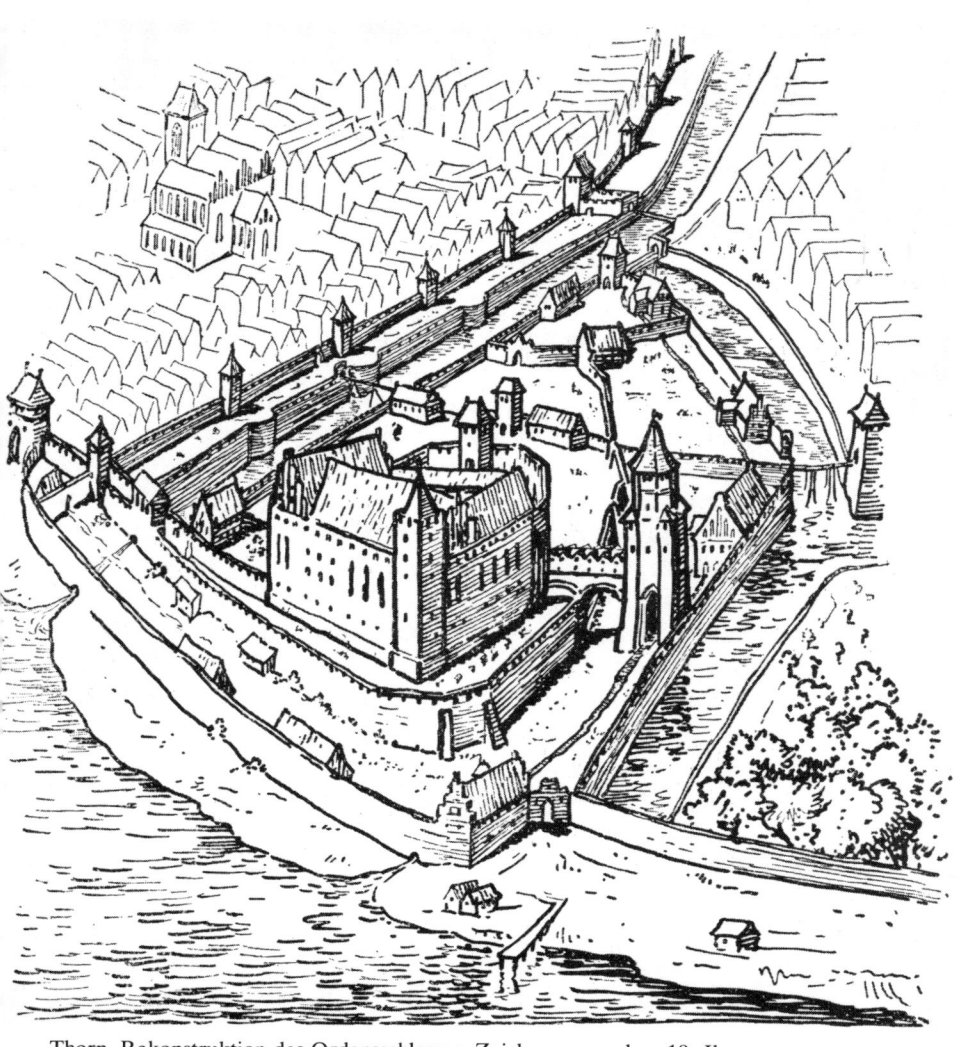

Thorn. Rekonstruktion des Ordensschlosses. Zeichnung aus dem 19. Jh.
(Quelle: Archiv für Kunst und Geschichte, Berlin)

»Pilgrim« unternommene Versuch über das Frische Haff schlägt erbärmlich fehl. Als der Sturm auf die stark bewehrte und besetzte Burg abgeschlagen ist, vergnügen die Angreifer sich im Stile der Zeit mit Plünderung und Brandschatzung im Umkreis. Da unternehmen die Prußen überraschend einen Ausfall. Das ganze Expeditionskorps wird niedergemacht, nur die Schiffsbesatzungen retten sich mit genauer Not und den beiden Kähnen nach Elbing.

Das folgende Jahr 1239 wird hart für den Deutschen Orden. Sein großer Förderer, Kaiser Friedrich II., verfällt nun endgültig dem päpstlichen Bann, und etwas von dem Unmut der Kurie trifft auch des Kaisers liebstes Kind. Zumal obendrein der inzwischen überraschend zurückgekehrte Bischof Christian in Rom bittere Klage über die Tätigkeit der Ritter in dem eroberten Lande führt. Getaufte Prußen, die sich noch ihrem Bischof verbunden fühlten, würden drangsaliert, Kirchen zerstört, Neubekehrten verweigere man die Taufe, da sich Nichtchristen besser ausbeuten ließen... Harte, jedoch keineswegs unglaubwürdige Vorwürfe. Rom grollt denn auch, aber es bleibt bei Rügen und Ermahnungen.

Am 5. März segnet Landmeister Hermann Balk das Zeitliche. Vielleicht hat ihm der schwere Ärger mit dem früheren Mitstreiter, dem Pommernherzog Swantopolk, den Rest gegeben.

Zum drittenmal kommt uns jetzt schon dieser *Swantopolk* über den Weg, und nun wollen wir es endlich genau wissen: Wer ist dieser Mann?

Bitte sehr, hier die Personalien, frisch vom Computer:
...swantopolk herzog von pommerellen . auch ostpommern . auch hinterpommern.....geboren ? ? ? ? gestorben 1266....nach christus....aeltester sohn des....mestwin I aus der dynastie der....samboriden....3 brueder: sambor....wratislaw....ratibor ratibor ratibor ratibor xxxmptqmm

Der Computer streikt, wir müssen uns doch noch ein bißchen umhören. Ein Kerl muß das gewesen sein, dieser Swantopolk, ein Bulle, der alles und jedes auf die Hörner nimmt, notfalls sogar den Papst. Ein Mithridatestyp (wenn Ihnen das von Ihrer Schulzeit her noch etwas sagt). 1220 kann er das Erbe seines verblichenen Vaters antreten, muß aber mit seinen drei Brüdern teilen. Ihm verbleiben von dem ganzen Pommerellen nur die beiden weit auseinanderliegenden Gebiete um Danzig und Schwetz. Kann einem Kerl wie Swantopolk das genügen? Wohl kaum.

So »erbt« er denn zunächst, etwas außerhalb der Legalität, von seinem leider ach so früh verstorbenen Bruder Wratislaw das Zwischenstück um Mewe und beherrscht damit das ganze Westufer der unteren Weichsel; denn Brüderchen Sambor, der mit dem Gebiet um Liebschau (bei Dirschau) noch in der Quere sitzt, hat er unter Vormundschaft.

Aber da sind noch andere, die ihn in seinen Machtgelüsten und der erstrebten Selbständigkeit einengen. So überfällt er 1226 eine Vollversammlung der polnischen Fürsten in Gansawa und erschlägt kurzerhand seinen Oberherrn Herzog Leszek »den Weißen« von Kleinpolen, der ihn in Pommerellen als »Prokurator« eingesetzt hat. Damit sind alte gesamtpolnische Bindungen gelöst, und Swantopolk nennt sich jetzt *dux Pomeranorum* (Herzog der Pommern). Etwas großspurig, aber maßgeschneidert für diese Prachtfigur.

Kein Wunder, daß diesem Machtprotz die wachsende Stärke der deutschen Ritter, die er anfangs wohl nur für so etwas wie »nützliche Idioten« gehalten hat, gar nicht gefallen will. Er konspiriert also, etwa seit 1235, mit Kasimir von Kujawien und dessen Schwiegersohn Wladislaw von Großpolen, dem er im Kampf gegen den bärtigen Heinrich von Breslau geholfen hat, heftig gegen die deutschen Eroberer jenseits der Weichsel und scheint auch zu den Warmiern, Natangern und Samländern insgeheim Fühler ausgestreckt zu haben.

Jedenfalls klappt es mit einmal nicht mehr mit dem Nachschub an Waren und Kreuzfahrern für den Orden, besonders auf der Weichsel. So halten es die Ordensmänner für nötig, auf dem Ostufer der Nogat die Burg *Zantir,* ein Geschenk Swantopolks an den Bischof Christian, im Handstreich zu besetzen. Danach bauen sie sich, von dem eifersüchtigen Swantopolk-Brüderchen Sambor dazu eingeladen(!), auf dem westlichen Weichselufer (südlich Dirschau), also außerhalb des ihnen vertraglich zugestandenen Operationsbereichs, die Burg Gedin auf. Es geht hier, wie sich unschwer erkennen läßt, um die Beherrschung der Wasserstraße. Auf Dauer würde deren erfolgreiche Abschnürung für die Ritter das Ende ihres Eroberungskrieges bedeuten.

Zum Glück für den Orden wird Swantopolk inzwischen von dem bärtigen Breslauer Heinrich aufs schwerste bedrängt, und der Papst droht ihm, falls er weiterhin Verbindungen zu den Heiden im Osten pflegen sollte, die Exkommunikation an. Unter diesem doppelten Druck zieht er es fürs erste, wenn auch wutschnaubend, vor, sich mit den Rittern wieder zu vertragen (1238).

Zwei Wochen nach dem Tode Balks, am 20. März 1239, stirbt in Salerno der *pater patriae,* der Vater des von ihm fertig geplanten, aber noch zu erobernden neuen Vaterlandes, Hochmeister Hermann von Salza. Sein Nachfolger wird der Landgraf Konrad von Thüringen.

Bei diesem Mann nun lohnt es sich, ein wenig zu verweilen. Denn im Gegensatz zu Salza ist er ganz ein Kind seiner Zeit. In ihm und seinem Schicksal fängt sich wie in einem Hohlspiegel die hochmittelalterlich-christliche Welt des 13. Jahrhunderts mit ihrer widersprüchlichen Lebensform und Geisteshaltung.

Konrad ist der jüngste von drei Söhnen des Sängerstreit-Landgrafen Hermann I., ein jähzorniger junger Mann mit cäsarischen Allüren. Das Unglück will es, daß sein ältester Bruder Ludwig der Fromme, der Gemahl der später heilig gesprochenen Elisabeth, 1228 bei einer Pilgerfahrt ins Heilige Land umkommt. Konrad wird Mitvormund des minderjährigen Sohnes Ludwigs und dadurch de facto Herr von Thüringen. Das bekommt ihm nicht. Sehr schnell sieht er sich in eine schlimme und folgenschwere Fehde mit dem mächtigen Erzbischof Siegfried von Mainz verstrickt.

Dieser Kirchenfürst hat, um die hohen Schulden seines Vorgängers in Rom begleichen zu können, alle geistlichen Stiftungen seines Sprengels mit hohen Abgaben belegt, darunter auch die Benediktiner-Abtei Reinhardsbrunn bei Friedrichroda. Deren Abt aber will nicht zahlen, sein Kloster sei durch den Landgrafen von

Thüringen von allen Abgaben befreit. Der Erzbischof verhängt kurzerhand über ihn den Bann und läßt ihn in der Kirche des Marienstifts zu Erfurt auspeitschen, auf den bloßen Rücken, und zwar drei Tage lang. Er selbst sitzt dabei und sieht sich das an.

In diese makabre Szene hinein platzt am dritten Tage der Konrad, reißt den Erzbischof zu Boden, und um ein Haar hätte er ihn umgebracht. Dann zieht er vor die Stadt Fritzlar, die im 11. Jahrhundert zu Mainz gekommen ist, und verheert Umgebung und Vorstädte mit Feuer und Schwert. Die bewehrte Stadt jedoch kann er nicht einnehmen und will schon abziehen, da läßt ihn der schnöde Hohn der Frauen von den Mauerzinnen herunter abermals rotsehen. Erneuter Sturm. Die Stadt fällt und geht zur Hälfte samt Klöstern und Kirchen in Flammen auf. Die Kirchenschätze werden geplündert, die kostbaren Bücher und Meßgewänder verbrannt, die Geistlichen mißhandelt.

So weit, so schlecht.

Eines Tages begegnet nun dieser Konrad im Hof seiner Burg Tenneberg bei Gotha einer büßenden Magdalena, einer ehemaligen Hure, in tiefer Reue über ihren lasterhaften Lebenswandel. Und wie ein Blitz aus heiterem Himmel fährt es in ihn hinein. Gewissensnot, Selbsterkenntnis, Läuterung. Er wallfahrtet nach Gladbach, und dort rät ihm sein Beichtvater den Eintritt in den Deutschen Ritterorden an.

Mitten in diese guten Vorsätze hinein trifft den reuigen Konrad der Bannstrahl des Papstes. Barfuß und barhäuptig pilgert er nach Fritzlar und fleht, tagelang vor den Kirchentüren kniend, um Züchtigung und Vergebung. Die Menschen sind erschüttert, niemand ist zur Rache bereit. So gelobt er Vergütung allen Schadens und wandert unerlöst wie Tannhäuser nach Rom zu den Gräbern der Apostel.

Der Papst zeigt sich gnädig. Für die Lossprechung stellt er folgende Bedingungen: Pflege der Armen, Versöhnung mit dem Erzbischof und allen anderen Feinden, Beschenkung der geplünderten Kirchen sowie Stiftung eines Klosters zu Fritzlar, Eintritt in den Deutschen Ritterorden.

Konrad unterwirft sich dem mit Freuden und erfüllt alles, gleich in Rom speist er eigenhändig 24 Arme. 1234 tritt er im Hospital zu Marburg mit noch 26 Rittern in den Orden ein. Fünf Jahre später wählt ihn der Ordenskonvent einstimmig zum Hochmeister. Doch bleibt ihm für die Sorgen des Ordens im Prußenland keine Zeit; denn bereits am 24. 7. 1241 stirbt er während eines Aufenthalts in Rom.

Bald nach seinem Amtsantritt 1239 bricht der Nachfolger Hermann Balks, Landmeister Heinrich von Wida, ein Sachse, wiederum gegen *Honeda* auf, jetzt aber mit der kompletten Ordensstreitmacht. Die starke Prußenburg mit ihren meterdicken Lehmmauern, ihren Wällen und Gräben, Palisadenzäunen und Wehrgängen, die von einer hohen und steilen Uferecke aus weit über das Haff blickt, wird zu Wasser und zu Lande umlagert. Diesmal sichert sich das Ordensheer auch sorgsam gegen die in der Wildnis ringsum versteckten Prußen ab und beginnt dann, wie Cäsar einst vor Avaricum, die Bestürmung mit Leitern, Rammböken und Wurfmaschinen. Ein Ausfall der Besatzung unterbindet das und läßt die Angreifer zur Blockade übergehen. Bald herrschen in der Burg Hunger und Krankheit. Schließlich erscheint der Fürst *Kodrune,* der Burghauptmann, zu Verhandlungen. Man verlangt die Taufe und garantiert freien Abzug. Kodrune: »Lieber werden wir sterben!« Doch in die Burg zurückgekehrt, empfiehlt er, das Angebot der Ritter als einzigen Ausweg anzunehmen. Die Wut der Belagerten ist grenzenlos. Sie erschlagen ihren defätistischen Kommandanten und werfen seinen Leichnam über die Burgmauer.

Doch mit einer geordneten Verteidigung ist es jetzt vorbei. Ein geschickt in das Durcheinander hinein angesetzter erneuter Sturm ist erfolgreich, durch das weiträumige Bauwerk tobt der Kampf Mann gegen Mann, Gefangene werden nicht gemacht. Als Basis für die weiteren Operationen erhält die kaum beschädigte Burg eine starke Ordensbesatzung und den Namen Balga. Der Film scheint gelaufen.

Jedoch mitnichten. Die Warmier, die von den Vorgängen im Westen ihres Stammesgebietes kaum berührt zu sein schienen –

jetzt sind sie aufgestört. Jetzt rauchen rundum die Brandzeichen: Land in Not! Und aus dem Dunkel der Nichtgeschichte flammt wie ein Blitzstrahl ein Name auf: *Pyopso*. Ihm jubelt das Volk zu als seinem Herzog. Mit einer gewaltigen Streitmacht zieht er vor Balga, im Sturm wird er die Burg nehmen. Wild tobt der Kampf, der Herzog ist vornweg. Da trifft ihn ein Geschoß, er fällt. Und wieder erleben wir den jähen Wechsel von lodernder Begeisterung zu tiefster Depression: Panik ergreift das Heer, es flieht in die Wälder, ein Teil der Häuptlinge unterwirft sich dem Orden. Die Götter haben sich verhüllt.

Ist der Film nun aus? Es scheint so. Die Ritter jedenfalls beginnen mit dem Ausbau der Burg. Durch das Sumpfgelände im Süden legen sie als Ausfallstraße einen Knüppeldamm an und sichern ihn an seinem Ende durch ein hölzernes Außenfort mit einer Mühle, überzeugt, hier fortan in Ruhe ihr Getreide mahlen zu können.

Doch dieses Jahr 1239 hat es in sich. Der Schock, den der Verlust der stolzen Burg hervorrief, hat durchgeschlagen bis zu den Nachbarstämmen. Ein zweites Heer wird aufgestellt, und diesmal sind auch die östlichen Nachbarn, die Natanger, dabei. Das Mühlenfort wird erstürmt und geht mitsamt den dort gelagerten Vorräten in Flammen auf. Doch auf eine erneute Bestürmung der Burg verzichtet man und beginnt die Belagerung. Das Warmier Fürstengeschlecht der Bogatiner (Gobotiner) hat beschleunigt die Gegenburg *Partegal* (Partheinen) und auf der Höhe *Scando* ein Fort errichten lassen. So werden die Zugänge nach Balga blokkiert, und auch die Zufahrt übers Haff können die Prußen mit eigenen Schiffen unterbinden.

Der Winter bricht herein, um die Besatzung in der Feste Balga hat sich ein mörderischer Ring geschlossen. Wie 703 Jahre später um die deutsche 6. Armee in Stalingrad. Keine Verpflegung kommt mehr heran, längst haben die Ritter und die in die Burg geflüchteten prußischen Renegaten die Pferde frikassiert, die Lage ist verzweifelt. Und durch die Köpfe des Burgkommandos geistert – wie später durch führende Köpfe der Paulus-Armee – ein irrsinniger Plan: Verwundete und Kranke zurücklassen, alles niederbrennen und »Ausbruch nach allen Seiten«, rette sich, wer kann!

131

Doch kommt es nicht zu diesem Verzweiflungsakt. Geheime Nachricht gelangt in die Burg, es naht Entsatz! »Haltet aus, Otto haut euch raus!« Otto ist der derzeitige Herzog von Braunschweig mit dem Beinamen »das Kind«, ein Enkel Heinrichs des Löwen und dazu passionierter Weidmann. Das Kind hat einen Kreuzzug gelobt und erscheint Anfang 1240 auf der Bildfläche mit vollem Hofstaat, mit Hundemeuten, Falken und Jägern und dazu noch 700 (?) Rittern (Chr. Ol. p. 26). Geheime Botschaften werden mit Leuchtzeichen ausgetauscht und von ortskundigen Überläufern übers Wasser und durch die Landsperren geschmuggelt. So gelingt es, die Operationen abzustimmen. Und wieder ist schlimmer Verrat im Spiele. Der Warmierfürst *Pomande,* nach Balga geflohen und dort getauft, begibt sich als Meister-Judas in das Lager seiner Landsleute, die ihn arglos aufnehmen. Wir kennen die Lügengeschichte nicht, die er dort vorbringt; doch er muß von den christlichen Rittern in kürzester Zeit das Lügen geradezu meisterhaft gelernt haben, denn man vertraut ihm und seinem Rat. Und er rät: Stellt ein Gemeinschaftsheer auf, Warmier, Natanger, Barter, ihr alle! Wagt damit den Generalangriff auf die Burg! Der Sieg ist euer, die Ritter können nicht mehr, sie sind am Ende.

Inzwischen ist es dem Otto aus Braunschweig gelungen, heimlich an Land zu kommen (wie, wissen wir nicht, vielleicht nächtens über das Eis des Haffs), und man baut eine Falle auf von uralter, aber wirkungsvoller Primitivität. Die Streitmacht der drei Stämme zieht heran. Man hat vergessen, was man eben erst so schmerzlich gelernt hatte, und vertraut wieder der Dampfwalzenmethode: die Masse muß es bringen. Das Gemeinschaftsheer tritt zum Sturm an, die Besatzung läßt sich scheinbar zu einem Ausfall verlocken, und während des Kampfes kommt von hinten der Otto mit seinen 700 Gepanzerten und dem Reisigenvolk wie Ziethen aus dem Busch. Das große Heer wird völlig vernichtet, die beiden Festungen erstürmt und niedergebrannt. Dazu verlieren die drei Stämme alle ihre Führer und, was fast noch schlimmer ist, ihre Pferde. Das macht sie für zwei bis drei Jahre kampfunfähig.

So treffen denn die Einfälle in Natangen und Barten, die der Orden mit Hilfe des Otto-Kindes unternimmt, auf keinen nen-

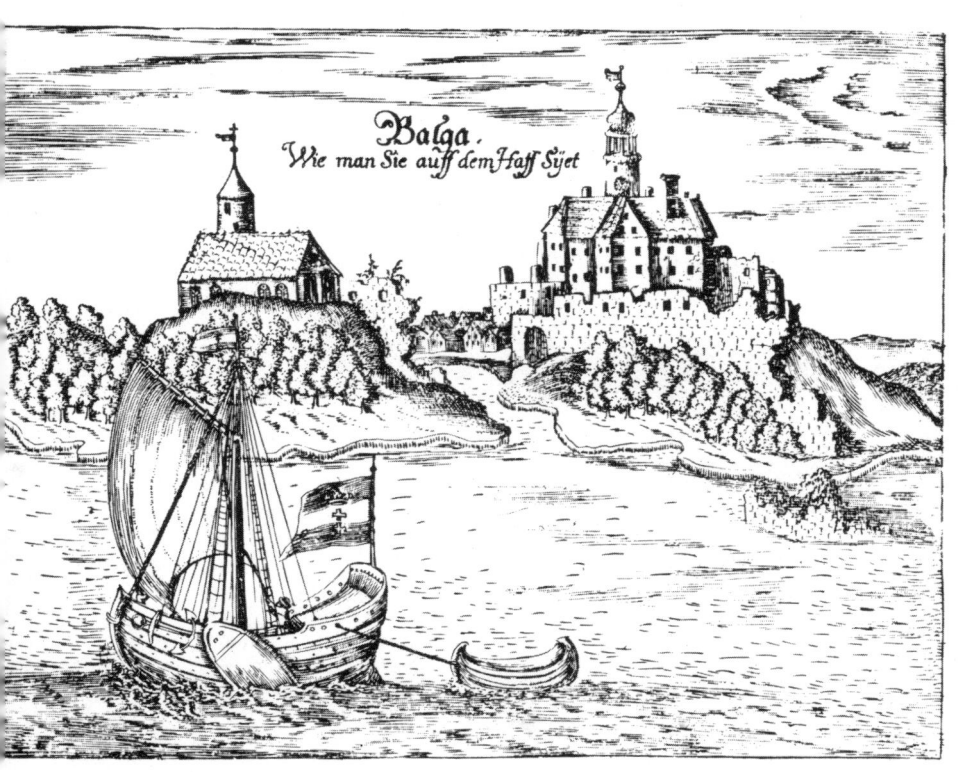

Ordensburg Balga
Kupferstich aus der Chronik von M.Christoph Hartknoch
»Alt- und neues Preußen«, 1684
(Quelle: Archiv für Kunst und Geschichte, Berlin)

Alte Steinfigur unbekannter Herkunft in Bartenstein, im Volksmund nach *Barto*, dem sagenhaften Begründer des Barterstammes, »Bartel« genannt.
(Quelle: Archiv für Kunst und Geschichte, Berlin)

nenswerten Widerstand mehr. Die Gauhäuptlinge und Sippenältesten jener Gebiete unterwerfen sich, lassen sich mit allen ihren Leuten taufen, akzeptieren die geforderte Zinszahlung und stellen Geiseln. Nach so getaner Arbeit reist der Otto wieder heim, seine Jagdausrüstung mit allem Zubehör läßt er den Ordensrittern zur Verbesserung ihrer Verpflegungsmöglichkeiten zurück. Im Februar 1241 ist er wieder in Braunschweig.

Der Orden sichert das Land durch die Forts Kreuzburg und Bartenstein; die Prußenburgen *Waistotepil* und *Walewona* werden in Weisenburg und Schippenbeil umgetauft und stark befestigt. Später kommen noch Rößel, Heilsberg und Braunsberg hinzu, alles Zwingburgen, die die Prußen ihren Fronherrn errichten müssen. Und Ordenschronist Dusburg (III, 27) stellt fest: »Von da ab begann die Zahl der Gläubigen im Prußenland zu wachsen und der Gottesdienst zuzunehmen zum höheren Ruhme Jesu Christi.«

Finis spectaculi.

Neun Jahre hat dieses Krieges erster Teil gedauert, so lange wie Weltkrieg I und II zusammen. Nicht gerade ein Blitzkrieg. Doch es ist wohl schon hinreichend deutlich geworden, daß der deutsche Orden dabei mehr die Rolle des *spiritus rector,* des Unternehmers spielt; die schmutzige Hauptarbeit läßt er andere besorgen. Und mit Heerhaufen von Zeitfreiwilligen, die während ihrer Jahresverpflichtung nicht eben allzuviel von ihrer Haut zu Markte tragen wollen, lassen sich keine Blitzkriege führen. Doch der Orden hat Zeit, und die Zeit arbeitet für ihn.

Noch viermal solange wird es dauern, alles in allem ein halbes Jahrhundert, bis für das Volk der Prußen in seinem drangsalierten Lande endgültig die Sonne untergeht.

# Das neunte Kapitel

beschäftigt sich streng wissenschaftlich mit der Frage, wie der Deutsche Ritterorden mit dem eroberten Land und seinen Bewohnern umging, und greift dabei kräftig in die Zukunft bis 1945 hinein.

Zwingburgen? Fronherren? Ich merke schon: Das gefällt Ihnen nicht. So ist es denn höchste Zeit, uns genauer anzusehen, was der christliche deutsche Ritterorden mit den unterworfenen Prußen eigentlich so gemacht hat. Hat er sie »ausgerottet«? Oder zwangsweise »germanisiert«? Oder als neue christliche Brüder an sein väterliches Herz gedrückt?

Lassen wir die Tatsachen sprechen. Sie liegen heute in einer Vielzahl sachlicher Einzeluntersuchungen (von H. Wunder, H. u. G. Mortensen, Semrau u. a.) klar und zweifelsfrei zutage. Ausgangsfrage: Was interessierte Hermann von Salza und seine Ordensstreitmacht an jenem »herrenlosen« Land im Osten? In erster, zweiter und dritter Linie das Land und nichts als das Land. Dieses Land gedachten die westlichen Kolonisatoren zu »erschließen« ganz im Sinne der Bibelweisung: »Füllet die Erde und macht sie euch untertan und herrschet über die Fische im Meer und über die Vögel unter dem Himmel und über alles Getier, das auf Erden kreucht!« Wir haben gesehen, daß dieses Land vieles bot, was sich »erschließen« ließ: weite, unberührte Wälder, fischreiche Seen, Acker- und Weideland, eine vielgestaltige Tierwelt...und, leider, auch noch eine Menge ungebärdiger Wilder, die sich in ihrer abwegigen Ehrfurcht vor der Natur dem Fortschrittsgebot der Bibel rigoros widersetzten.

Solch sträflicher Widerstand war zu brechen. Vielleicht, daß sich die Wilden, wenn erst einmal zerbrochen, dann noch irgendwie verwerten ließen. Vordringlich war diese Frage nicht.

Vordringlich war für die westlichen Kulturbringer das Bauen und Siedeln im Lande, auf daß ein Staat dort entstehe, der souveräne deutsche Ordensstaat. So etwas entwickelt sich nun nicht von selbst, da braucht man potente Leute, die mitmachen. Diese Leute, große und kleine Unternehmer, holt sich der Orden aus Thüringen, Sachsen, Schlesien und Mähren, also aus den Ostgebieten des damaligen Deutschen Reiches. In ihren Anfängen wird diese Staatsgründung als eine ausschließlich deutsche Sache betrieben, Polen und Pommern haben dabei nichts zu suchen.

Sie kennen vielleicht die vielbändige Fortsetzungs-Saga »Die Ahnen« von Gustav Freytag, die um 1900 in jedem Bücherschrank stand. Da brechen die in ihrer Heimat ausgebeuteten deutschen Bauernfamilien und die armen, aber tatenfrohen Zweitsöhne deutscher Adelsgeschlechter auf gen Osten, um dort im unermüdlichen Schweiße ihres blauäugigen Angesichtes dem finsteren Urwald mit Axt und Säge blühendes Kulturland abzuringen. Das ist schlichtweg Unsinn.

Die Deutschen, die – dem Ruf des Ordens folgend – nach Osten ziehen, sind – wie später in den USA die Westwanderer – großenteils Abenteurer, Glücksritter, die teilweise bereits mit den Kreuzheeren ins Land kommen. Sie (oder ihre Eltern) haben es fast alle schon in Pommern, Schlesien, Mähren versucht und wollen es nun in dem Neuland im Osten noch einmal probieren. Großunternehmer sind darunter, Bodenspekulanten, denen der Orden das eroberte oder noch zu erobernde Land großzügig zu beliebiger Nutzung (oder auch Nichtnutzung) überläßt.

Worin besteht nun das Geschäft? Man vergibt das Land weiter an Kleinunternehmer, die ihrerseits auf ihren Claims Bauern in Dörfern ansetzen. Die Abgaben dieser Zinsbauern fließen dem Großgrundbesitzer zu, der selbst dem Orden gegenüber abgabenfrei und nur zum Kriegsdienst verpflichtet ist. Das ist, kurz gesagt, das Geschäft.

Ohne Risiko ist das alles freilich nicht. Denn der Feind ist nahe, und Lloyds, wo man sich gegen Pest, Hagelschlag, Maul- und Klauenseuche und Gewalttaten aufmuckender Unterworfener versichern könnte, gibt es noch nicht.

Die wohl ersten dieses Großunternehmertyps im Prußenland sind die Edelherren *von Depenau* (Tiefenau) aus dem Hannoverschen, Großgrundbesitzer mit mehr als zwanzig Ortschaften zwischen den Weserbergen und der Elbemündung. Als Herr Dietrich von Depenau Mitte der zwanziger Jahre mit dem Bischof von Hildesheim Ärger bekommt, verkauft er peu à peu seinen Grundbesitz, um den Erlös im eroberten Prußenlande anzulegen. Dort erscheint er dann auch bald als Mitstreiter und Kolonisator. Am 29. Januar 1236 überträgt ihm der Orden die Burg Klein-Quidin nördlich Marienwerder nebst 300 Hufen (etwa 2250 Hektar!) bebauten und unbebauten Landes an der (alten) Nogat zu »ewigem

Besitz«. Er kann damit machen, was er will, es auch verkaufen (nur nicht an Pommern und Polen), hat keine Abgaben zu zahlen, nicht einmal Kriegsdienst braucht er zu leisten. (Seine Bauern freilich, die müssen!)

Der neue Landesherr von des Ordens Gnaden baut die Burg aus, legt das Kirchdorf Depenau (Tiefenau) an, veräußert 1239 seinen restlichen Besitz im »Reich« einschließlich der Stammburg und siedelt ganz ins Prußenland um. Die Großzügigkeit des Ordens verhilft ihm zu weiteren Latifundien. Doch am Ende geht die Rechnung nicht auf, er hat sie ohne die Prußen gemacht. Um 1248 scheint er mit seinem Sohn Heinrich gefallen zu sein. Nach 1283 verkaufen die Erben den verbliebenen Besitz an eine andere Großunternehmerfamilie, die Sippe der *Stange*.

Bei Altenburg beheimatet, wirken die Stanges bereits bei der deutschen Besiedlung Mährens durch Ottokar II. kräftig mit, nebenbei sind sie in Schlesien tätig und etwa ab 1260 auch im Prußenland. Nach 1280 gebietet der Herr Dietrich Stange dort über einen Grundbesitz von 1200 Hufen (9000 Hektar!) mit dem verbrieften Recht, Mühlen zu betreiben (was sonst das gehütete Privileg des Ordens ist), Burgen zu bauen und eine Stadt (!) zu gründen. Er gründet denn auch wacker, legt haufenweise Dörfer an, belehnt seinerseits deutsche Ritter mit Land und plant sogar ein Kloster. Bis ihn der besorgte Orden schließlich etwas kürzer hält.

Das sind nur zwei neben vielen anderen, den von Kamenz, von Pak, von Zerbst, von Rutenberg, von Moule, von Ulsen, von Waldau, die zum Teil schon der Burggraf Burchard VI. von Magdeburg 1233 ins Land mitbrachte.

Der Orden hatte bisher aus eigenem nur an Verkehrsknotenpunkten sogenannte »Ordenshöfe« angelegt, große Staatsgüter mit leibeigenen Hofleuten (vgl. die Sowchosen in der Sowjetunion). Ab 1300 befaßt er sich auch selbst mit der Gründung deutscher Dörfer. Das geht so: Er schließt einen schriftlichen Vertrag (Handfeste) mit einem Kleinunternehmer, dem sogenannten Lokator, ab. Der, gewöhnlich ein Adliger, kommt meistens schon mit einer kompletten Mannschaft Siedlungswilliger angereist oder heuert sie erst später in seiner Heimat an. Gegen Zahlung von 50

Mark (nehmen Sie die mit 1000 mal, dann könnten Sie etwa bei der D-Mark sein!) erhält er 50 bis 60 Hufen (ca. 375–450 ha) zugewiesen und beginnt zu gründen. Für jede Hofstelle fallen zwei bis drei Hufen (60 bis 90 Morgen) ab, immer schön an der Dorfstraße entlang.

Es ist doch zu verrückt, man kommt von dem Bild des Rackerns im Urwald nicht los, wo der Wildnis Meter für Meter Bodens abgerungen wird... Nun, es gibt auch solche Rodungsdörfer, besonders auf dem unbebauten Land der Großgrundbesitzer; die Angeworbenen müssen hier schwer schuften, bleiben dafür aber auch ein paar Jahre von Abgaben frei. Normalerweise aber hält man sich, was Wunder, an das bereits vorhandene Kulturland und setzt sich mitten zwischen die Eingeborenendörfer; oder übernimmt die »wüsten«, d. h. verlassenen oder niedergebrannten Dorfreste erschlagener oder vertriebener Prußen; oder diese werden »umgesetzt«, d. h. ausgesiedelt, und die deutschen Bauern ziehen ein.

Der Lokator macht bei alledem kein schlechtes Geschäft. Er ist zugleich der Dorfschulze, vertritt als solcher zusammen mit dem gewählten Rat die Gemeinde nach außen, übt die »niedere« Gerichtsbarkeit aus und sorgt für die Abführung von Schulden und Zinsen an den Orden. Dafür erhält er 5 bis 6 Hufen abgabenfrei als uneingeschränktes Eigentum, ferner den dritten Teil der Gerichtsbußen und meistens auch die Konzession für den Saloon – Verzeihung, den Dorfkrug, manchmal auch für den Brot- und den Fleischladen.

Der deutsche Bauer erhält sein Land als Erbeigentum; er kann es auch verkaufen und wegziehen, wenn, wann und wohin er will –, er ist frei. Die Abgaben, die an den Orden zu entrichten sind, liegen nicht auf der Person, sondern auf dem Land. Es sind, in Bargeld oder in Naturalien entrichtet, je Hof und Jahr etwa zwei Mark. Eine Mark hat den Wert von etwa 175 Gramm Silber. Zwei Mark sind also ein Haufen Geld, wenn man bedenkt, daß Hühner und Gänse damals Pfennige kosteten und auf eine Mark 720 solcher Pfennige (Denare) kamen. Dazu kommt die Verpflichtung zur Landesverteidigung (Wehrdienstverweigerer konnten sich loskaufen) und eine bescheidene Beteiligung an der Landesmelio-

»Der Jüngling mit der feurigen Seele«
Siegel König Ottokars II. von Böhmen (um 1230–1278)
(Quelle: Bildarchiv Preußischer Kulturbesitz, Berlin)

ration und an Scharwerksdiensten (Heuen, Getreideernte, Bau von Mühlendämmen u. ä.), jährlich zwei Tage je Hufe.

Ach ja, dann ist da noch der Pfarrer, der über zwei bis acht Freihufen verfügt und von den Bauern Meßkorn (von der Hufe je einen Scheffel Roggen und Hafer im Jahr) kassiert. Fast alle deutschen Dörfer sind Kirchdörfer.

So munter deutsch geht es in dem eroberten Land zu: deutsche Burgen mit deutscher schimmernder Wehr, deutsche Städte, Häfen und Marktflecken, wo deutscher Bürgerfleiß schafft und deutscher Handel blüht, deutsche Bauerndörfer mit deutschem Akkerbau und deutscher Viehzucht, deutsche Kirchen und deutsche Kneipen, deutsche Grundherren, Unternehmer bester deutscher Art, alles unter deutschem Recht. Und darüber der Deutsche Ritterorden, väterlicher Landesherr, Schutz und Schirm deutschen Fleißes und deutscher Lebensart.

Ja, aber..., höre ich murmeln, wollten wir nicht...? Richtig, wir wollten uns ja nach den Prußen umsehen. Und die hätten wir nun doch beinahe vergessen. Da sie immerhin den Hauptanteil der Bevölkerung bilden (sogar um 1400 noch im Verhältnis zwei zu eins zu den Deutschen), müßten wir sie ja irgendwo finden können. Wenn wir uns nicht ewig lange Zeit lassen...

Die ostpreußische Geschichtsforschung, früher fast ausschließlich von Ostpreußen betrieben, war lange Zeit (so wie die polnische noch heute) weitgehend eine Kampfwissenschaft, ihr ging es bei der Deutung der Fakten weniger um Wahrheitsfindung als um Abwehr und Angriff. So kann man auch heute immer noch viel darüber lesen, wie tolerant und großzügig der Deutsche Orden doch den Prußen gegenüber gewesen sei. Er habe sie beileibe nicht ausgerottet, auch nicht germanisiert, allenfalls assimiliert. Irgendwo habe ich auch etwas von »Einschmelzung in den deutschen Volkskörper« gelesen. (Man stelle sich diesen stinkenden metallurgischen Prozeß mit seinen Giftschwaden, mit Zischen und Sprühen und Aufweichung bis zur Weißglut bitte einmal recht bildhaft vor! So kalt-grausam kann Geschichtswissenschaft sein.) Nun denn! Es gibt eine Vokabel aus dem Wörterbuch des modernen Unmenschen: *liquidieren.* Sie bezeichnet jede Form der Beseitigung, von der elegantesten bis zur brutalsten. Vielleicht versuchen wir es einmal damit.

Vorweg eine These:

Nach dem unglücklichen Freiheitskrieg, von dem wir noch hören werden, hat der Orden die Prußen allzeit als Unterworfene, als Menschen zweiter Klasse behandelt. Er hat sie unter minderes Recht gestellt, sie in den Gettos ihrer Hakendörfer auf primitivem Lebensstandard gehalten, sie als Arbeits- und Kriegssklaven ausgebeutet, ihre Sprache und Kultur ausgerottet, ihnen einen fremden Glauben aufgezwungen, einen Teil ihrer Oberschicht durch Bestechung korrumpiert und die Besten von ihnen physisch vernichtet. Bis am Ende des 17. Jahrhunderts keine Spur mehr von ihnen übrig ist außer ein paar »Namen, die keiner mehr kennt«. So gründlich und restlos sind weder die Wenden und Kaschuben noch die Indianer oder Australneger oder sonst irgendwelche unterdrückten Völker jemals liquidiert worden. Liquidiert...Es sollte mich nicht wundern, wenn das so leicht niemand glauben will. Nun, kommen Sie mit, besuchen wir gemeinsam die Prußen in ihrem eigenen Land, so nach 1285, nachdem der Deutsche Orden seinen Endsieg errungen hat.

Auf ihren Einzelgehöften an Wald und See finden wir sie freilich nicht mehr, von da hat man sie verjagt, hinein in ihre bewehrten Dörfer. Die stehen zu einem erheblichen Teil noch da wie eh und je, rundherum der starke Palisadenzaun mit den schweren Holztoren. Nur daß früher da niemand ohne Erlaubnis hinein durfte. Jetzt – ja, jetzt darf keiner hinaus. Es sei denn zu den niederen Dienstleistungen für den Orden, zu Wald- und Feldarbeit, zu Jagd- und Fischdienst, zur Fronarbeit bei den Zwingburgen, die jetzt nacheinander in Backsteinbau umgesetzt werden. Denn sie sind zu »ungemessenem«, d. h. in Dauer und Ausmaß unbeschränktem Dienst für den Orden verpflichtet. Es sei denn auch an den Sonn- und Feiertagen zu gemeinsamem Pflichtbesuch des Gottesdienstes im deutschen Nachbardorf; denn Pfarrer und Kirchen gibt es bei ihnen nicht. Sonst dürfen sie in die deutschen Dörfer und Städte nicht hinein, noch Mitte des 15. Jahrhunderts (nach den Landesordnungen von 1427 und 1441) haben sie dort kein

Niederlassungsrecht. Was einem da so einfällt? Rassentrennung, Apartheid...

Ihr Ackerland bearbeiten die prußischen Bauern mühselig mit dem primitiven Hakenpflug. Und obwohl dieses Land um ein Drittel geringer, nach *Haken* bemessen ist ($1^1/_2$ Haken = 1 Hufe), haben sie davon die gleichen Abgaben zu entrichten wie die deutschen Bauern von ihren Hufen. Ein bis drei Haken groß ist so eine prußische Hofstelle, also 20 bis 60 Morgen. Das ist kaum mehr als das Existenzminimum. Man lebt in einer geschlossenen Hauswirtschaft, muß alles selber machen, Handwerker, Händler, Geld gibt es kaum. Für Frohsinn ist kein Raum mehr, die Pflege des alten Kulturgutes, das Feiern der einstigen Feste ist mit dem Tode bedroht, nur in der Kneipe, die zuweilen ein Deutscher dort betreiben darf, ist noch Trost zu finden. Keine Schule, keine Bildung, wozu auch! (Viel später erst bemüht sich die Kirche ein bißchen darum. Zu Anfang des 16. Jahrhunderts gibt es auf der Bischofsburg Heilsberg eine Schule für zwölf – zwölf! – Prußenknaben.)

Liebe Leser, Sie alle kennen die Pläne unseres Führers Adolf Hitler für den Umgang mit den unterworfenen Ostvölkern, die er dann in dem Polenreservat, dem sogenannten »Generalgouvernement«, verwirklichen ließ: Haltung auf niedrigster Bildungsstufe (in den Volksschulen dürfen nur »einfaches Rechnen bis 500« und »das Schreiben des Namens«, nicht aber Lesen gelehrt werden. Denkschrift Himmlers vom Mai 1940), physische Ausrottung der Intelligenz, Verwendung der polnischen »Untermenschen« nur für niederste Dienstleistungen...Das alles ist dem großdeutschen Führer nicht von ungefähr gekommen, er konnte sich stützen auf das Vorbild, das ihm der Deutsche Orden gegeben hat. Auch so kann man ein Volk umbringen.

Der Dorfälteste heißt *Starost*, und das ist auch alles. Er genießt keinerlei Sonderrechte oder Vorteile, sondern hat eigentlich nur den Kopf hinzuhalten, wenn etwas schiefgeht. Besser steht sich da schon der *Kämmerer*, auch ein Pruße, so eine Art Kapo (KZ-Polizist aus den Reihen der Häftlinge). Ihm stehen ein paar Freihaken zu, und dafür hat er in den Dörfern eines Verwaltungsbezirks die Waren des Ordens abzusetzen und die Abgaben und Schulden einzutreiben. Wenn er das nicht schafft, erscheint der Ordensvogt persönlich mit der Peitsche. Und Simon Grunau (Anf. 16. Jh.), der die Prußen seiner Zeit von eigenem Augenschein kennt, erzählt, daß sie sich lieber blutig schlagen lassen und ihre paar Kröten im Gasthof versaufen, als sie an den Orden abzuführen.

Auch so kann man ein Volk umbringen...

Der Kämmerer bildet übrigens zusammen mit dem *Tolken*, dem Dolmetscher, die einzige Verbindung zwischen den Prußensiedlungen und dem Orden. Von den Rittern, den Geistlichen und überhaupt von den einwandernden Westleuten hat sich kaum jemals einer die Mühe gemacht, die Landessprache zu lernen. Bis dann im 16. Jahrhundert der Herzog Albrecht... aber das hatten wir schon. Wer's vergessen hat, blättere nach im 4. Kapitel.

Verachtet und gedemütigt, herumgestoßen und ausgebeutet...

Südlich des Drausensees, wo die Elbinger Niederung in das Oberland übergeht, lag malerisch auf einer vorgeschobenen Anhöhe das Städtchen Preußisch Holland. Dort betrieb ein Bruder meines Vaters ein Geschäft mit »Colonialwaren & Delicatessen« (wozu auch Glasbonbons, Pfefferminzstangen, Pferdetrensen und Kutscherpeitschen gehörten). Dort durfte ich in den Hungerjahren des Ersten Weltkrieges meine Schulferien verbringen, damit ich »wieder bißche was aufe Rippen krijen« möchte. Die Stadt, von Holländern gegründet, lag in der alten prußischen Landschaft *Pazlok*. Und bis in unsere Tage hinein nannte man dort (und auch sonst in Ostpreußen) einen, der sich dümmlich herumschubsen und jede Drecksarbeit aufpuckeln ließ, einen »Paslak«.

Das alles bleibt so bis in die Neuzeit hinein. Dann kommt der Ausgleich. Doch nicht dadurch, daß es den Prußen nun etwa besser ginge, o nein! Es kommt die Zeit des »Bauernlegens«. Die mit Grundbesitz und besonderen Herrschaftsrechten entschädigten adligen Söldnerführer, die der geschwächte Orden in Dienst nehmen mußte, beherrschen jetzt das Feld, und da sacken dann auch die freien deutschen Bauern zu Hörigen, zu Scharwerkern und Instleuten ab. So entsteht die Basis, auf der allmählich der »Ostpreuße« als neuer Menschentypus erwächst.

Spätestens jetzt wird bestimmt einer, der es genau weiß, kommen und sagen: Ja, aber der *Christburger Vertrag!* Das war doch eine unerhört faire Sache. Der Orden und die Prußen als gleichberechtigte Partner an einem Tisch, so etwas gab es im ganzen Mittelalter nicht. Da sieht man doch, daß der Orden nur das Allerbeste vorhatte.

Stimmt, da gab es so etwas. Da hat am 7. Februar 1249 der Orden mit irgendwelchen Prußen einen »Vertrag« abgeschlossen. In äußerst fataler Lage: Die prußischen Hundsköpfe hatten ihn kurz zuvor bei einem Aufstand wieder bis nach Elbing und Thorn zurückgejagt; der Swantopolk zeigte sich erneut unwirsch, und den Schwertbrüdern im Norden hatten 1242 die Russen auf dem Eis des Peipussees eine verheerende Niederlage beigebracht. Dazu drohte im Osten das Schreckbild eines neuen Mongolensturmes. In solcher Lage greift man nach jedem Strohhalm, um den Kopf oben zu behalten.

Wenn man sich dieses Dokument (es existiert nur in einer Abschrift) einmal genauer ansieht, dann ist es gar kein Vertrag, sondern ein Diktat. Und zwar gleichermaßen dem Orden wie den Prußen aufgenötigt. Initiator dieses Vertragswerks ist die römische Kurie, die in dieser für sie günstigen Lage noch einmal ihr Konzept von den »freien Christenmenschen« zu retten versucht.

Da erhalten die Prußen tatsächlich das Recht, bewegliches und unbewegliches Eigentum zu erwerben, zu verschenken, zu verkaufen und zu vererben, sie dürfen Geistliche oder Mönche werden, die Sprößlinge des Adels sogar Ritter (nicht Ordensritter natürlich).

Aber »freie Christenmenschen« sind auch »brave Christenmenschen«. Wer etwa die Taufe ablehnen sollte, bleibt ein Heidenhund und wird von seinem Eigentum verjagt. Tod droht dem, der noch die alten Feste feiert oder die alten Priester deckt und versteckt. Die Feuerbestattungen hoch zu Roß im Glanze der Waffen sind untersagt. Ferner: regelmäßiger Kirchenbesuch, Heiligung der christlichen Feiertage, Einhaltung der Fastenzeiten, mindestens einmal im Jahr Beichte, zu Ostern Abendmahl. Pünktliche

Ablieferung des Zehnten. Ferner: Beschleunigt (bis Pfingsten), notfalls mit Gewalt, sind Kirchen zu bauen, keine Laubhütten, sondern »stattliche«, mit Schmuck, Meßgerät und Büchern (!) »geziemend« ausgestattet; in Pomesanien 13, in Warmien 6, in Natangen 3. Bei Terminüberschreitung drohen harte Geldstrafen.

Das alles diktiert der derzeit beste Diplomat der Kurie, der Legat Jakob Pantaleon aus Troyes, Sohn eines Schuhflickers und späterer Papst Urban IV. Er unterschreibt auch für die paar geladenen prußischen Edlen, die da wahrscheinlich recht hilflos herumstehen und am Schluß vielleicht irgendwo ihr Kreuzchen machen dürfen.

Für den Orden fällt bei dem ganzen Geschäft eigentlich nur die Verpflichtung der bekehrten Prußen zu bedingungsloser Teilnahme an allen Kriegszügen ab. Das ist bitter für die prußischen Neuchristen, denn es geht dabei ja hauptsächlich gegen ihre noch heidnischen Landsleute; für die deutschen Ritter ist die Rekrutierung der Unterworfenen eine Selbstverständlichkeit, auch ohne schriftliche Abmachung. So scheint denn dieser »Vertrag«, ohnehin nur für Pomesanien und geringe Teile Warmiens und Natangens abgeschlossen, kaum das Pergament wert zu sein, auf das er geschrieben ist. Nicht einmal unser emsiger Chronist Dusburg würdigt ihn einer Erwähnung.

Dabei enthält der Christburger Vertrag eine Klausel, deren Bedeutung zu jenem Zeitpunkt keinem der drei »Vertragspartner« so recht aufgegangen zu sein scheint.

Da ist nämlich festgesetzt und unterschrieben, »daß jede (prußische) Landschaft und jede Einzelperson, die fortan (vom christlichen Glauben und dem Gehorsam gegenüber Kirche und Orden) abfallen sollte, *die versprochene Freiheit für immer gänzlich verlieren solle* (...ut, quecumque patria vel persona de cetero apostaverit, predictam perdat penitus libertatem)«.

Die prußischen Delegierten waren sich mit Sicherheit nicht darüber im klaren, daß sie mit ihrem Kreuzchen auch unter diesen Passus das Todesurteil ihres Volkes unterzeichneten. Für den päpstlichen Legaten Jakob Pantaleon war er kaum mehr als eine zeitgemäße und übliche Formel. Apostaten, Ketzer also, Verräter am christlichen Glauben, waren in der Sicht der Kirche weit schlimmer als die noch ungetauften »Heiden«: sie waren irreparable Verbrecher, verdammt in alle Ewigkeit; in Einzelfällen wurden sie verbrannt. In der hohen Politik aber aß man dieses Gericht bei weitem nicht so heiß, wie es gekocht war. Da trat etwa der Fürst Mindaugas mit dem ganzen Litauervolk in die Kirche ein und wieder aus – je nach Sachlage, ohne daß von ewiger Verdammnis oder gar Verbrennung die Rede war.

Auch der Orden dürfte dieser Klausel damals keine sonderliche Bedeutung beigemessen haben. Elf Jahre später aber, als fast das ganze Prußenvolk sich gegen die unerträgliche Unterdrückung und Ausbeutung erhob, sollte er sich ihrer erinnern. Und das Urteil vollstrecken.

Ach, und da hätten wir doch beinahe eine ganz wichtige Gruppe übersehen: die prußischen Edlen! Wie geht es denen denn so?

Als uns 1943 im Stalingradkessel die Gefangenschaft drohte, waren wir überzeugt, die Sowjets würden den »einfachen Mann aus dem Volke« verhätscheln und umwerben, die Offiziere zu Zwangsarbeit verdonnern und die Generale allesamt massakrieren. Es kam nahezu umgekehrt. Ähnlich verfuhr auch der Orden mit den besiegten Prußen. Die kleinen Leute waren dran, die Großen kamen weit besser weg. In der Gewißheit, so zugleich einen Haufen Höriger bequem in den Griff zu kriegen, gab ihnen der Orden, soweit sie die langen Kriegsjahre heil überstanden hatten und mitspielten, die persönliche Freiheit, bestätigte sie mit ihren Sippen in ihrem bisherigen Besitz, teilte ihnen je nach Verdienst weiteres Land zu und stellte sie dem deutschen Landadel gleich. Hier gab es keine Gettos, keine Apartheid außer der selbstgewählten. Viele prußische Edle spielten dieses Spiel mit und ließen sich korrumpieren. Sie kämpften für den Orden – auch gegen ihre Landsleute und Blutsverwandten – mit Mann und Roß und Waffen, und mit der Zeit nahmen sie auch die Sprache der Eroberer an. Im 14. Jahrhundert schon konnten sie studieren und Pfarrer werden, ab 1400 sogar Ordensritter.

150

Noch bis zum Ende des Zweiten Weltkrieges saßen die Grafen *Kalnein,* die *Kukein, Braxein, Balduhn, Perband* und *Quednau* auf ihren Gütern in Ostpreußen, und vielleicht wußte mancher von ihnen gar nicht mehr, wie er eigentlich zu seinem seltsamen Namen gekommen war.

Auch so kann man ein Volk umbringen...

# Das zehnte Kapitel

unternimmt zunächst einen weltpolitischen Höhenflug, wird dann
aber zur Gänze beherrscht von einem überdimensionalen Streiter,
der im Bunde mit den prußischen »Hundsköpfen« und dunklen
östlichen Hintermännern dem Deutschen Orden jahrelang böse
zu schaffen macht. Bis er am Ende selbst »geschafft« wird.

Mit dem Jahre 1239, das den Tod der beiden großen Ordensmänner Salza und Balk bringt, geht für den Deutschen Ritterorden eine Ära zu Ende. Der Himmel verdüstert sich, schwere Zeiten ziehen herauf, für die Welt im allgemeinen und die deutschen Eroberer im Prußenland im besonderen.

Daß der verschollene Bischof Christian unversehens wieder auftaucht und mit seinen Querelen mancherlei Ärger macht, ist dabei noch das geringste. Schlimmer ist schon die Pest, die im Lande wütet. Kreuzfahrer haben sie eingeschleppt, und die getauften Prußen erblicken darin eine gerechte Strafe der alten Götter. Sie wird das geplagte Land von nun an immer wieder heimsuchen.

Ganz schlimm: Vom Osten her zieht eine ungeheure, vorerst nur zu ahnende und noch ganz unkalkulierbare Gefahr herauf. In dem riesigen Steppenbereich, der sich von Osteuropa bis an den Stillen Ozean erstreckt, ist es in den drei Jahrzehnten zwischen 1190 und 1220 einem der genialsten Männer der Weltgeschichte, dem Mongolenfürsten Tschingis Khan, gelungen, die miteinander rivalisierenden Nomadenstämme zu einen und diese neue Macht von der Mongolei aus über Nordchina, Korea, den nördlichen Iran und Sibirien bis zum Ural und dem Kaspischen Meer hin auszudehnen. Vom Abendland kaum bemerkt oder nicht zur Kenntnis genommen, ist hier ein militantes und expansives Weltreich gewaltigen Ausmaßes entstanden, vorgetragen von schnellen, wendigen und anspruchslosen Reiterscharen, für die der Raum eine ständige Herausforderung ist. Offener Raum bietet sich diesen rastlosen Eroberern fast nur noch im Westen.

Der erste Einbruch in Osteuropa erfolgt 1222 als Strafexpedition gegen das südliche Rußland; denn von dort aus war den Persern bei ihrem Widerstand gegen die mongolischen Eindringlinge Hilfe geleistet worden. Tschingis Khans Feldherr Sübödäi geht am Ostrand des Kaukasus nach Norden vor, unterwirft die Alanen und Kumanen und überfällt am 17. 1. 1223 die Handelsstadt Sugdak auf der Krim. Am 16. Juni des gleichen Jahres schlägt er an der Kalka (nördlich Taganrog) die vereinigten, aber in sich uneinigen Russen. Auf daß fortan ein jeder im Lande weiß, mit wem man es zu tun hat, werden die gefangenen russischen Fürsten allesamt hingerichtet. Damit jedoch hat sich's zunächst, nach einem Abstecher zu den Wolga-Bulgaren im Gebiet südlich Kasan ziehen die schlimmen Reiterscharen nach Osten ab.

Im Westen Europas zeigt man sich zunächst nicht beunruhigt, Warnrufe des aufgestörten Fürsten von Smolensk treffen auf taube Ohren. Doch als gegen Ende der zwanziger Jahre über den Madjarenkönig Bela IV. Augenzeugenberichte von geflohenen Kumanen und russischen Bojaren eintreffen, hält es die römische Kirche für notwendig, eigene Kundschafter nach dem Osten zu schicken. Die Nachrichten, die verschiedene Dominikaner-Mönche von mehreren, in den Jahren 1231 bis 1237 unternommenen Reisen mitbringen, sind alarmierend.

1236 hat die mongolische Reichsversammlung unter dem Großkhan Ögädäi (Tschingis Khan ist 1227 gestorben) einen politisch-militärischen Generalplan entworfen. Sein Ziel ist schlicht die Eroberung der Welt. Etappe 1: Rußland. Etappe 2: Ungarn und Polen. Etappe 3: der Rest Europas.

Dem Plan folgt unverzüglich die Ausführung. Im Herbst 1237 wird die Stadt Bulgar (Bolgary, Welikij Gorod) an der Wolga erobert, die Bulgaren fliehen nach Rußland. Am 21. 12. fällt Rjasan, der dortige Fürst, der Widerstand zu leisten wagt, wird nebst Frau Gemahlin hingerichtet. Es folgen ohne ernstere Gegenwehr Kolomna und Moskau, am 7. 2. 1238 Wladimir und Ssusdal, am 23. 3. Torshok nordwestlich von Moskau. Erst vor Kosjelsk im Südwesten von Kaluga kommt der Siegeszug der Mongolen zum Stehen. Die Seele dieses Unternehmens ist Batu Khan, ein Enkel Tschingis Khans, dem der Westteil des mongolischen Weltreiches zugesprochen ist. Batu verwendet den Rest des Jahres 1238, um durch Unterwerfung der Kumanen, Mordwinen und Baschkiren sein Khanat abzurunden und nach Westen hin bis zur Kljasma abzusichern. 1240 findet dann die Etappe 1 des mongolischen Generalplans ihren Abschluß. Unter dem Feldherrn Möngkä geht es gegen den Kiewer Staat, am 6. 12. fällt Kiew, der Sitz des Metropoliten, das Herz Rußlands; bald danach folgen Kamenez-Podolsk, Halicz und Wladimir in Galizien. Der Weg nach Polen ist offen.

Batu Khans Macht erstreckt sich jetzt über Westsibirien vom Aralsee bis hinauf zum Ob und über Osteuropa, im Süden bis zu der Linie Kaspisches Meer, Kaukasus, Schwarzes Meer, im Norden und Westen bis an Ladoga- und Peipus-See, die Grenzen Livlands und Litauens, die Pripjetsümpfe und den Dnjestr. Ein Riesenreich, und doch nur ein Teil des mongolischen Gesamtreiches. Batu regiert es zunächst von seinem mobilen Regierungssitz aus, einem Prunkzelt, das er bei Ortswechsel, auf eine Kolonne aneinandergekoppelter Lastwagen verladen, von zwei Dutzend Ochsen in Zwölferreihen durch die Weiten des Landes ziehen läßt. Nach diesem reich mit Gold und Silber geschmückten Prachtzelt, das nach Augenzeugenberichten aus der Ferne »wie ein Hügel« wirkt, erhält dieses westliche Mongolenreich den Namen »*Goldene Horde*« (»Horde« gleich Jurte, Zelt). Später (irgendwann zwischen 1242 und 1254) paßt sich der Nomadenfürst westlichen Bräuchen an und wird seßhaft. Er wählt eine Stadt als Residenz: Sarai am Unterlauf der Wolga. Noch später zieht er nach Neu-Sarai (etwa auf der Höhe von Stalingrad) um.

An diesen Herrschersitzen müssen von Zeit zu Zeit die tributpflichtig gewordenen russischen Fürsten antanzen und ihren Kotau machen. Und das tun sie nach den so schlechten Erfahrungen ihrer aufsässigen Kollegen auch eifrig, zumal ihnen sonst alle Freiheiten binnenstaatlicher, vor allem kultureller und religiöser Betätigung bleiben. In dieser Hinsicht haben die neuen Herren aus dem Fernen Osten nichts zu bieten. Als einer der willfährigsten Vasallen der Mongolen erweist sich ein Sohn des Großfürsten Jaroslaw II. von Nowgorod, der Fürst *Alexander von Ssusdal,* der sich ob dieser Ergebenheit bei Batu Khan bald besonderer Wertschätzung erfreut. 1240 darf er, 22 Jahre alt, an der Newa mit eigenen Streitkräften den Eroberungsdrang der Schweden stoppen, indem er sie zusammenschlägt. Er erhält dafür den Ehrennamen *Newski* und ist seitdem unzerstörbarer russischer Nationalheld.

Ohne größere Pause, noch 1240, folgt Etappe 2 des Generalplans. In zwei Heeresgruppen greifen die Mongolen an. Die eine bricht in Ungarn ein, Batu Khan persönlich führt eine Abteilung direkt auf die Hauptstadt Ofen. Am 11. April 1241 wird König

Bela IV. auf der Ebene Mohi an der Mündung des Sajo in die Theiß vernichtend geschlagen. Er selbst kann fliehen und im Westen von der Katastrophe berichten, sein Land wird in das Reich Batus eingemeindet. Batu läßt sofort eigene Münzen prägen.

Gleichzeitig fällt die zweite Heeresgruppe in Polen ein. Stoßrichtung Krakau, mit einem Raubzug nach Kujawien als Abstecher. Dort erreichen Batus Reiter die Weichsel. Im Februar 1241 wird Krakau zerstört, die polnischen Streitkräfte bei Chmielnik zusammengeschlagen. Weiter geht es, nach Schlesien hinein, Breslau fällt.

Am 9. April 1241 stellt sich Herzog Heinrich II. »der Fromme« von Breslau mit unzureichenden Kräften den Feinden bei *Liegnitz*. Zu spät hat man im Westen die Gefahr erkannt, zu spät erfolgte ein Kreuzzugsaufruf des greisen Papstes Gregor, weder vom deutschen Kaiser Friedrich II. noch aus Frankreich oder England, die bereits der bedrohte Ungar Bela angegangen hatte, ist Hilfe gekommen. So werden die bei Liegnitz vereinigten geringen Streitkräfte, bei denen sich – vielleicht – auch ein Kontingent des Deutschen Ordens befindet, geschlagen, Herzog Heinrich fällt. Für den Gegner ist der Weg frei in das Herz Europas. Das Abendland hält den Atem an.

Doch die Mongolen sind keine Narren. Das Operationsziel der zweiten Etappe ist erreicht. Es gilt jetzt, die Eroberungen in Polen, Schlesien und Ungarn zu sichern, und das erfordert zunächst die Besetzung von Böhmen und Mähren. Auch erweist sich die vielgestaltige, engräumige Struktur Mitteleuropas den an große Weiten gewöhnten Reiterscharen als fremdartig, man wird neue Taktiken entwickeln müssen. Die dritte und letzte Etappe des mongolischen Eroberungsplanes erfordert gründliche Vorbereitung. So stoppt Batu Khan den weiteren Vormarsch nach Westen und dreht durch die Mährische Pforte ab.

Zu dieser gefürchteten letzten Etappe des Mongolensturms kommt es jedoch nicht. Wie so oft in der Geschichte, rettet ein Todesfall die westliche Welt. Am 11. Dezember 1241 stirbt in Karakorum der Großkhan Ögädäi, und die Nachfolgestreitigkeiten zwingen Batu in den Osten zurück. Er unterwirft noch schnell die

Bulgaren am Schwarzen Meer, beläßt Besatzungstruppen, Gouverneure und Steuereintreiber in den eroberten Ländern und zieht nach Mittelasien ab.

Das Abendland atmet geräuschvoll aus. Nur Papst Gregor IX. hat keine Gelegenheit mehr, sich über den Wandel der Dinge zu freuen; am 21. August 1241 ist er, fast hundertjährig, gestorben. Die verwaiste Kirche aber weiß in diesen wirren Zeiten nichts Besseres zu tun, als sich anderthalb Jahre um die Nachfolge zu streiten.

Vor diesem Hintergrund muß gesehen werden, was sich zu Beginn dieser vierziger Jahre im Prußenland und den Nachbargebieten abspielt. Für die bedrängten Prußen bedeutet das alles, um mit Konrad (nicht von Masowien, sondern Adenauer) zu sprechen: Die Situation ist da! Und wer bisher in den Ureinwohnern Ostpreußens immer noch so eine Art Buschneger gesehen hat, der sollte jetzt schleunigst umlernen. Denn es dürfte sich hier kaum, wie die kümmerliche Berichterstattung alter und neuer Historiker uns glauben machen will, um ein zufälliges Zusammentreffen peinlicher Ereignisse handeln, sondern offenbar um weitgespannte, diplomatisch sorgsam vorbereitete und zeitlich koordinierte Aktionen. Nachweisen und belegen läßt sich das im einzelnen nicht, doch die Fakten sprechen für sich.

Besonders ein Ereignis ist es, an dem man seine Phantasie entzünden kann: Am 5. April 1242 stellt der erwähnte Alexander Newski, getreuer Gefolgsmann der Mongolen in Rußland, der bei Batu Khan in Sarai aus und ein geht, das Heer der livländischen Schwertbrüder auf dem Eise des *Peipus-Sees* zur Schlacht und schlägt es vernichtend. Damit erstickt er nach den schwedischen auch die deutschen Gelüste einer Kolonisierung russischen Gebiets und auch die romchristlichen Missionierungsversuche. Kann eine solche Schlacht geschlagen werden ohne die Zustimmung der mongolischen Oberherrschaft? Ist der russische Fürst hier Erfüllungsgehilfe der asiatischen Welteroberer? Oder verfolgt er unter dem Deckmantel seiner Vasallenschaft eigene Pläne? Und wenn ja, greifen sie nach Livland hinein und über Litauen hinweg in das

Prußenland und bis zu den slawischen Brüdern in Pommerellen? Geht es dabei um die abgesprochene und sorgsam vorbereitete Auslöschung der deutschen Ordensmacht im europäischen Osten? Spielen hier Pläne der griechisch-orthodoxen Kirche, deren großer Förderer Alexander Newski ist, mit hinein? Hat der Tod des Großkhans in der fernen Mongolei auch solche Pläne gestoppt? Offene Fragen.

Jedenfalls bricht im gleichen Jahr 1242 – und wer das immer noch für einen Zufall halten will, dem ist nicht zu helfen – eine Offensive der vereinigten Ostpommern und Prußen gegen den Deutschen Orden los. Wer die prußischen Führer waren, wissen wir nicht; die deutschen und polnischen Chroniken schweigen sich darüber aus, und bei den Prußen führte man noch kein Kriegstagebuch. *Spiritus rector* des Unternehmens aber und offenbar auch gemeinsamer Oberbefehlshaber ist unser Freund Swantopolk, der »Herzog von Pommern«.

Seit Mitte der dreißiger Jahre liegt er mit den Herzögen von Kujawien und Masowien und auch mit seinen beiden Brüdern und Miterben Sambor und Ratibor in ständiger Fehde. Den Ausgleich mit den deutschen Rittern, die sich laufend in seine Angelegenheiten einmischen, hat er 1238 zähneknirschend unter päpstlichem Druck vollzogen. Seitdem wartet er auf seine Stunde. Jetzt ist diese Stunde da. Jetzt bestimmt er das Gesetz des Handelns.

Den unausweichlichen Waffengang bereitet er diplomatisch und psychologisch sehr geschickt vor. Bei Waffengängen geht es ja bekanntlich niemals um Land und Macht, sondern immer um hohe ethische Ziele. So macht denn der Pommer sich zum besorgten Fürsprecher der vom Orden so hart und unchristlich behandelten Prußen; zunächst (vergeblich, wie zu erwarten war) beim Landmeister des Ordens, dann (nicht ganz ohne Erfolg) direkt in Rom, wohin auch die Prußen eine Bitt- und Beschwerdedelegation schicken (Ausrufungszeichen!). Als daraufhin nicht gleich etwas erfolgt, nimmt Swantopolk dies als den provozierten und erwarteten Freibrief für das, was er von Anfang an vorhatte. Er gibt den Befehl »Ab heute wird zurückgeschossen«, geht über die Weichsel, bedroht Thorn und sperrt den Strom für die Schiffahrt. Rom droht wiederum mit dem Bann, vergebens, der pommerische Christenmensch ist nicht mehr zu bremsen. Der Orden, sich seiner augenblicklichen Schwäche voll bewußt, schließt schnell (am 1. 10. 1242) mit Masowien und Kujawien ein Schutz- und Trutzbündnis ab. Mehr tut er nicht und kann er nicht tun.

Denn gleichzeitig haben sich im Osten, in Pogesanien, Natangen und Warmien, die Prußen erhoben. Den wenigen deutschen Bauern, die sich so weit vorgewagt hatten, wurden schon seit längerem die Scheunen und Felder abgebrannt, zu pflügen trauten sie sich nur noch nachts. Jetzt geht es ihnen ans Leben. Die deutschen Dörfer, die Privatsitze der Grundherren, die noch recht provisorischen Ordensburgen sinken in Schutt und Asche, nur Balga und die Elbinger Burg können sich halten. Und über Pomesanien hinweg, abgestimmt mit den Aktionen des Pommernherzogs, zieht sich der Aufstand hinein in das Herz der Ordensmacht, das schon verhältnismäßig dicht besiedelte Kulmer Land. Auch hier brennen die Städte, Dörfer und Kirchen, zu Hunderten werden die Deutschen erschlagen. Nacheinander fallen Stuhm, Marienwerder, Graudenz. Behaupten können sich allein die drei Burgen Rehden, Thorn und Kulm, am Leben bleibt nur, wer sich dorthin retten kann.

Von Kulm aus unternimmt der bejahrte Exmarschall Dietrich von Bernheim – so eine Art Kreuzung von Odysseus und Hektor, wie Chronist Dusburg meint – einen Handstreich, der sich zunächst wie ein reiner Verzweiflungsakt ausnimmt. Mit ganzen vier Rittern und 24 Reisigen setzt er am 3. Dezember 1242, dem Tag der heiligen Barbara, über die Weichsel. Und siehe, mit diesem Häuflein klein überrumpelt er die von Swantopolk mit fünfzig offenbar schlafenden Genossen besetzte Burg *Sartowitz,* erledigt die Penner in einem zwei Stunden dauernden Gejage durch Gemächer und Gewölbe und holt auch die dazugehörigen Frauen nebst Kindern aus den Betten. Beim Abräumen in der eroberten Burg stößt man im Keller auf eine eisenbeschlagene Truhe, die nach Schätzen riecht. Als man sie aufgebrochen hat, zeigt sich ein Silberkasten. Inhalt: das Haupt der hl. Barbara, die im 3. Jhdt. n. Chr. in Ägypten den Märtyrertod erlitten hatte. Der Pommernchrist hat diesen Kopf einst in Sachsen erbeutet. Jetzt lassen ihn die Ritter nach Kulm mitgehen, wo er 200 Jahre lang, bis zu seiner Überführung in die Marienburg, Wunder tun darf.

Doch trotz solch wunderbarer Heldentat, die der verzückte Ordensdichter Nikolaus von Jeroschin (um 1340) in 400 Versen besingt, steht es nicht gut um den Deutschen Ritterorden. Auf seine Ausgangsbasis, das Kulmer Land, zurückgeworfen, ohne Hilfe von außen, klammert er sich nur noch an die wenigen Burgen, die ihm geblieben sind. Aber Swantopolk und die Prußen schaffen es nicht, ihm den Garaus zu machen.

Und damit uns nun nicht falsche, an unseren modernen Kriegen genährte Vorstellungen dazwischengeraten, müssen wir uns einmal klarmachen, mit welch geringem Aufwand an Menschen dieser langwierige Ostkrieg tatsächlich geführt wird. Die Zahl der Ordensritter, die da im Einsatz sind, kann man an zwei Händen abzählen, mit ihren Reisigen kommen sie auf ein paar hundert. Die Raubhorden der Pommern und Polen sind bis zu 2000, allenfalls auch einmal 4000 Mann stark, und mehr bringen auch die Prußen nicht auf die Beine. Das wirkt recht kümmerlich, wenn man bedenkt, daß 13 Jahrhunderte vorher Cäsar in Gallien bereits mit 30 000 Mann agierte. Wenn aber aus dem Westen die Heerhaufen der Kreuzfahrer anrücken, dann sieht das ganz anders aus; dann geht das gleich in die Zehntausende. So eine Kriegerschar fällt in das Land ein wie ein Heuschreckenschwarm. Da gibt es nur zwei Möglichkeiten: entweder sich in den Wäldern und Sümpfen verkriechen oder sich taufen lassen und beten.

Aber ein Kreuzheer ist in dieser papstlosen Zeit weit und breit nicht in Sicht, und so zieht sich das Ganze im Hin und Her über einige Jährchen. Anfang 1243 verheert Swantopolk, nachts über das Eis der Weichsel kommend, wiederum das Kulmer Land. Dann revanchieren sich die deutschen Ritter mit Hilfe der zufällig einmal einmütigen polnischen Teilfürsten Kasimir von Kujawien und Przemislaw und Boleslaw von Großpolen, und auch die beiden neidischen kleinen Brüder des großen Bruders, die Herren Sambor und Ratibor, sind mit im Bunde.

Offenbar haben die Ordensbrüder in ihrer Not doch eine recht beträchtliche Streitmacht aufstellen können; denn die deutsch-polnisch-pommerische Zweckgemeinschaft erobert und besetzt noch 1243 Swantopolks feste Burg Nakel und jagt ihn dann durch ganz Ostpommern bis ans Meer. Auch über das Zisterzienserkloster Oliva kommt wieder sengend und mordend der Feind, diesmal in Gestalt der vereinigten Christenbrüder.

Dem hinterpommerischen Haudegen geht vorübergehend die Luft aus. Wieder einmal schließt er »Frieden« mit dem festen Vorsatz, ihn nicht zu halten. Er erhält alle Gefangenen zurück, darunter 70 Damen von Stand, und muß seinen ältesten Sprößling Mestwin als Geisel stellen.

Damit glaubt die Gegenpartei ihn fest in der Hand zu haben. Aber ruhig dazusitzen, während jenseits der Weichsel seine Verbündeten, die aufständischen Pogesanier, Warmier und Natanger verbissen weiterkämpfen, das bringt ein Kerl wie der Swantopolk nicht fertig. Jetzt, nach der Verheerung seines eigenen Landes, sind ihm die deutschen Christen, mit denen er einmal im Bunde war, endgültig verhaßt.

So ist er denn auch bald (wohl noch 1243) – Sohn hin, Sohn her – wieder im Kulmer Land, diesmal als Oberbefehlshaber eines mehr als 4000 Mann starken Heeres, an dem nicht nur die rebellierenden Preußenstämme beteiligt sind, sondern auch als neue Partner die sich bisher abseits haltenden Sudauer. Mit dieser Streitmacht verwandelt er das ganze Kulmer Land mit Ausnahme der drei Burgen Thorn, Kulm und Rehden abermals »in eine Wüste (in solitudinem)« (Db. III, 40).

In der Stadtsiedlung um die Burg Kulm haben die Bürger es gründlich satt. Sie wollen dem Pommernherzog schon als »Befreier« die Tore öffnen, und ihr Schultheiß Reinecke nimmt Verhandlungen auf. Doch Swantopolk liegt im Augenblick nichts an Kulm, er will nach Kujawien, dem Kasimir an den Hals. Sein Heer zieht weiter und schlägt am *Rensch-See* das Nachtlager auf.

Die Ritter aus Kulm machen sich mit 400 Mann an die Verfolgung. Sie erreichen den Feind am nächsten Morgen, als er gerade über das reichlich versumpfte Gewässer setzen will. Eine gute Gelegenheit, so scheint es. Doch in der Führung der ritterlichen

Kampfgruppe gibt es Kompetenzschwierigkeiten: Der Odysseus-Hektor, Uraltmarschall Dietrich von Bernheim, der es immer noch nicht lassen kann, mit dabei zu sein, betätigt sich jetzt zusätzlich auch noch als Nestor mit guten Ratschlägen – was dem befehlsführenden Marschall von Berlewin gar nicht gefällt. So schlecht vorbereitet, tappt man prompt in eine Falle, die der schlaue Hinterpommer hier aufgestellt hat.

Marschall Berlewin läßt den kleinen, noch nicht übergesetzten Teil des feindlichen Heeres angreifen, scheinbar mit Erfolg. Die Feinde fliehen in alle Richtungen, die Ritter jagen hinterher, ebenfalls in alle Richtungen. Und als der Marschall mit 24 Streitern über einen Hügel prescht, sieht er sich plötzlich der Hauptmacht Swantopolks gegenüber, die das Übersetzen nur fingiert hat und dort schon auf ihn wartet. Auf geht's! Die ganze 400-Mann-Streitmacht des Ordens nebst Alt- und Neumarschall wird Häufchen für Häufchen nacheinander niedergemacht, nur zehn Mann können entkommen. Als zum verabredeten Zeitpunkt die Ritter aus Thorn mit 200 Mann zur Unterstützung auf dem Kampfplatz erscheinen, finden sie nur ein Leichenfeld vor und machen sich schleunigst davon.

In Kulm erhebt sich großes Wehklagen. Nachdem man sich vergewissert hat, daß Swantopolk mit seinen Pommern und Prußen abgerückt ist (nach Kujawien?), ziehen die Bürgerinnen hinaus zum Rensen-See, um ihre Toten zu bergen. Wehrfähige Männer gibt es in der Stadt Kulm jetzt kaum noch, und Bischof Heidenreich empfiehlt den verwitweten Frauen, damit bald wieder kampffähiger Nachwuchs da ist, die Knechte als Partner – selbstverständlich unter Wahrung der kirchlichen Formen! Der trostreiche Vorschlag findet bei den betroffenen Damen solchen Anklang, daß sie sich über die wohl nicht allzu zahlreichen Anwärter in die Haare geraten. Hören wir, was der Ordensgeistliche Dusburg dazu für erzählenswert hält (III, 42):

Da geschah es, daß zwei Frauen auf dem Weg zur Kirche unter einigen Leuten, die auf dem Marktplatz beim Würfelspiel waren, einen Knecht erblickten, stark und schön anzusehen, freilich nicht gerade gut gekleidet. Da flüsterte die eine der beiden ihrer Magd zu, den da, den solle sie in ihr Haus schaffen. Die andere aber hörte das und befahl ihrerseits ihrer Magd, ihn in ihre Wohnung zu bringen und ja nicht wieder fortzulassen, bis sie selbst zurück sei. Das gelang auch; sie kleidete den jungen Burschen anständig ein und ließ sich dann mit ihm kirchlich trauen. Die erste Frau aber, die das erfuhr, war der andern noch lange Zeit gram.

Bei dem Rückzug (aus Kujawien?) scheint es den Pommernhäuptling dann freilich doch noch erwischt zu haben; als er das Heer aufgelöst hat und mit seinen Leuten über die Weichsel nach Hause will. Anscheinend haben die Ritter in dem ausgepowerten Kulmer Land als letztes Aufgebot eine Art Volkssturm auf die Beine gebracht und überrumpeln ihn damit beim Übersetzen. Dazu tut Gott, der es diesmal nicht mit den pommerschen, sondern mit den deutschen Christen hält, auch noch ein Wunder: Ein Sturm versenkt die bereitliegenden Schiffe! So stürzen sich denn die kopflosen Pommern – wie man das in solchen Fällen bekanntlich zu machen pflegt (so die Russen angeblich 1914 bei Tannenberg) – in das Wasser und ertrinken brav; außer ein paar Freischwimmern, darunter Swantopolk. Warum auch nicht. Schließlich ist auch Mao mit 80 Jahren über den Gelben Fluß geschwommen.

Der Kirche fällt in dieser Krisenzeit wahrhaft Beglückendes ein. Im päpstlichen Exil Lyon zerbricht sich in allerhöchstem Auftrag Bischof Wilhelm von Modena, einer der derzeit klügsten Diplomaten und dazu Ostexperte der Kurie, den Kopf darüber, wie man das Prußenland in Diözesen einteilen kann. Am »grünen Tisch« gründet er auf dem Papier die vier Bistümer Kulm, Pomesanien, Ermland und Samland und zeichnet in die Karte auch jeweils den dritten Teil ein, den die Kirche als eigenes Herrschaftsgebiet beansprucht. So fröhlich verteilt man hier bereits das Fell des Bären, der sich gerade jetzt überaus lebendig und wehrhaft zeigt.

Dem Orden kann solches Bemühen wahrlich kein Trost sein, zumal er neben den äußeren auch noch innere Schwierigkeiten durchzustehen hat. Der derzeitige Hochmeister, ein Herr Gerhard von Malberg, hat sich der Korruption (anscheinend Unterschlagungen und Mißbrauch des Amtssiegels) schuldig gemacht und wird im Sommer 1244 von dem Ordenskapitel abgewählt. Nur schwer läßt sich die Sache vertuschen. Man wählt auch gleich einen anderen Landmeister, Poppo von Ostierna. Der erscheint 1244 mit zehn neuen Rittern und 300 berittenen Bogenschützen, einem Geschenk Herzog Friedrichs »des Streitbaren« von Österreich, im Prußenland und ist bald allgemein wegen seiner Strenge gefürchtet.

Doch auch dieser eiserne Besen kann die Misere nicht wegkehren. Swantopolk, nur für kurze Zeit durch die Schwimmübung in der Weichsel verschreckt und dem Orden gegenüber zur Ruhe geneigt, unternimmt »nur« einen kleinen, aber offenbar erfolgreichen Raubzug nach Kujawien. Deswegen durch eine päpstliche Bulle vom 1. 2. 1245 abermals mit dem Bann bedroht, wird er, ebenfalls abermals, ernstlich böse:

»Mich scheren weder der Papst noch der Kaiser noch sonst wer! Ich werde so lange auf meine Feinde eindreschen, bis ich meinen Sohn wiederhabe!« (Db. III, 45).

Den aber, den Mestwin, haben die Ritter inzwischen sicherheitshalber nach Österreich gebracht. Der erzürnte Papa sieht nun vollends rot. Auf der Insel zwischen Weichsel und Nogat, dem späteren Marienburger Werder, erstellt er die Burg *Zantir* und baut (1245) weiter oberhalb, gegenüber Kulm, die Festung *Schwetz* aus. Damit kann er den Rittern den gesamten Schiffsverkehr auf einer 70 km langen Flußstrecke sperren. Und er tut es. Eine Operation gegen Schwetz von der Weichsel aus, die Landmeister Poppo zusammen mit dem Kujawier Kasimir unternimmt, schlägt fehl. Die Prußen ihrerseits sperren inzwischen den Fahrweg nach Elbing durch eine »Landwehr«.

Totale Blockade!

Kein Import, kein Export mehr, alles liegt lahm. Das Land ist verwüstet, an Feldbestellung nicht zu denken. Das Vieh ist längst abgeschlachtet oder vom Feind geraubt. In den mit Flüchtlingen vollgestopften Ordensburgen breitet sich der Hunger aus.

In so betrüblicher Lage muß der Chronist wieder einmal auf Heldentaten zurückgreifen. Da lesen wir (Db. II,47): Swantopolk, der in dem hungernden Land anscheinend ungefährdet herumspazieren kann, erscheint eines Tages mit Sturmtruppen vor Elbing. Doch siehe, alle Mauern sind mit Kriegern dicht besetzt! So zieht er denn unverrichteterdinge wieder ab. Aber man hat ihn angeführt: die »Krieger«, die oben auf den Stadtmauern herumklapperten und schrien, waren alles Frauen – in den Harnischen ihrer Männer, die zwecks Nahrungssuche gerade aushäusig waren. Ja, gegen Weiberlist ist selbst so ein alter Kriegersmann wie Swantopolk nicht gefeit.

Auch zu Wasser ereignet sich Rühmliches. Drei Lastkähne des Ordens schlagen sich als Blockadebrecher bei Zantir durch eine Sperre von zwanzig feindlichen Schiffen und einen Steinhagel bis nach Elbing durch, wobei dem Ritter Konrad Bremer ein Zahn ausgeschlagen wird. Später schickt ein Handelsmann aus Krakau zur Linderung der Not auf eigene Rechnung drei Schiffe mit den dringendsten Bedarfsgütern – Wein, Met und Schlachtvieh – nach Thorn und wird dafür zur Belohnung als Ritterbruder in den Orden aufgenommen.

Nein, es steht nicht gut um den Orden in diesen Jahren 1244/45, keineswegs. Sollte es dem christlichen Pommeranier und seinen heidnischen Verbündeten doch noch gelingen...?

Nicht verzagen, Freunde, der Himmel hat noch einmal ein Einsehen. Er hat der Christenheit wieder einen Papst beschert: Innozenz IV. Der hat zwar genug eigene Sorgen, der exkommunizierte Kaiser Friedrich II. hat ihn zum Umzug nach Lyon ins Exil gezwungen. Aber nebenbei bringt er doch die Ostmission wieder in Gang.

Anfang 1246 erscheint denn auch ein Kreuzheer auf dem prußischen Schauplatz, teilweise aus dem Bestand des »streitbaren« Österreicher-Herzogs Friedrich, der sogar seinen Truchseß namens Drusiger für das Unternehmen bereitstellt. (Vielleicht wollte er ihn loswerden, was nicht erstaunlich wäre, wie das folgende zeigen wird.) Oberkommandierender des Kreuzfahrerheeres ist der Fürst Heinrich von Liechtenstein. Und der in den letzten Jahren arg ramponierte Kasimir von Kujawien macht, was Wunder, ebenfalls mit. Neun Tage und Nächte lang haust die vereinte

Soldateska in Pommerellen so, »daß in ihm kein einziger Winkel war, den sie nicht mit Raub und Brand heimgesucht hätten« (Db. III, 55). Auch das Kloster Oliva, natürlich... Was diese Christenmenschen bloß alle gegen die Zisterzienser haben!

Swantopolk verkündet die totale Mobilmachung. In kürzester Frist stellt er aus seinen Leuten und den Prußen ein anscheinend beachtliches Heer auf. Nachts inspiziert er persönlich einen verlassenen Lagerplatz der Feinde, zählt die Stellen, an denen Zelte aufgeschlagen waren, betätigt sich als Spurensucher auf den Weideplätzen der Pferde, als Fährtenleser auf den ausgetretenen Lagerwegen und kommt zu dem Ergebnis, sein Heer werde wohl doppelt so groß sein wie das des Gegners. Auf einer Großversammlung aller seiner Krieger gibt er den Tagesbefehl aus: »Morgen werden wir die Pommern und Prußen vom Joch der Teutonen für alle Ewigkeit befreien!« (Crastina die faciemus, quod Pomerani et Prutheni a iugo Theutonicorum in perpetuum absolventur! – Db. III, 55).

Am nächsten Tage kommt es zu einer dramatischen Entscheidungsschlacht. Zuerst geht Swantopolk mit drei Heerhaufen auf die Kujawier des Kasimir und Truchseß Drusigers Österreicher los. Nun, dieser Truchseß (was ursprünglich so etwas wie ein Generalintendant war), der mag in Küche und Keller ja gut Bescheid wissen, auf dem Schlachtfeld scheint er nicht recht zu Hause zu sein. Jedenfalls geraten er und der Kasimir mit allen ihren Häuflein in panische Flucht.

Dahinter aber stehen unbewegt, hoch zu Roß und schwer gepanzert, die Ritter, gewärtig des Befehls des Oberkommandierenden. Swantopolk gibt die Losung aus: Zuerst die Pferde abstechen! Zu Fuß sind die Ritter mit ihrer schweren Bewaffnung hilflos. Endlich erscheint der Oberbefehlshaber Heinrich von Liechtenstein, der etwas planlos auf dem großen Kampfplatz Reserven organisiert hat, und befiehlt: Höchste Gefahr im Verzuge! Auf zur Attacke!

Der Kampf, der jetzt entbrennt, wird fürchterlich. Am Ende wird das Heer des Swantopolk vernichtend geschlagen, er selbst ist (angeblich) schwer verwundet und gilt als tot. Der deutsche Heeresbericht (Dusburg) meldet: Feind verlor 1500 Tote, Beute 1600 Pferde, keine eigenen Verluste.

Die geschlagenen Österreicher und Kujawier, die mitsamt ihren Führern Kasimir und Drusiger gleich bis über die Weichsel geflüchtet sind, haben derweilen in Kujawien und im Kulmer Land helle Panik ausgelöst. Aber am Tage darauf ziehen in Thorn waffenklirrend die siegreichen Ritter ein, und den Deutschen strahlt endlich wieder die Sonne.

Man könnte meinen, daß der erbitterte Abwehrkrieg der verbündeten Ostpommern und Prußen damit zu Ende sei. Doch der Stehaufmann Swantopolk hat immer noch nicht genug. Zwei Jahre geht es noch hin und her mit Waffenstillstand und »Frieden« und neuem Kampf. Einmal fällt er wieder in Kujawien ein, auch an den Kämpfen um eine Burg der Pomesanier ist er beteiligt. Dann aber, vor der neu erbauten Ordensfeste Christburg wiederum zusammengeschlagen, gibt er auf.

Im Herbst 1248 vermittelt die Kurie den Frieden zwischen den Pommern und dem Deutschen Orden, ein Jahr später dann auch in Christburg den mit den Prußen, von dem wir schon hörten. Swantopolk muß Pommerellen mit seinen argen Brüderchen teilen und jeder Verbindung mit den Prußen für alle Zukunft abschwören. Dafür erhält er seinen Sohn Mestwin zurück, der inzwischen im Gewahrsam des Ordens fünf Jahre älter geworden ist. Ein paar Male rührt er sich noch, wenn er Morgenluft wittert, und gibt erst etwa ab 1253 wirklich Ruhe.

Er lebt noch bis 1266, aber er interessiert nicht mehr. Mit seinem Ausscheiden aus dem großen Spiel sind die Prußen um eine Hoffnung ärmer geworden.

# Das elfte Kapitel

kurbelt den Kolonialkrieg der Ordensritter erneut an mit Hilfe eines jugendlichen Helden aus dem Lande des Schwejk Josef. Wir dürfen ihn auf seiner Safari durch das Samland begleiten und erleben die Gründung einer Burg, die nach ihm benannt wird. Womit der große Orlog der deutschen Ritter einen vorläufigen Abschluß findet.

Wir schreiben das Jahr 1249 nach Christi Geburt.

Wo steht der Deutsche Ritterorden nach diesen zehn weiteren Kriegsjahren? So ziemlich wieder am Anfang. Das bisher eroberte Land ist verheert, und für die großen und kleinen deutschen Unternehmer hat sich der Landerwerb im Osten nicht ausgezahlt. Der Ertrag ihrer gefahrvollen Mühen ist hin, sie selbst sind tot oder während der Hungerzeit in den eingeschlossenen Burgen arg vom Fleische gefallen. Doch mit dem Vertrag von Christburg und der Ausschaltung des rabiaten Swantopolk ist das Schlimmste überstanden, der Zangengriff aus Ost und West gelöst. Die Kirche hat »Frieden« gestiftet zwischen allem, was sich Christ nennt. So kann denn der Kolonialkrieg gegen die hartnäckigen prußischen Heidenhunde weitergehen. In den Ostwind hebt die Fahnen! Tod oder Taufe!

Und die wackeren Deutschritter schaffen es. In weiteren zehn Jahren schaffen sie es. Nahezu. Sie schaffen es mit und ohne Kreuzheere. Trotz drohender Russen und Tataren. Trotz der gefährlichen Litauer, die so glücklich sind, einen fuchsschlauen Mann, ihren *Mindaugas* (Mindowe), als König zu haben, und sich zwischen der livländischen Ordensmacht und der im Prußenland zäh behaupten. Sie schaffen es gegen einen Feind, der keinen Mindaugas und keinen hilfreichen Swantopolk (mehr) besitzt und sich auch in der Stunde allerhöchster Gefahr nicht zu gemeinsamem Handeln aufraffen kann.

Ganz ohne Rückschläge für den Orden läuft die neue Phase des Eroberungskrieges freilich nicht ab. Im Herbst 1249 bereits gibt der Landmeister den Auftakt: Er schickt unter dem Ordensmarschall Heinrich Botel eine beachtliche Streitmacht nach Natangen auf einen Raub- und Verwüstungszug, der den Anweisungen entsprechend verläuft. (»Terram Nattangie per incendium et rapinam vastaverunt«, erzählt voll Stolz der Dusburg III, 66.)

Aber mit den Natangern ist, wie sich später noch deutlicher zeigen wird, nicht gut Kirschen essen. Auf dem Rückweg findet das Expeditionskorps der Ritter alle Wege blockiert, und notgedrungen verlegt man sich aufs Verhandeln. Marschall Botel und drei weitere Ritter bieten sich als Geiseln an gegen freien Abzug für die anderen. Der Natanger-Herzog, nach Simon Grunau ein Fürst namens *Tyrwaido,* geht darauf ein; aber dann sind die Prußen doch wohl der Meinung, ein Räubern und Mordbrennern gegebenes Wort dürfe nicht mehr als eine Kriegslist sein. Sie fallen über den Haufen her und machen ihn nieder, darunter neben dem Ordensmarschall Botel und dem Vizekomtur von Balga noch 54 Ritterbrüder. Bei dem Dorf *Crucke* (Krücken bei Kreuzburg), am 30. November 1249.

Kein Wunder, daß unser Ordenschronist wieder einmal den angenagelten Bauchnabel bemüht, die Leichen der Erschlagenen von wilden Tieren fressen läßt und den Römerschreck Tarquinius Superbus als einen Ausbund von Menschlichkeit anpreist im Vergleich mit den prußischen Bestien.

Doch diese für den Orden so schmerzliche Panne bleibt Episode. In der Folgezeit stellen sich tüchtige Kreuzfahrer ein, 1250/51 der Markgraf (Otto?) von Brandenburg, 1252 Bischof Heinrich I. von Merseburg und Graf Heinrich von Schwarzburg, alle mit großen Heeren. Die durchziehen die abgefallenen und neu zu »bekehrenden« Gebiete, mit Mord, Raub und Brand alles zerstörend (incendio et rapina destruendo, occidendo et rapiendo. Db. III, 67).

Mit so tatkräftiger Hilfe haben denn 1253 bereits die tüchtigen Ritter alles Verlorene, die Gebiete Pomesanien, Pogesanien, Warmien, Barten und Natangen, wieder fest in der Hand. Schon früher konnten sie auch in dem südlichen Galindien, soweit das wilde Land es erlaubte, ohne besondere Schwierigkeiten Fuß fassen.

Mit diesem Prußenstamm ist es eine merkwürdige Sache. Frühe, sehr vage Nachrichten deuten an, Galindier hätten schon unter Karl dem Großen in Spanien gekämpft. Aber zur Ordenszeit hört man kaum noch etwas von ihnen, nirgendwo treten sie handelnd auf. Es scheint so, als ob dieser Landstrich schon vor der Ankunft des Ordens entvölkert wurde und verödete. Dusburg, unser Chronist, wundert sich auch, und er weiß darüber eine Geschichte zu erzählen, die so unglaublich klingt, daß man sie allein schon deswegen für wahr halten möchte. Hier ist sie:

174

Die Galindier wuchsen und wuchsen, und gleichsam auswuchernd vervielfachten sie ihre Zahl. Sie wurden immer stärker und überfüllten ihr Land derart, daß es sie nicht mehr ernähren konnte. Daher... schien es ihren Männern geraten, jedes neugeborene Mädchen töten zu lassen und nur die Knaben für den Krieg aufzuziehen.

Auf dem Befehlswege konnten sie das aber nicht durchsetzen; denn die Frauen versteckten die kleinen Mädchen, weil sie so niedlich waren. Da faßten die Männer einen allgemeinen und einstimmigen Beschluß, alle Nahrungsquellen sollten allein den Knaben fließen, und sie verstümmelten ihren Frauen die Brustwarzen.

Erbittert über diese schandbare und abscheuliche Tat, suchten die Frauen eine bei ihnen als Heilige hochverehrte Seherin auf, nach deren Weisungen sich alles Geschehen in diesem Lande vollzog, und baten sie, ihnen in diesem Handel wirksame Hilfe angedeihen zu lassen.

Diese hohe Frau empfand Mitleid mit ihren Geschlechtsgenossinen. Sie berief deshalb die Mächtigsten des ganzen Landes zu sich und sprach zu ihnen: »Eure Götter wollen, daß ihr alle gegen die Christen einen Krieg entfacht – aber ohne Waffen und Schwerter oder auch nur das allerkleinste Verteidigungsmittel!«

Die Häuptlinge gehorchten sofort, und die ganze wehrfähige Mannschaft machte sich frohen Mutes auf gegen das nächstliegende christliche Nachbarland. Dort verübten sie Schlimmes und rückten mit unübersehbarer Beute an Gefangenen und Vieh wieder ab.

Auf dem Rückmarsch aber gelang es einigen Gefangenen, unbemerkt zu entkommen. Sie kehrten zu den Ihren zurück und berichteten, im ganzen Heer der Ungläubigen gebe es weder eine Waffe noch irgendein anderes Verteidigungswerkzeug. Ihr auf Ehre und Gewissen erteilter Rat sei, mannhaft die Feinde zu verfolgen und anzugreifen.

Durch diese Worte ermutigt, machten sich die Christen mit einem großen Heerhaufen an die Verfolgung der Galindier, fie-

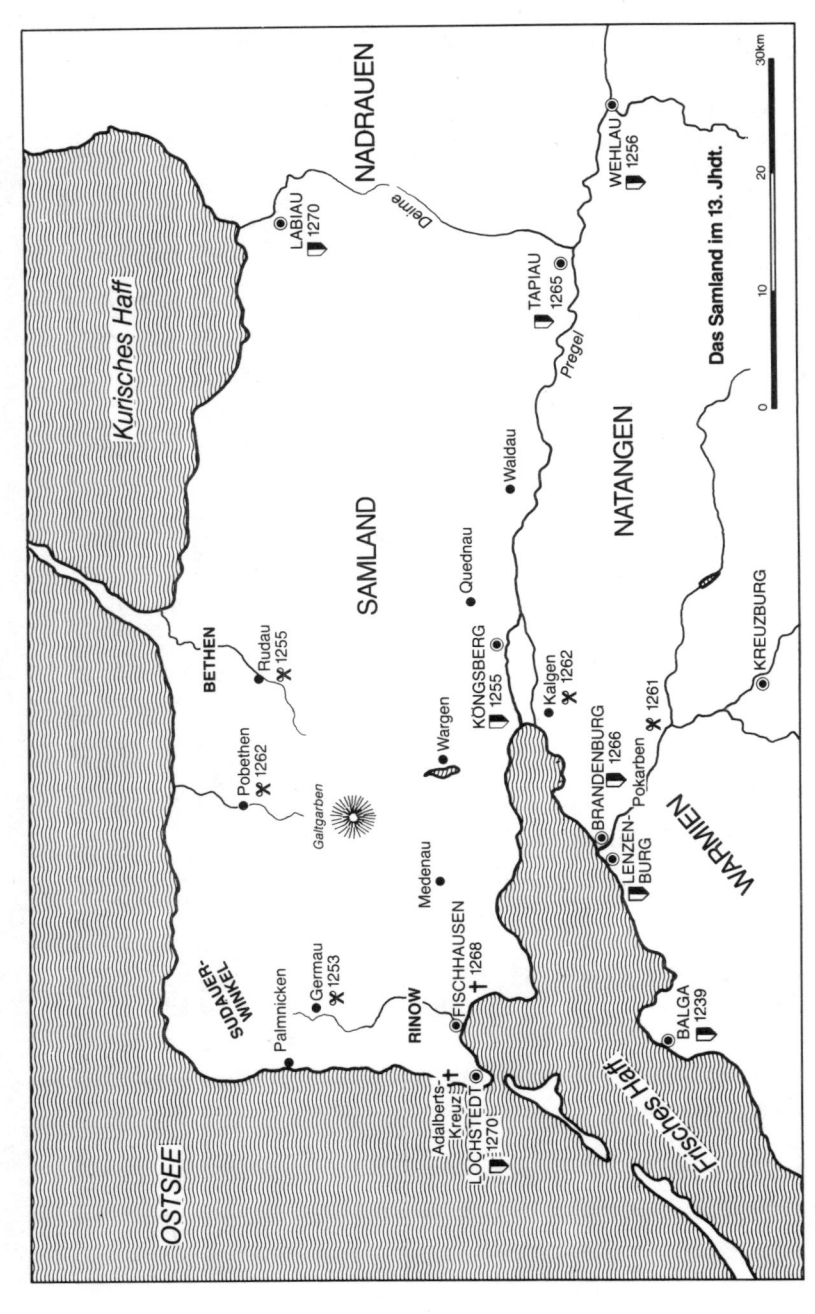

Das Samland im 13. Jhdt.

len über sie her und machten sie allesamt nieder, ohne irgendwelche Gegenwehr zu finden.

Auf die Kunde davon rückten die Sudauer und andere Nachbarstämme in das besagte Galindien ein und führten Frauen, Kinder und alles, was sonst noch zurückgeblieben war, für immer als Sklaven davon. So ist nun jenes Land bis auf den heutigen Tag eine menschenleere Wildnis.

Eine Bevölkerungsexplosion also, und was dabei so alles herauskommen kann, wenn man sie durch Geburtenbeschränkung bekämpft – des Nachdenkens wert auch in unseren Tagen.

Für den Orden ist Galindien als schwer zugängliche Wildnis zur Zeit kaum von Interesse, ernsthafte Gefahren drohen von dorther nicht. Drängend dagegen sind die Aufgaben im Norden. Dort ist inzwischen die Südgrenze des härtesten Brockens erreicht, des von drei Seiten durch Wasser geschützten »reichen und volkreichen« Samlandes, dem Dusburg (III, 3) ein Rekrutierungspotential von 4000 Reitern und 40 000 Fußkämpfern zuspricht. Dieser Brocken muß geschluckt werden, denn hier hindurch und über die Kurische Nehrung führt der einzig aussichtsreiche Landweg zu den verbündeten Schwertbrüdern in Livland, die bereits an der Memelburg bauen.

Außerdem gibt es im Samland ja, wie außer uns auch den deutschen Rittern wohlbekannt, den begehrten Bernstein, der immer noch nicht mit Gold aufzuwiegen ist. In klarer Erkenntnis dessen hat der Orden bereits Geschäfte damit zu machen versucht: Ende Januar 1242 und vier Jahre später noch einmal (am 10. 3. 1246) hat er die Nordwestecke des Samlands, das er noch gar nicht besaß, der sehr interessierten Hansestadt Lübeck angeboten, und es erschien bald danach ein erkundendes Kommandounternehmen wehrhafter Lübecker Kaufleute zusammen mit Militärexperten aus Livland an der Samlandküste. Man brachte zwar keinen Bernstein ein, dafür aber einige samische Gefangene, die am 14. Oktober 1246 in der Hansestadt mit großem Brimborium getauft wurden. Dann verlief sich die Sache im Sande, mit Options- und Termingeschäften klappte es eben damals noch nicht.

Jetzt sieht es anders aus, jetzt stehen die Ritter am Pregel, das berühmte, begehrte Land vor Augen. Auf denn gen Samland! Der erste Vorstoß freilich, den der Christburger Komtur Heinrich Stango im Winter 1252/53 mit einer Kriegerschar über das Eis des Frischen Haffs unternimmt, endet als kläglicher Mißerfolg. Bei dem Dorf *Germau* wird er von einem samischen Heerhaufen gestellt und ebenso wie sein Zwillingsbruder Hermann erschlagen. Das Heer der Gebrüder kann sich durch die Flucht retten.

Nach diesem Fehlschlag geht der Orden zur psychologischen Kriegführung über. Und auch die Samländer, die anscheinend aus dem jahrelangen Kampf ihrer westlichen Bruderstämme nicht allzuviel gelernt haben, wollen nun genau wissen, mit wem sie es bei diesen deutschen Panzermännern eigentlich zu tun haben.

Mit Zustimmung des Ordens schicken sie einen ihrer alten (und daher weisen) Männer auf die Burg Balga, auf daß er sich die Brüder dort einmal ansehe. Die nehmen ihn herzlich auf und zeigen ihm bereitwillig alles, was er sehen will. Er nimmt teil an ihrem Tagesablauf, speist mit ihnen im Refektorium, schläft mit ihnen im Dormitorium und darf ihnen bei den gottesdienstlichen Übungen zuschauen. So allerbestens informiert, kehrt er zu seinen Leuten ins Samland zurück und berichtet:

»Ihr müßt wissen, daß die Ordensritter Menschen sind wie wir auch; sie haben schlaffe und weiche Bäuche wie wir ja auch; in ihrer Bewaffnung, ihrer Ernährung und allem anderen stimmen sie weitgehend mit uns überein. Doch in einem unterscheiden sie sich von uns, sie üben da ständig einen ganz bestimmten Brauch aus, der uns ohne Zweifel vernichten wird: Sie erheben sich einmal in jeder Nacht von ihrem Lager und versammeln sich in ihrem Betraum, am Tage sogar mehrmals, und erweisen ihrem Gott ihre Verehrung. Wir tun das nicht. Deshalb werden sie uns in einem Kriege ganz ohne jeden Zweifel überwinden.«

Und dann hat ihn noch etwas anderes ganz ungeheuer beeindruckt: Er hat die deutschen Brüder Kohl essen gesehen! Die Prußen kennen keinen Kohl, und hier nun sind die Ritter mit ihren Informationen wohl absichtlich etwas zurückhaltend geblieben. Denn der Alte stellt am Schluß seines Berichtes fest:

»Außerdem essen sie auch Gras wie das Pferd und der Maulesel. Wer aber könnte schon solchen Menschen widerstehen, die selbst in der Wildnis ohne jede Anstrengung ihre Nahrung finden!« (Db. III, 70).

So ist für die Eroberung des Samlandes alles bestens vorbereitet. Den richtigen Pfiff aber bekommt die Sache erst, als sich 1254 ein richtiger König anmeldet. Es ist *Ottokar II.* Přemysl von Böhmen, Sohn Wenzels I. und einer staufischen Prinzessin, ein cleverer Mittzwanziger mit Fortune, der gerade erst (1253) den Thron bestiegen hat. Diesen jungen Mann sollten wir uns etwas genauer ansehen, es lohnt sich. »Der königliche Jüngling mit der feurigen Seele« (Zitat), der sich der besonderen Protektion des Papstes erfreut, steckt voll hochfliegender Pläne. Als Zwanzigjähriger hat er, freilich ohne Erfolg, den Aufstand gegen den Vater geprobt, 1251 dann das zur Zeit herrenlose und vom Reich zwangsverwaltete Österreich okkupiert. Mit 23 Jahren ehelicht er die genau doppelt so alte österreichische Prinzessin Margareta und sichert sich dadurch den Anspruch auf die Steiermark, die ihm 1260 zufällt. (»...du, glückliches Österreich, heirate!«) Er denkt bei alledem an die Errichtung eines Großreiches von der Adria bis zur Ostsee. Sogar Litauen hat er mit eingeplant und dafür schon einen Erzbischof parat, den aus Holstein stammenden Bischof Bruno von Olmütz, seinen vertrauten Freund und Helfer. Fernziel solcher Tagträume: die deutsche Kaiserkrone.

Das Prußenland liegt diesem feurigen Jüngling da gerade richtig, und – seine Gründerpläne tief unten im Koffer versteckt – läßt er sich darauf gleichsam wie einer von Dänikens hilfreichen Astronautengöttern aus lichten Höhen herab, um erst einmal den armen Rittern bei ihrem Bemühen uneigennützig unter die Arme zu greifen.

Auch ohne Presse und Fernsehen sorgt er für eine enorme Publicity, und das Ganze gerät zu einer Monumental-Show: Die Welt erfährt durch mündliche und schriftliche Willensbekundungen des Allerhöchsten, er habe »das Kreuz genommen« und werde demnächst auf dem Schauplatz erscheinen. Voraus eilt ihm ein Handschreiben an die potentiellen Untertanen im Samland:

»Um das Heil eurer Seelen zu gewinnen, sind Wir entschlossen, im künftigen Winter nach eurem Lande zu kommen und für euer Heil zu sorgen.«

Voraus eilt ihm im Herbst 1254 ein Riesenheer aus Österreichern, Böhmen und Mähren, das unterwegs ständig Zulauf an kriegsbegeisterten Kreuzzüglern erhält. Der König selbst bricht Mitte Dezember auf. Weihnachten feiert man in Breslau, wo Markgraf Otto von Brandenburg mit seinen Streitern dazustößt. Er wird vom König zum »Kriegsmarschall« (Generalstabschef und Generalquartiermeister) des Riesenheeres ernannt.

Anfang Januar 1255 Nummer eins der großen Show: Staatsempfang in Elbing durch Hochmeister und Ordensstab. Viel seltsames Volk hat sich im Prußenland schon als Kreuzfahrer eingefunden, ein leibhaftiger König war noch nie da. Feiernd wartet man das Eintreffen weiterer Teilnehmer ab. Aus Kulm und dem Ermland erscheinen die Bischöfe Heidenreich und Anselm mit ihren Kriegern, und der Heerhaufen wächst auf mehr als 60 000 Mann an, alles (mehr oder weniger) Freiwillige vom Rhein, aus Österreich, Sachsen, Thüringen, Meißen und anderen Teilen Deutschlands. Unübersehbar sind die Troßkolonnen mit Zelt- und Schanzgerät, mit Waffen und Verpflegung. Doch der Teufel hat auch hier, wie so oft, seine Hand im Spiel: Über einer Getreidemühle, um die sich ein Sachse und ein Österreicher schlagen, gerät die zusammengewürfelte Soldateska sich in die Haare, und nur mit Mühe kann Bischof Bruno von Olmütz Frieden stiften.

Ottokar bringt den in Elbing und Umgebung langsam verlotternden Haufen auf die Beine und marschiert nach Balga. Dort folgt Nummer zwei der Show, und man kann nur bedauern, daß weder »Bild« noch die »Tagesschau« mit dabei sind. Ein würdiger Greis wird vorgeführt. Es ist der Samländer *Gedune* aus dem Adelsgeschlecht der Cadeynen, seßhaft in Medenau. Der König nimmt ihn bei der Hand, führt ihn hinaus, zeigt ihm einen Teil seines Heeres und fragt, ob das für die Unterwerfung des Samlandes wohl reiche. Der Alte schweigt. Der König läßt weitere Abteilungen aufmarschieren. – Nun? - Gedune schweigt. Schließlich steht das ganze Riesenheer aufmarschiert in aller Pracht der vielfarbigen Gewänder, der Wimpel und Fahnen und Standarten, der Schwerter, Lanzen und Schilde, der Helme und Harnische, in deren Glanz sich das Licht der Sonne bricht. – Nun? fragt der König. Jetzt nickt der Greis. Es reicht ihm (Db. III, 70).

Leutselig entläßt Ottokar den Edlen Gedune und gibt ihm noch ein Fähnchen mit dem Königswappen mit auf den Weg als Schutz für Haus und Hof. Doch der Alte, noch nicht vertraut mit westlichem Tempo, trödelt. Als er zu Hause eintrifft, hat die Vorhut des königlichen Heeres dort bereits aufgeräumt. Seine Besitzungen sind ausgeplündert und niedergebrannt, alle seine Leute erschlagen...

Mit seinem Mammuthaufen zieht der jugendliche Held aus Böhmen durch das Samland. An des heiligen Adalbert Todesplatz rüstet er – angeblich – moralisch auf, nimmt – angeblich – das Hauptheiligtum Romowe auseinander, zieht über Medenau, wo mit Feuer und Schwert Nachlese gehalten und übernachtet wird, und *Nastreyn* (Nastrehnen) zum 110 m hohen Galtgarben (so hoch sind in Ostpreußen die Berge!) und zerlegt – angeblich – auch dort die Kultstätte. Die Samen ziehen schön die Köpfe ein und ärgern den Hochgemuten nur durch vereinzelte Nadelstiche.

Bei der Burg *Rudau*, in der sich der Kern des samischen Adels verbarrikadiert hat, kommt es dann zu Numero drei der Show: Erstürmung der Burg und bedingungslose Kapitulation. Die hoffnungslose Übermacht der 60 000 Mann vor Augen, die in ihrem Lande hausen, bitten die Edlen um Gnade, und der Göttliche ist gnädig. Unermüdlich tauft Bischof Bruno, auch die Hörigen, und Ottokar selbst läßt sich ein paarmal zum Taufpaten herab. Auch der von Brandenburg gibt seinen »Otto« zweimal an adlige Prußen weiter. Einsame Klasse sind die Taufgeschenke: Schmuck, kostbares Geschirr, Prunkgewänder. Ein König ist da nicht kleinlich.

Weiter geht es, südwärts jetzt nach Quednau; dort wird der Stammesfürst *Scode* mit seiner Sippe getauft und ebenfalls neu eingekleidet. Diesem imponiert das so, daß er doch tatsächlich dem Orden treu bleibt und sich fünf Jahre später in der Schlacht an der Durbe für ihn totschlagen läßt.

Am Pregel entlang zieht das Heer zunächst nach Waldau, dann nördlich nach Caymen, wo – angeblich – eine weitere Kultstätte stillgelegt wird, dann wieder südwärts in Richtung Tapiau, wo auf der Burg *Sugurbi* der Edle *Scapelle* sich schleunigst ergibt. Parole des Feldzuges wie eh und je: Tod oder Taufe! Auch darin ist ein König nicht kleinlich. »Die niet gedoopt enn was, sy masten sterven«, schreibt lapidar eine Ordenschronik. Nun, wer will das schon! So tritt denn auch, überzeugt von der Sinnlosigkeit jedes Widerstandes, der übrige Adel der Gegend zur Taufe an und stellt die Söhne als Geiseln. Damit ist das gesamte Samland durchgekämmt. Zum Abschluß wird auch noch – angeblich – das heilige Feld *Kurkelauk,* die Kultstätte des von allen Prußen hochverehrten Erntegottes *Kurche,* verwüstet.

Zurück führt der Weg wieder am Pregel entlang. Und als das Heer nahe des Haffs zwischen ein paar Hügel gerät, durch die der Fluß Pregora (Pregel) sich mehrarmig windet und wo auf dem Hügel *Twangste* die Prußen schon eine Feste angelegt hatten, hebt der König die Hand: »Da kommt eine Burg hin!« Und er übernimmt auch gleich einen Teil der Baukosten. Das ist die letzte Nummer der Show.

Ein bißchen viel für die kurze Zeit, und ein bißchen viel »angeblich«? Nun ja, vielleicht hat der Heeresbericht da etwas zu dick aufgetragen, wir kennen das ja. Jedenfalls ist der wackere Böhme Ende Januar 55 bereits wieder auf der Heimreise, ein prunkvolles Kriegszelt, das man ihm ins Samland nachgeschickt hat, erreicht ihn dort schon nicht mehr. Am 6. Februar ist er in Troppau, bald darauf in Prag, und die ältliche Königin Margareta hat ihren Göttergatten wieder.

Knapp einen Monat hat die große Show im Prußenland gedauert. Des Königs Heer freilich scheint dort das ganze Pflichtjahr abgesessen und für »Ruhe und Ordnung« gesorgt zu haben. In seinem Schutz machen sich die Ordensbrüder mit einem Massenaufgebot frischgetaufter Prußen gleich an den Bau der anbefohlenen Burg. Ein Jahr später verlegen sie sie an ihren endgültigen Platz hoch über dem Pregel. Später »mit zwei Mauern und neun Steintürmen umwehrt« (Db. III, 72), danach mehrfach umgebaut und

Königsberg
Kupferstich aus der Hartknochschen Chronik 1684
(Quelle: Bildarchiv Preußischer Kulturbesitz, Berlin)

erweitert und am Ende fast völlig zerstört, stand sie dort bis vor kurzem noch. In ihrem Schutz und dem der Pregelarme wuchsen drei Städte heran, die sich später vereinigten. Die dankbaren Ritter aber beschlossen, Burg und Stadt nach ihrem königlichen Freund und Geldgeber zu benennen. Ja, wie wohl? – Nein, nicht Ottokars-Burg! Auch nicht Böhmenhausen, nein! Sondern schlicht und bescheiden *Königsberg* (so als ob es nur *einen* König auf der Welt gäbe!). Ja, Königsberg... Königsberg, Königsberg, Königsberg... die schönste Stadt der Welt. War es einmal. Für mich. »Der Jugend Zauber für und für...« Ich bin da geboren und aufgewachsen. Natürlich kann ich nichts dafür, aber ich bin stolz darauf.

Obwohl ich ein Pruße bin...

Ein Jahr später, als der spektakuläre Heerwurm des Ottokar endlich abgekrochen ist, zeigt sich, daß es die Samländer mit Bekehrung und Unterwerfung so ernst doch nicht gemeint haben. Sie erheben sich, wenigstens zum Teil, und finden Unterstützung durch ihre Stammesbrüder aus Nadrauen, Schalauen und Sudauen. Doch dieser Erhebung fehlt die rechte Kraft, die physische und die moralische. Zwar kommt es vorübergehend sogar zu einer Belagerung der Mümmelburg (Memel), die von den livländischen Schwertbrüdern inzwischen fertiggestellt wurde. Aber gegen die Festung Königsberg können die Prußenhaufen nichts ausrichten. Bald ist der Orden im Samland wieder Herr der Lage. Es gelingt ihm, den samischen Adel, der sich ja, wie wir sahen, schon vorher recht »aufgeschlossen für das Neue« gezeigt hatte, durch Sonderprivilegien teilweise für sich zu gewinnen. Der Bischof Heinrich von Samland, der sich irgendwo in Deutschland an seinem Titel erfreut, sieht die Lage bereits so rosig, daß er an einen Einzug in sein Bistum denkt. Er verlangt vom Orden ein Drittel der Einkünfte und die Zuteilung seines Landesdrittels. Wie gesagt, im Samland gibt es den Bernstein, und der ist so gut wie bares Geld. So wählt Heinrich denn (und erhält) neben einem Stück im Süden den nordwestlichen Teil des Landes, so um Palmniken herum...

Die Grenzfestung *Wilow* (Wehlau), von den Nadrauern am Zusammenfluß von Alle und Pregel errichtet, fällt den deutschen Rittern kampflos zu. Ihr Kommandant *Tirsko* entschließt sich in nüchterner Einschätzung der Lage, zu den stärkeren Bataillonen überzugehen, und läßt sich mit seinem Sohn *Maudelo* taufen. Der weise Entschluß wird vom Orden nobel honoriert: Bald danach erleben wir ihn an der Spitze eines samländischen Heerhaufens, der den Rittern bei der Unterwerfung des restlichen Natangen zur Seite steht. Die Blütezeit der Quislinge ist angebrochen.

So hat denn in den Jahren 1256/57 der Deutsche Ritterorden das prußische Kernland fest in der Hand. In den schwer zugänglichen südlichen Stammesgebieten – in Sassen, Galindien, Löbau und Sudauen – kann und will er sich noch nicht für immer einnisten, doch gelingt es ihm hier in zähem Kuhhandel mit den polnischen Konkurrenz-Eroberern (von 1251 bis 57), wenigstens Interessengrenzen festzulegen: nach Kujawien hin die Drewenz, nach Masowien die Linie Omulew, Narew, Bobr.

Es scheint so, als ob damit das große Werk gelungen und der deutsche Kolonialkrieg nach drei Jahrzehnten wechselvoller Kämpfe im wesentlichen beendet ist. Der von Hochmeister Hermann von Salza auf dem Reißbrett entworfene Musterstaat zeigt in der Wirklichkeit die ersten scharfen Konturen.

Leicht ist das alles freilich nicht errungen. Der Blutzoll des Ordens ist hoch, man hört von 500 gefallenen Ritterbrüdern, und das ist viel bei einem Normal-Ist von etwa 2000. (Über die einfachen Muschkoten, die »Reisigen«, wird nicht Buch geführt.) Die Reihen müssen aufgefüllt werden.

So läßt denn Papst Alexander IV. durch zwei Bullen (vom 27.6. und 28.7.1257) wieder die Werbetrommel rühren. Die Eintrittsbedingungen in den Ritterbund werden erleichtert: Wegfall der Probezeit; Ablaß für Mörder, Räuber und andere Verbrecher, sofern sie dem Orden zwecks Sühne beitreten; aber – die Verpflichtung gilt lebenslänglich! So kommt der Deutsche Orden wieder in Mode, freilich auf Kosten der Qualität. Korruption reißt ein, Bestechung, Ämterschacher. 1258 führt der hohe Klerus beim Papst darüber Klage. Da ist auch die Rede von Unzucht, Ehebruch, Sabotage des Kirchenbaus, Behinderung der Sakramente. Aber der

Semowit von Masowien und andere interessierte »Freunde« des Ordens treten in Rom als Fürsprecher auf. Das Verfahren wird eingestellt.

Jetzt beginnt auch der Umbau der primitiven Forts mit ihren Erdwällen, Palisaden und Blockhäusern in steinerne Festungen. Für die unterworfenen und zwangsgetauften Prußen leuchtet nun kein Hoffnungsschimmer mehr. Aus ihren zernierten Dörfern zusammengetrieben, zu »ungemessenem«, das heißt in Umfang und Zeit unbegrenztem Frondienst gepreßt, auf Befehl des Papstes (Bullen vom 21.1. und 21.2.1260) ihrer Kinder beraubt, falls sie die Arbeit verweigern, müssen sie unter den Peitschenhieben der Ordensvögte ihren gestrengen Herren die Zwingburgen erbauen, die Schandmale ihrer Knechtung. Und die Götter schweigen...

Nichts davon finden wir in den Geschichtswerken unserer Tage. Das vorige Jahrhundert war menschlicher. In J. Voigts »Geschichte Preussens« von 1828 (Band III, Seite 162/63) steht zu lesen:

»Es ist freilich kein Schrei des Jammers, keine Klage des Elends, kein Wort der Verzweiflung des Volkes aus jener Zeit zu uns herübergekommen und es spricht keiner von den Flüchen der Väter und keiner von den Thränen der Mütter; aber die Thaten sprechen, wo die Worte verhallt und die Stimmen der Unglücklichen verstummt sind.«

Für solche Worte, deutsche Worte, kann ein Pruße wie ich nur dankbar sein.

# Das zwölfte Kapitel

läutet mit viel vorder- und hintergründigem Gebimmel den Großen Prußischen Freiheitskrieg ein. Es erzählt von Mord und Brand
auf dem Spukschloß eines wunderlichen Heiligen und läßt ein in
Magdeburg hochgezüchtetes Trojanisches Pferd im Untergrund
verschwinden.

Woran denken Sie bei dem Stichwort *Freiheitskriege?* Sie haben
15 Sekunden Zeit, dalli, dalli! – »Vietnam – Sitting Bull – Johanna
Dingsda – Arminius – Lenin – Simon Bolivar – Ohm Krüger –
Cromwell – Vercingetorix – 1813 ähh...« Stopp! Den Cromwell
und den Lenin müssen wir abziehen, bleiben acht Richtige.

Doch wenn Sie als Telequiz-Matador hier echte Lorbeeren ern-
ten wollten, müßten Sie über einen Freiheitskrieg Bescheid wissen, von dem selbst Ihre Prüfer kaum etwas gehört haben dürften:
über den Freiheitskrieg des Prußenvolkes gegen die deutschen
Unterdrücker, der 1260 losbrach.

Die deutschen Geschichtsbücher kennen nur *einen* Freiheitskrieg, den von 1813 gegen die halberfrorenen und verhungernden
Krüppel der flüchtenden Grande Armée, ein recht makabres
Spiel, und das wäre ohne Mithilfe von Rußland, Österreich, Polen
und anderen auch noch verloren worden. Den stolzen Namen
*Freiheitskrieg* nimmt man immer nur für sich selbst (und da für jeden kleinen Putsch) in Anspruch, dem Gegner enthält man ihn
vor. So heißt denn auch der verzweifelte Freiheitskampf der Prußen in der Geschichtsschreibung nur der »große Aufstand«, und er
gibt Material allenfalls für Nebensätze und Satzteile: ...vor dem
großen Aufstand ... während des großen Aufstandes ... als der
große Aufstand niedergeschlagen war ... In die hehre Leistungs-
schau des Deutschen Ordens paßt diese Sache nun einmal ganz
und gar nicht.

Dabei hat dieser Volkskrieg fast 15 Jahre gedauert, um ein Drittel länger als beide Weltkriege zusammen und halb so lange wie
der berühmte Dreißigjährige Krieg, der dicke Bücher füllt.

Ein alter Pruße wie ich kann nicht anders, er muß versuchen,
dieses Loch zu stopfen. Helfen werden dabei die Ordensquellen,
die unter der Schockwirkung des verheerenden Ereignisses hier
über den Feind etwas gesprächiger sind als gewöhnlich. Helfen
müssen auch Intuition und Phantasie. Was einmal geschah, ist ja
nicht ausgelöscht für immer, irgendwo im Gegenraum zu unserer
Welt lebt und webt es fort in wechselnden Bildern, und gelegentlich mag es auch heute noch – wie einst den alten Sängern – gelingen, einen Hauch davon zu verspüren.

Jeder Krieg hat tiefere Ursachen (die aufgehäufte Pulverladung) und einen äußeren Anlaß (den Zünder). Wo sich ein solcher nicht von selbst findet, da basteln die jeweiligen Kriegsbrandstifter sich einen. Man denke an die Emser Depesche 1870, den Mord von Sarajewo 1914, den (als polnisch frisierten) Überfall auf den Rundfunksender Gleiwitz 1939.

Zunächst die Ursachen.

Wieder verdunkelt sich um die Wende ins siebente Jahrzehnt des 13. Jahrhunderts die Weltlage. Und wiederum sind die Mongolen der »Goldenen Horde« Batus mit im Spiel. Die Rivalitäten in dem mongolischen Weltreich nach dem Tode des Großkhans Ögädäi (1241), die Batu zu jahrelangen Bemühungen um die Absicherung seines Machtbereichs gegen Osten und Süden zwangen, führten zu Aufständen in Rußland und den unterworfenen westlichen Randgebieten Ungarn, Galizien und Polen. Erst 1258/59 kann Berke Khan, der Nachfolger des 1255 verstorbenen Batu, die überfälligen Strafexpeditionen unternehmen.

Die großen Flüsse vermeidend, stoßen Berke Khans Scharen an den Wasserscheiden entlang nach Westen bis zur Weichsel vor, von dort nach Süden auf Sandomir, dann nach Krakau, wo nur die Burg sich halten kann. Bis Beuthen und Oppeln hin wird das Land verwüstet, in geringerem Ausmaß auch Litauen. Das verzehrende Feuer des mongolischen Ansturms, das die Ostvölker nacheinander wieder in die Hörigkeit zwingt, bringt alle die schönen Eroberungspläne von Papst und Orden zum Schmelzen.

Ohnehin ist, wie wir sahen, der Deutsche Ritterorden zur Zeit äußerlich und innerlich geschwächt. Auch mit neuen Kreuzheeren ist kaum zu rechnen, trotz aufwendiger Werbung der Kirche. (Schon für das bloße Anhören einer Werbepredigt gibt es zwanzig Tage Bußerlaß!) Man will nicht mehr »gen Ostland reiten«; im Reich, wo sich ein Haufen Ausländer (Wilhelm von Holland, Richard von Cornwall, Alfons von Kastilien) um die deutsche Königskrone streitet, gibt es genug Rabatz.

Angesichts dieser Totalmisere verfällt der Deutsche Orden in hektische Betriebsamkeit. Mit Herzog Semowit von Masowien, dem Sohn und Nachfolger des 1247 verblichenen Mini-Neros

Konrad, schließt er einen »Rückversicherungsvertrag« und tritt ihm dafür ein Sechstel des Sudauerlandes ab (das er zur Zeit weder besitzt noch besetzt hat). Die Zwangsarbeit beim Umbau der Holzburgen zu steinernen Festungen, mit brutalsten Mitteln vorangetrieben, läßt die prußischen Neuchristen so recht am eigenen Leibe das Kernstück der neuen Glaubenslehre erleben: die Erde als Jammertal. Ins Riesengroße wächst überall im Lande der Haß. Dazu greifen jetzt auch noch die Litauer, die in den Sog des neuen Mongolensturms geraten, zu den Waffen. Anders als die Prußen haben es die Nachfahren des verstoßenen Brudermörders Litwo verstanden, sich in der Not unter einem Führer zu einen. Es ist dies der in Kernow an der Wilja residierende Fürst Mindaugas (Mindowe), Herr von Oberlitauen (Auxtote), einer der gewieftesten Staatsmänner dieser Zeit.

Von Norden und Westen durch die deutschen Ritter in die Zange genommen, im Kreuz die Russen und Polen, hat er so geschickt taktiert und laviert, daß sein Land selbständig blieb. Als es schließlich zu brenzlig wurde, ließ er sich taufen, schloß als neuer Christenbruder »Frieden« und bekam 1253 im Beisein und unter lebhafter Anteilnahme der Ordensprominenz von dem Kulmer Bischof Heidenreich die Königskrone aufs Haupt. Trotzdem vom Orden weiterhin hart unter militärischem Druck gehalten, »verschenkte« der neue Bruder nacheinander »seine« Gebiete: 1257 Schamaiten, das gegen ihn im Aufruhr war, und 1259 das Grenzgebiet Schalauen, in dem er überhaupt nicht hatte Fuß fassen können (Urk. vom 7. 8. 1259). Und bald danach (1260) vermachte er für den Fall, daß er ohne Erben sterben sollte (was sich ja bewerkstelligen läßt!), den deutschen Mitbrüdern sein ganzes Reich. Nun, diese »Urkunden« (die eine interessierte östliche Geschichtsschreibung überdies für Fälschungen hält) sind das Pergament nicht wert, auf das man sie gekritzelt hat, Mindaugas hat bei ihrer Unterzeichnung bereits die Mongolen im Nacken. Als der Steppenwind aus dem Osten Sturmstärke erreicht, tritt er 1260 kurzerhand aus der Kirche aus und erklärt dem Deutschen Orden den Krieg.

Masuren.
Rudczanny, Niedersee mit Königsinsel.

2.

»Zauberspiegel der stillen Seen...«
Foto um 1910 Niedersee mit Königsinsel
(Quelle: Archiv für Kunst und Geschichte, Berlin)

Auch das noch! Und weit und breit kein Kreuzheer in Sicht, kein mutiger Ottokar. Nur aus Estland bietet sich Herzog Karl von Schweden, dem es dort ebenfalls zu heiß wird, mit dänischer Streitmacht als Waffenbruder an. Im übrigen ist man auf unterworfene und zum Kriegsdienst gepreßte Hilfsvölker angewiesen, auf Livländer, Samen und Kuren.

Mit diesem Haufen stellt sich der Orden am 13. Juli 1260 den Litauern in Schamaiten, an dem Flüßchen *Durbe,* zur Schlacht. Gleich zu Anfang stellen die Kuren für ihre Mithilfe Forderungen: Sie verlangen im Falle eines Sieges ihre von den Litauern verschleppten Frauen und Kinder zurück. Ein höchst billiges Verlangen, dem sich die Ordensführung auch nicht verschließt. Doch der geschäftstüchtige Schweden-Karl erklärt: »Schön, aber nicht ohne Lösegeld!« Die Kuren sind äußerst verstimmt, begreiflicherweise, vorsichtshalber postiert das Oberkommando sie in der Nachhut. Nicht vorsichtig genug; denn als der Kampf voll im Gange ist, fallen sie dem deutsch-schwedisch-dänischen Gemeinschaftsheer in den Rücken.

Das gibt den Ausschlag. Die Hilfsvölker kommen allesamt ins Laufen, nur die Deutschen und die Dänen halten noch stand. Nach acht fürchterlichen Stunden sind 150 Deutschritter sowie der Landmeister von Livland und der Ordensmarschall tot, tot auch der Schwede mit seinen Dänen. Auch der samische Edle Scode, den König Ottokar einst so erfolgreich eingekleidet hatte, läßt sich die Gelegenheit zu dankbarem Heldentod nicht entgehen, mit ihm müssen 200 seiner »Leute« ins Gras beißen. Als Nachruf legt ihm unser braver Dusburg Peter (III, 84) folgenden Tagesbefehl in den Mund: »Gedenket der prachtvollen bunten Kleider, die euch die Ordensbrüder geschenkt haben! Wohlan denn, so färbt sie heute mit dem Blut eurer Wunden!«...

Fernsehen im Mittelalter? Jawohl, das konnte man. Zwar ohne technische Hilfsmittel, dafür aber innerlicher und gehaltvoller als heute. So wird denn auch die grausige Schlacht an der Durbe vielerorts auf weite Entfernungen voraus- oder miterlebt (Db. III, 84–87).

Zunächst einmal träumt der Ritterbruder Hermann, aus unbekanntem Grunde »der Sarazene« genannt, seinen Tod ab. Ihm erscheint vor dem Aufbruch des Ordensheeres nach Schamaiten die Jungfrau Maria und lädt ihn »zum Mahle mit meinem Sohne« ein. Er berichtet davon einigen Brüdern und verabschiedet sich für immer: »Lebet wohl, ihr werdet mich nicht wiedersehen!« – Anderenorts, weitab vom Prußenland, erlebt eine fromme Klosterfrau in einer Vision den okkulten Teil des Kampfgeschehens: Sie sieht die Seelen der Gefallenen, von Engeln geleitet, zum Himmel aufsteigen. – Noch Eindrucksvolleres schaut ein einfacher Bauer im Prußenland, als er vor seiner Haustür steht und zum Himmel hinaufblickt. Aufgeregt ruft er seine Familie zusammen und schildert ihr, die selbst nichts sieht, genau den wechselvollen Ablauf der Kämpfe auf dem Erdenplan und das, was sich zugleich in den überirdischen Sphären abspielt. Auch er sieht, wie die Gottesmutter zusammen mit Engeln und Heiligen die Seelen der Gefallenen in den Himmel hinaufführt. Beide Zeugen identifizieren darunter den »Sarazenen« Hermann und einen Ritter von Glisberg und sagen übereinstimmend aus, daß alle Seelen gerettet seien außer einer. »Warum diese eine verworfen wurde, weiß ich nicht«, resigniert der Chronist, »Gott allein weiß es.« Es wird doch nicht etwa unser Kostümfan Scode gewesen sein...

Mit riesiger Beute ziehen die siegreichen Litauer in ihre Wälder ab. Den 14 gefangenen Rittern ergeht es schlecht. Die Würdigsten werden den Göttern zu Ehren lebendig verbrannt, die übrigen verstümmelt und umgebracht.

Wie Donner grollt die Kunde von der verheerenden Niederlage des Ordens an der Durbe über das Prußenland dahin. Die deutschen Christen alle nehmen sie als eine schwere, von Gott gesandte Mahnung und Prüfung, für die Prußen ist sie der erste Schimmer des Morgenrots in der Nacht ihrer Drangsal.

Doch der zündende Funke ist das Menetekel an der Durbe noch nicht. Der wird anderswo geschlagen.

Sitzt da auf der Lenzenburg am Frischen Haff ein Herr Volrad *Mirabilis* (der Wundersame), der Ordensvogt von Warmien und Na-

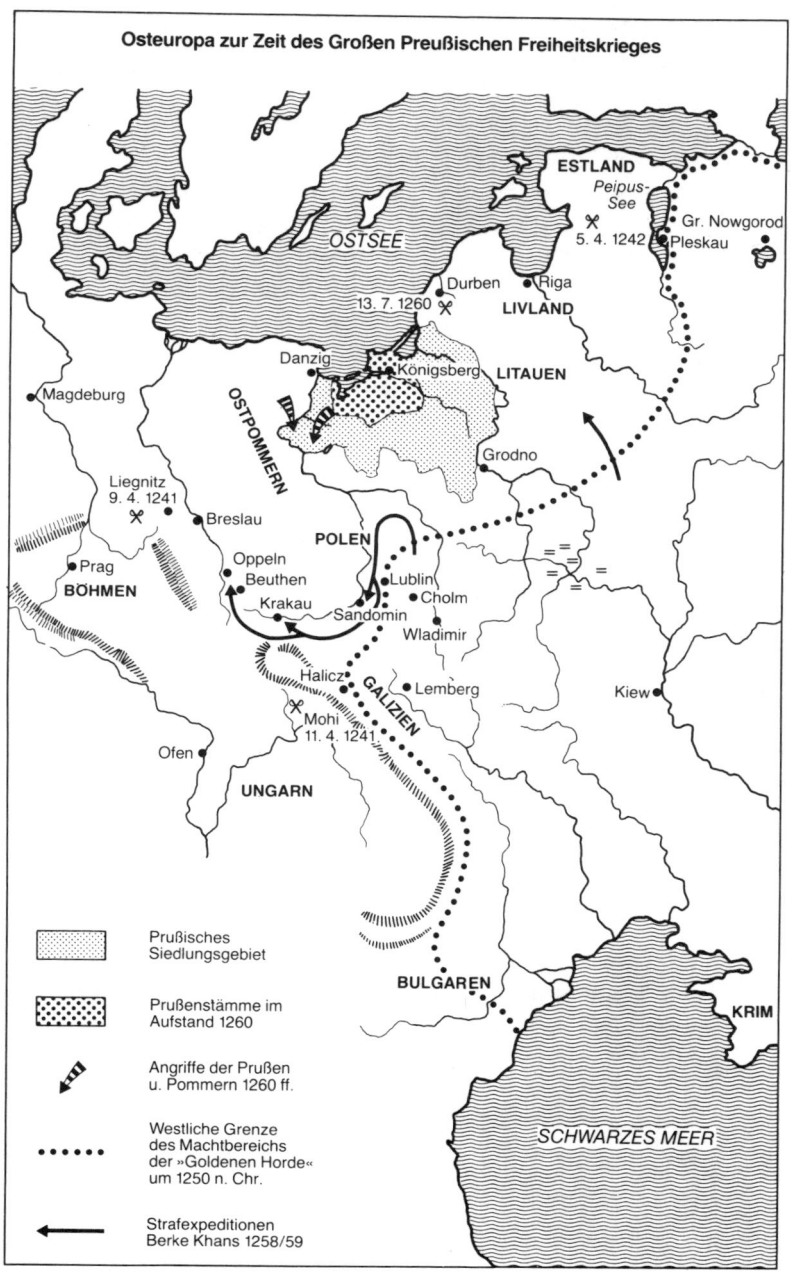

## Osteuropa zur Zeit des Großen Preußischen Freiheitskrieges

Magdeburg

OSTSEE

ESTLAND
*Peipus-See*
✗ 5. 4. 1242
Gr. Nowgorod
Pleskau

Durben
13. 7. 1260 ✗
Riga
LIVLAND

Danzig
Königsberg
LITAUEN

OSTPOMMERN

Grodno

Liegnitz
9. 4. 1241
✗
Breslau

POLEN

Prag
BÖHMEN

Oppeln
Beuthen
Krakau

Lublin
Cholm
Sandomin
Wladimir

Kiew

Halicz
GALIZIEN
Lemberg

✗ Mohi
11. 4. 1241

Ofen

UNGARN

BULGAREN

KRIM

SCHWARZES MEER

Prußisches
Siedlungsgebiet

Prußenstämme im
Aufstand 1260

Angriffe der Prußen
u. Pommern 1260 ff.

Westliche Grenze
des Machtbereichs
der »Goldenen Horde«
um 1250 n. Chr.

Strafexpeditionen
Berke Khans 1258/59

tangen. Bei ihm erscheint eines Tages eine Delegation beider Stämme mit der Bitte um Erlaß des Pflugkorns. Wegen der schweren Scharwerks- und Fronarbeiten habe man die Felder nicht bestellen können. Der Vogt, ein echter Geßler, antwortet hinhaltend und lädt die prußischen Edlen erst einmal zum Abendessen ein. Plötzlich weht ein Windhauch durch den Saal, alle Lichter gehen aus. Dunkle Stille rundum. Dann brüllt jemand los wie am Spieß. Als endlich wieder Licht ist, zeigt der wunderliche Vogt auf sein zerfetztes Gewand (unter dem er, wie üblich und natürlich auch den Prußen bekannt, sein stoßsicheres Panzerhemd trägt). Ein Attentat! Was darauf wohl stehe, schreit er. Na? Na? Die Gäste sind völlig verdattert. Schließlich murmelt einer, der übliche Preis dafür sei ja wohl der Feuertod. »Na, bitte schön!« meint der Vogt. Er entläßt die Prußen und bestellt sie auf ein paar Tage später wegen des Bescheids. Sie kommen auch prompt (!), und wieder gibt es Abendbrot. Plötzlich sind die Türen verrammelt, die Burg steht in Flammen. Ein Saal voll Mord und Brand. Die 50 prußischen Edlen verbluten und verkohlen darin.

So nachzulesen bei Dusburg (III, 88).

Diese Geschichte ist oberfaul, man kann sie eigentlich nur einem erzählen, der sich die Hose mit der Kneifzange anzieht. (Was freilich bei den Gepanzerten damals zuweilen vorgekommen sein mag.) Entweder hat besagter Mirabilis sich die Sache hinterher ausgedacht für den Rapport beim Landmeister. Oder aber er hat – vielleicht im Einverständnis mit höheren Stellen? – den Mordanschlag vorgetäuscht, um die potentiellen Führer eines Aufstandes auf einen Streich vernichten zu können. Wahrscheinlich ist das erste richtig; denn wer wäre wohl so hirnrissig, um nach einem solchen Vorfall – vornehmlich in dieser unruhigen Zeit – bei diesem Vogte Wunderlich nochmals zu Gaste zu sein! Als Faktum bleibt nur das eine: die Vernichtung der alten Führerschicht zweier Prußenstämme durch heimtückischen und bestialischen Massenmord.

Das nun ist der Funke ins Pulverfaß. Jetzt kracht es. Und staunend erleben wir, wie dieses gequälte Volk sich diesmal mit einem

Schlage in fast allen unterworfenen Stammesgebieten gleichzeitig erhebt.

Wie ist das möglich? Was ist geschehen?

Nun, seit dem ersten, vergeblichen Aufstand der westlichen Prußenstämme sind runde zwanzig Jahre »geschehen«. Jetzt beherrscht der Orden das Land bis weit in den Osten hinein, überall wachsen die Burgen, die Städte, die Kirchen der Eroberer. Und mit ihnen wächst in den Unterdrückten und Ausgebeuteten der Haß. Aus der gemeinsamen Not und dem gemeinsamen Haß erwächst das Gefühl der Zusammengehörigkeit. Inzwischen ist auch eine neue Generation groß geworden, ihr glänzt das einstige Leben in froher Freiheit unter den alten Göttern, im heimlich gesungenen Lied, in den Erzählungen der Alten als das Goldene Zeitalter herüber, Gegenstand wilder, sehnsuchtsvoller Träume.

Aus dieser Generation erstehen die Führer des Großen Freiheitskrieges, die der Orden mit einem gnadenlosen, wahrhaft satanischen Haß verfolgt. Kein Wunder. Denn er selbst, der Orden, hat sich in grotesker Verkennung der Lage diese Führer herangezogen.

Wenn man sich eines unterworfenen Volkes vergewissern will, nimmt man Geiseln, das ist nicht erst seit Julius Cäsar so. Der Orden ließ denn auch nach dem Christburger »Frieden« die Prußenfürsten ihren männlichen Nachwuchs abliefern. Material, so dachte er wohl, für künftige Quislinge; denn er schaffte die jungen Burschen geradewegs nach Magdeburg, nicht ahnend, welch ein Trojanisches Pferd er sich da zusammenbastelte.

Magdeburg an der Elbe – Sitz des 962 gegründeten Erzbistums, ostdeutsche Kultur- und Geistesmetropole, Organisationszentrum der Heidenmission. Eine mittelalterliche Großstadt. In der Karfreitagsfeuersbrunst von 1207 niedergebrannt, hatte sich die Stadt inzwischen als ein Phönix aus der Asche erhoben. Der gotische Neubau des Doms zeigte erste Konturen. Den Markt säumten die Johanneskirche, die Stadtkirche, die »Kirche der Kaufleute«, in der angeblich nachts die Toten Gottesdienst hielten, dazu

Magdeburg. Teilansicht von Osten
Aus der Hartmann-Schedelschen Weltchronik von 1493
(Quelle: Archiv für Kunst und Geschichte, Berlin)

die Klöster der Prämonstratenser, Benediktiner, Dominikaner, seit 1221 der Minoriten, seit 1223 der Franziskaner. Nach Norden hin platzte die Stadt aus den Nähten, dort standen oder erstanden laufend neue Kirchen: St. Nicolai, St. Martini, St. Ambrosius; dazu die Hospitäler und unzählige Kapellen... Vielleicht haben Sie einmal per Schiff die Einfahrt in den New Yorker Hafen erlebt: So etwa mag damals die Skyline der türmereichen Stadt hoch über dem Strom auf den Anreisenden aus dem Osten gewirkt haben. Und wie erst auf die schlichten Gemüter zehn- bis zwölfjähriger Bauernjungen!

Magdeburg also, eine Stadt der Kirchen und Klöster, der Klerikalen? So nicht. Oder besser: So nicht mehr! Eben erst, in den letzten Jahrzehnten, haben Handel und Gewerbe die Mitbestimmung errungen. Den großen Innungen der Handwerker und Händler wurde öffentlich-rechtlicher Status zuteil, eine bürgerliche Patrizierschicht aus Großkaufleuten und Ministerialen (Hofbeamten) konnte dem autokratischen Erzbischof, teilweise in offenem Kampf, die Schöffengerichte und eine neue Stadtverfassung abtrotzen. Seit 1241 gibt es Stadtgemeinde und Stadtrat, also schon eine gewisse Form von Demokratie. Magdeburgisches Stadtrecht wird für Jahrhunderte vorbildlich bis weit in den europäischen Osten hinein.

Himmel, wohin sind unsere kleinen prußischen Flachsköpfe verschlagen!

Zunächst einmal nimmt sie das schon 937 von Otto I. gegründete Benediktinerkloster auf, das etwas abseits auf einem »Berg« (ca. 50 m hoch) an der Elbe liegt. Es ist dem Schutzpatron der Stadt, dem hl. Mauritius geweiht und beherbergt die weithin berühmte, altehrwürdige »Moritzschule« (Mauritius = Moritz). Der Nachwuchs aus den allerbesten Häusern Deutschlands drückt hier die Schulbank, getrimmt von allererstem Lehrpersonal in allem Wissen, das die Zeit zu bieten hat: Kirchenlatein, geübt im und am strengen Ritus klösterlichen Lebens, Grammatik, Dialektik (nicht von Karl Marx erfunden!), Rhethorik, Arithmetik, Geometrie, Astronomie. Besonders Begabte werden auf spätere Missionsarbeit spezialisiert. Zu den »Ehemaligen« zählen unter zahlreichen

Bischöfen auch die beiden unglücklichen Glaubensstreiter Woitech-Adalbert und Brun aus Querfurt. Und ausgerechnet da findet nun auch das runde Dutzend kleiner Prußensprößlinge sein Zuhause für lange Jahre. Was die wohl gedacht und gefühlt haben? Jämmerlich werden sie sich gefühlt haben in der Rekrutenzeit eines strengen klösterlichen Reglements, geweint und geflucht (auf Prußisch natürlich, das hier niemand verstand) inmitten einer fremden Welt fremder Götter, gebetet werden sie haben, heimlich, zu den fernen, machtlosen Göttern der Heimat. Später dann, als sie sich auskannten in der Fülle der Engel und Erzengel, der Seraphim und Cherubim, der Heiligen und Märtyrer, als sie lateinisch beten, die lateinischen Psalmen singen, als sie ministrieren und auf Latein respondieren konnten als brave Christenmenschen, wird man die Zügel gelockert haben.

Freizeit! Sich tummeln an den hügligen Ufern der Elbe. Oder untertauchen in dem bunten Gewühl dieser für die Sinne kleiner Landbuben faszinierenden Stadt. Immer kann man dort etwas begaffen und bestaunen. So etwa auf dem Markt der steinerne Reiter, so etwas haben sie noch nie gesehen. Ein mächtiger Herrscher soll das sein, mächtiger noch als einst Waidewud – nämlich der große Kaiser Karl. Dem hl. Moritz zum Trutz haben die Bürger vor einigen Jahren diesen Steinernen hier aufgestellt, so sagen die Leute. Und die zwei Mädchen neben ihm, auch aus Stein, seien zwei von den 10 000, die dem guten Kaiser einst in Spanien gegen einen Heidenkönig geholfen haben. Magdeburg, Mägdeburg… So erzählen die Leute, und den jungen Prußen wird es schwer ums Herz.

Doch die Zauberstadt gibt sie nicht mehr frei. Da gibt es am Tage der Auffahrt des Gekreuzigten den Bürgerumzug hinter der Mauritiusfahne, um die ganze Stadtmark herum, prächtig, unter feierlich mahnenden Glocken. Oder die Jubel- und Trubeltage des Carne vale und dann der Aschermittwoch, an dem in den Kirchen die Priester über den Betenden Asche ausstreuen und man das Niesen kriegt. Oder im Herbst dann das Volksfest zu Ehren des hl. Moritz. Tagelang währt dieses Treiben auf Straßen und Plätzen mit Marktschreiern und Musikanten, Gauklern und Feuerfres-

»Feldbanner des Königs Waidewud«
mit den Abbildungen der drei prußischen Hauptgötter.
Stich aus der Hartknochschen Chronik nach einer Beschreibung
von Simon Grunau
(Quelle: Privatbesitz Dr. W. Schlusnus, Brake)

sern, Betrunkenen, Zigeunern, Bettlern und Taschendieben. Tagelang liegt das Gedröhne der Glocken über der Stadt, in der staubigen Luft hängt der Brandgeruch der Schweine und Ochsen, die überall an den Spießen brutzeln, vermischt mit dem berauschenden Dunst, der aus Weihrauchfässern aufsteigt. Drei riesige Prozessionen durchziehen in dieser hohen Zeit die Stadt, mit goldglänzenden Kreuzen, bunten Fahnen, leuchtenden Baldachinen, und in die Lärmkulisse der Kirchenglocken, in das Klangmeer der sich überlagernden nahen und fernen Gesänge hinein ertönt der Ausruf der mitgeführten Reliquien: Kinnbacken, Zähne, Schulterblätter von Heiligen, Splitter vom hl. Kreuz, ein Fetzen von Christi Passionskleid, Brocken von den fünf Broten der Wunderspeisung... An den Straßenrändern sinkt das Volk in die Knie, überwältigt in tiefer Verzückung. Und mitten drin unsere prußischen Hundsköpfe, stöhnend vor Schauder und Glück –.

Die jungen Prußen wachsen heran in dieser blut- und glutvollen, quirlenden, strahlenden Gottesstadt. Wachsen sie auch in sie hinein? Man sollte es meinen, denn kaum etwas bleibt ihnen hier verschlossen. Mit den Jahren öffnen sich ihnen sogar die Haustüren der reichen, selbstbewußten Patrizierfamilien. Hier, bei den Wusterwitz, Hirtzhals, Lammespringe und wie sie sonst heißen mögen, ist es fast ein Statussymbol, die jungen Exoten aus dem fernen Ostland mit ihren breiten Gesichtern und ihrem breiten, so anheimelnd fremdartigen Deutsch zu Gast zu haben.

Dieses neureiche, stolze Bürgertum, das Handel mit Flandern, Brabant und weit nach Rußland hinein treibt, orientiert sich im eigenen Lebensstil an ritterlich-höfischer Art und Gesittung. Man pflegt die schönen Künste, bietet Gelehrten und fahrenden Sängern ein offenes Haus und übt sich, besonders in der Jugend, im ritterlichen Waffenspiel. Die jungen Prußen gehen hier ein und aus. Im Umgang mit ihren Mitschülern, mit Krämern, Handwerkern und Bauernvolk ist ihnen die niederdeutsche Mundart längst zur zweiten Muttersprache geworden; hier werden sie jetzt auch mit der mittelhochdeutschen Dichtersprache vertraut. Sie hören Lieder und Sprüche des alten Reinmar und des Vogelweiden-Sängers, die Ependichter Hartmann, Gottfried und der große Wolfram beschäftigen ihre Phantasie, vielleicht weht auch der heidnische Atem der Nibelungendichtung sie an. Hagen von Tronje, Kriemhild... ein Saal voll Mord und Brand ... Sieg oder Untergang ... nie aufgeben, nie vergessen...

Zusammen mit ihren deutschen Freunden schulen sie sich im ritterlichen Zwei- und Gruppenkampf, studieren, gewiß unter den wachsamen Augen des Ordens, die Waffentechnik der Zeit. Vielleicht durchlaufen sie auf einer der umliegenden Ritterburgen die Probezeit als Knappen? Vielleicht werden einige von ihnen zu Rittern geschlagen? Von einem wissen wir, daß er das *cingulum militare*, den Schwertgurt, als Zeichen der Ritterwürde trug.

Zwanzig Jahre alt sind diese jungen Männer, vertraut mit allem, was geistliche und weltliche Kultur in der Hochblüte des deutschen Mittelalters zu bieten haben. Junge deutsche Christen, geprägt in den entscheidenden Entwicklungsjahren, bestens vorbereitet für den Einsatz in ihrer Heimat – so rechnet der Orden.

Geht diese Rechnung auf?

Hans Jäger heißt schon, wenn er in New York aus dem Flugzeug klettert, Joe Hunter, sein Sohn versteht nach zehn Wochen kein Deutsch mehr. Ein dreißigjähriger Hitler-Major läßt bereits nach vierzehn Tagen »Umschulung« den großen Stalin hochleben. Also warum sollte die Rechnung des Ordens nicht aufgehen?

Sie geht nicht auf.

Gehirnwäsche, so weiß, weißer geht's nicht – umsonst. Ein zehnjähriges Brillantfeuerwerk intensivster Manipulation – verpufft ins Leere. Die Väter fielen oft genug bei weit geringerem Aufwand; diese Burschen hier fallen nicht. Warum nicht? Wir wissen es nicht. Ostpreußischer Dickschädel? Vielleicht. Unüberwindbares Fremdgefühl, das die ferne Heimat zum Land Orplid erhöht? Vielleicht. Oder sind die alten Götter doch noch mächtig? Oder kam ein Zeichen? Ein Ring, mit Wolfshaar umwunden: »Ein Saal voll Mord und Brand«? Nichts wissen wir, nichts. Und eines Tages sind sie fort. Als »umgeschult« in die Heimat entlassen, gerade jetzt? Als Handwerksburschen, als Bettelmönche verkleidet bei Nacht und Nebel auf und davon? Nun, wir begegnen ihnen nicht auf den Burgen des Ordens, auch nicht bei ihren Familien. Wir treffen sie wieder im prußischen Untergrund.

# Das dreizehnte Kapitel

berichtet über die erste Phase des Großen Prußischen Freiheitskrieges. Sie nehmen als Augenzeugen teil an der Bestürmung zahlreicher Burgen, dürfen einem Freiheitshelden, von dem Sie unter Garantie noch nie etwas gehört haben, die Hand schütteln und müssen zuletzt höllisch aufpassen, um nicht hoch oben auf der Steilküste des Bernsteinlandes an einem deutschen Galgen zu enden.

Wann und unter welchen Umständen die mißratenen Ordenszöglinge aus Magdeburg in ihre prußische Heimat zurückgekehrt sind und was sie da im einzelnen unternommen haben, wissen wir nicht. Was allein feststeht, ist dies:

In der ersten Hälfte des Jahres 1260 treffen sich irgendwo im Prußenland an einem geheimen und mit Sicherheit heiligen Ort (in Natangen?) fünf entschlossene Männer als bevollmächtigte Abgesandte und gewählte Herzöge der fünf Stämme des prußischen Kernlandes – Samland, Natangen, Barten, Warmien, Pogesanien – zu gemeinsamem Kriegsrat. Es ist eine Rütlischwur-Szene, geprägt von der Erinnerung an die glanzvolle Vergangenheit, den großen Waidewud. *Wir wollen sein ein einzig Volk...* Die alten Götter, die alten Sagen, der alte Traum... Erstmals seit der sich ins Mythische verlierenden Vergangenheit wird in diesem Volk über alle Eigensüchteleien der einzelnen Stämme und Sippen hinweg das Gefühl der Gemeinsamkeit wach als Motor künftigen Handelns. Und gewaltig und unhemmbar, dem an den Zwingburgen schuftenden Volk eingeprügelt durch die Peitschen der Fronvögte, schießt die Sehnsucht auf nach der alten Freiheit.

*Wir wollen frei sein, wie die Väter waren.*

*Lieber den Tod, als in der Knechtschaft leben.*

Ein unerhörtes Ereignis.

Aber diese fünf Männer, die da vor ihrem Oberpriester, dem Grive, den Schwur leisten, sind keine Romantiker. Vielleicht lebt in ihrem Haß etwas, was an Schenkendorf, Theodor Körner und Ernst Moritz Arndt denken ließe. Aber weit mehr herrschen da kalte Sachlichkeit, nüchternes Kalkül und penible Planung. Unter den arrogant-kurzsichtigen Augen des Ordens haben die Verschwörer innerhalb ihrer Stämme geschult und gedrillt, sie haben Waffenlager angelegt, Sturm- und Belagerungsgerät beschafft und bereitgestellt. Insgeheim hat man Verbindungen nach auswärts geknüpft, hat die Weltlage analysiert. Und wohl auch die Wetterlage. Denn darauf kommt es jetzt an, Fehleinschätzungen könnten tödlich sein. Ein Heer von 60 000 Mann wie das unter Ottokar im Bunde mit einem eiskalten General Winter würde alle Freiheitshoffnungen ins Nichts zerblasen.

Begabte, gebildete Männer mit kühlem Kopf und heißem Herzen. Heerführer, Staatsmänner. Wer im einzelnen waren sie?

Aufzeichnungen aus diesen Tagen von Prußenhand – kein Zweifel, daß es sie gegeben hat –, auch alle anderen Quellen, die einwandfrei darüber Aufschluß geben könnten, sind vernichtet. Der Orden habe sie allesamt »verbrannt oder eingemauert«, meint dazu der Bettelmönch Simon Grunau (Einl. § 5), »weil er sich schämte«. Der Ordensgeistliche von Dusburg überliefert nur die prußischen Namen, und diese noch voll Verachtung, wie sie Apostaten zukommt. Der Grunau weiß dazu auch die christlichen Taufnamen. Vielleicht hat er sie erfunden, weit eher aber in den Krügen und Bauernkaten der Prußendörfer gehört, denn dort war die alte Überlieferung im 16. Jahrhundert durchaus noch lebendig.

Da ist Nikolaus *Auttume,* der geheime Führer der Pogesanier. Dann Carolus *Glappe* aus Warmien. Der Barterfürst Otto *Diwane,* ein Bärenkerl wohl mit Bärenkräften; denn so nennen sie ihn: *Klekine,* den »Bären«. Dann Ricardus *Glande,* der Herzog der Samländer. Unser fragwürdiger Gewährsmann Grunau zweifelt nicht daran, daß sie alle die Moritzschule in Magdeburg besucht haben und sich von dorther kennen. Glauben wir es mit ihm, vieles, fast alles spricht dafür.

Von einem nur wissen wir mit Sicherheit, daß ihn der Orden in Magdeburg erziehen ließ, dem fünften der Verschwörer, dem Natanger *Herkus Monte.* Er ist der Kopf und die Seele des Ganzen. Seinen Taufnamen Henricus (Heinrich) hat er in Herkus verfremdet, er will kein deutscher Christ sein. Von ihm ist nicht nur das wenige bekannt, was die Ordenschronik in widerwilligem Respekt vermeldet, sondern auch was im Volk durch die Jahrhunderte dahinflackert als verschwelendes Flämmchen. Herkus Monte... Vielleicht entstammt er, wie der Grunau behauptet, dem alten Geschlecht der Monteminer, die auf der Burg *Beselede* (Beisleiden) saßen. Vielleicht ist er aber auch der Sohn eines Natanger Stammesfürsten namens Tyrwaido auf der Burg *Solidau* (bei Kreuzburg)? Vielleicht ist sein Vater bei dem Massaker auf der Lenzenburg umgekommen? *Ein Saal voll Mord und Brand...*

Und Herkus Monte ist Ritter. Wer hat ihn zum Ritter geschlagen? Etwa, wie der ostpreußische Heimatforscher Walter Schlusnus vermutet, in Italien der Hohenstaufe Manfred, ein Sohn des 1250 verstorbenen Kaisers Friedrich II.? Nach einem Sieg über päpstliche Streitkräfte im Jahre 1254 hat sich dieser Manfred vier Jahre später in Palermo zum König von Sizilien krönen lassen und ist eben dabei, gegen Papst Urban IV. die vom Vater ererbte Reichsverweserschaft über Italien zu realisieren. 1260 siegt er bei Montaperto und gewinnt die Schutzherrschaft über Florenz und den größten Teil der Toscana. Doch sein Blick reicht über Italien hinaus, überall wo er kann, zeigt er sich als Gegner genuesisch-französisch-päpstlicher Ambitionen, die sich über den Mittelmeerraum und bis in das romfreundliche Mongolenreich der Ilchane im Iran erstrecken. Verbündete, recht seltsame, sind dem Stauferkönig dabei der ägyptische Sultan Baibars I. und über diesen des Khans Berke »Goldene Horde«, die mit dem iranischen Khanat verfeindet ist und erst kürzlich ihren Einfluß nach Polen und Litauen hinein ausgedehnt hat. Vertrauensmann der nördlichen Mongolen in Rußland ist immer noch der Russenfürst Alexander Newski, Bekenner und Förderer des von Berke tolerierten griechisch-orthodoxen Christentums. 1263 wird Newski sogar in Sarai, der Residenz des Mohammedaners Berke, ein orthodoxes Bistum einrichten dürfen. Sind der russische Fürst und mit ihm der Mongolenkhan Berke die Hintermänner der Vernichtungsschlacht an der Durbe? Ist der Litauerkönig Mindaugas ihr Exponent? Und hat der Newski vielleicht auch im Prußenland seine Hände im Spiel? Schließt sich hier ein Ring? Ist Herkus Monte ein Stein nicht nur auf dem Schachbrett des Russen, sondern auch in dem weltpolitischen Traumspiel des späten Staufers Manfred? Ist dieser zweite »Aufstand« der Prußen, der Große Prußische Freiheitskrieg, eben doch weit mehr als nur ein Aufstand? Fragen zum Nachdenken. Sichere Antworten fehlen.

Die jungen Prußenführer, die gemeinsam den Freiheitskrieg ihres Volkes vorbereiteten und entfachten, glaubten jedenfalls zweifellos gute Gründe dafür zu haben, ihrer Sache sicher zu sein. Gewiß waren sie sich auch im klaren darüber, daß dies hier kein

Abenteuer, kein Blitzkrieg werden würde, sondern ein bitterernstes, vielleicht langwieriges Unternehmen voll Blut, Schweiß und Tränen, geführt gegen einen starken, technisch überlegenen Gegner und auch gegen die Zerrissenheit und mangelnde Standfestigkeit des eigenen Volkes, gegen die Opportunisten und Verräter in den eigenen Reihen. Mit Sicherheit wußten sie, daß dieses hier keine Episode sein würde, sondern Sinn und Inhalt ihres Lebens und daß weder sie selbst noch ihr Volk ein Fehlschlagen überleben würden.

Sie haben nicht überlebt. Aber sie haben tapfer gekämpft, mit einer verbissenen, nie erlahmenden Zähigkeit, mit einem unerschütterlichen Glauben an ihre Mission und einer Ausstrahlungskraft, die das gequälte und vielfach schon in Apathie verfallende Prußenvolk immer wieder zu erstaunlichen Kraftanstrengungen emporriß. Man akzeptiere bitte dieses Pathos! Hier ist Nachholbedarf zu befriedigen, nachdem Glanz und Gloria bisher immer nur den anderen zuteil wurden.

Jetzt jedoch stehen wir erst am Anfang. Ein Schwur ist geleistet. *Wir wollen frei sein, wie die Väter waren!*

Vereinbart und beschworen als Beginn der Erhebung im ganzen Land ist der 20. September 1260.

20. September 1260.
*Das Volk steht auf, die Flammenzeichen rauchen...*

Feuerrot geht dieser Tag auf über den Deutschen im prußischen Kernland. Über den Hufendörfern der Bauern, den Besitzungen der Gutsherren, den Siedlungen im Schutz der Zwingburgen, den Kirchen und Kapellen. Überall im Land flackert der rote Hahn, ziehen die Rauchschwaden über den Himmel, mischt sich in das Sturmgeläut der Glocken das Wehgeschrei der Massakrierten. Fürchterlich ist der Ausbruch aufgestauten Hasses, von entsetzlicher Grausamkeit auf beiden Seiten. Da werden Geiseln verstümmelt und geblendet, Gefangene abgeschlachtet oder gevierteilt, den Priestern dreht man (um ihr »kostbares Blut« nicht zu vergießen!) die Gurgeln ab. In kurzem hat der Feuersturm die deutschen Ansiedlungen hinweggefegt, die Ritter sehen sich in ihre festen Burgen zurückgeworfen. Vieh und Pferde treiben die Prußen in riesigen Pulks davon.

Also doch ein Blitzkrieg? Fast scheint es so.

Ihren Höhepunkt findet diese erste Phase des Krieges in der Acht-Tage-Schlacht von *Pokarben* Ende Januar 1261. Durch die Nachrichten aus Prußenland in helle Aufregung versetzt, hat Papst Urban IV. Hals über Kopf unter Verheißung aller nur möglichen Gnadenerweise ein Kreuzheer auf die Beine gebracht. Nicht gerade imponierend, aber mit einer Reihe edelster Ritter gespickt, landet es in Königsberg an, schifft sich dort aus und marschiert an der Küste des Frischen Haffs entlang. In der Gegend des späteren Ortes Brandenburg bezieht die Streitmacht frohgemut Lager, der größte Teil des Haufens zieht auf Raub aus. Den Rest stellt Herkus Monte zur Schlacht. Der Ordenschronist, noch nach sechs Jahrzehnten schockiert von dem Desaster, flüchtet sich in die Schilderung ritterlicher Heldenstückchen im Stile Ludwig Uhlands: »Zur Rechten sah man wie zur Linken einen halben Türken heruntersinken.« Wir dürfen mitreiten mit dem westfälischen Kreuzritter Stenzel von Bentheim, der – eingedenk einer Bischofspredigt, die den Ostgefallenen direkten Aufstieg in den Himmel ohne Umweg über das Fegefeuer verhieß – sein Streitroß mitten durch die feindlichen Haufen jagt und rechts und links alles niedermäht; bis er schließlich selbst daran glauben muß und das verheißene Ziel somit erreicht. Hoffentlich (Db. III, 91).

Auch der große Julius Cäsar griff schon zu solchen Mittelchen moralischer Aufrüstung, wenn es Schlimmes zu berichten galt. Hier bei Pokarben wird es nicht nur schlimm, es wird fürchterlich: Das gesamte Kreuzheer wird aufgerieben. Nur die Plünderer, die endlich von ihrem Raubzug zurückkehren und nur noch Tote finden, können sich durch die Wälder in die westlichen Burgen und nach Königsberg retten.

Zur gleichen Zeit, am 21. Januar 1261, wird ein beachtlicher Teil dieses Kreuzheeres, der unter einem Grafen von Barby ins Samland eingebrochen war, ebenfalls vernichtend geschlagen.

In Natangen feiert und opfert man.

Und unter den prominenten Gefangenen, die zum Opfer anstehen, erblickt Herkus Monte, das gibt's doch nicht – seinen ritterlichen Gastfreund Hirtzhals aus alten Tagen in Magdeburg! Das Los für das Brandopfer wird geworfen, es fällt, wie es der Zufall oder wer auch immer so will, auf Hirtzhals. Hirtzhals, der den jungen Henricus einmal, so heißt es, unter Lebensgefahr vom Tode des Ertrinkens gerettet hat. Monte läßt nochmals losen. Mit dem gleichen Ergebnis. Das ist kein Zufall mehr, da sind die Götter im Spiel! Unter dem jammervollen Blick des Freundes wagt der Herzog es, gegen das Murren seiner Leute einen dritten Wurf durchzusetzen. Umsonst, auch dieses dritte Mal trifft es den Gastfreund. Und dieser, so sichtbar zum Märtyrer erkoren, ergibt sich nun in sein Schicksal. Er wird auf sein Streitroß gebunden und verbrannt. Und, so berichtet der Chronist (Db. III, 91), aus seinem Munde sei eine schneeweiße Taube zum Himmel aufgestiegen, auch »besagter Henricus« habe das bestätigt. Wem gegenüber, das erfahren wir nicht.

Eine echte Tragödie, würdig eines Sophokles, eines Kleist. Herkus Montes Tragödie. Niemand hat sie besungen.*

Ihrem Mitbürger Hirtzhals (= Hirschhals?) stellten die Magdeburger später einen steinernen Hirsch mit Halsband als Denkmal auf.

Nebenbei: Menschen bei lebendigem Leibe dem Feuertod überantworten, das ist ja wohl die allerfinsterste Barbarei, da sind wir uns alle einig. Im alten Indien mußten Witwe und Gesinde das Flammengrab des toten Herrn teilen. Savonarola, Giordano Bruno und die Jungfrau von Orleans, von den zahllosen »Hexen« ganz zu schweigen, verbrannten auf christlichen Scheiterhaufen. Und bei dem elektrischen Stuhl in »Gottes eigenem Land« handelt es sich doch nur um eine technisch perfektionierte Variante. Und Napalm, und Hiroshima...

Es wird kein Blitzkrieg, leider. Doch diese Erfahrung muß erst gemacht werden. Auf den Burgen sitzen noch die Ritter fest. Deren Kampfmoral scheint allerdings erheblich angeschlagen zu sein.

---

* Jedenfalls kein Sophokles, Schiller oder Kleist. Nur ein Herr Worgitzki, und so ist es auch geworden.

Daß im Barterland der zum Orden übergegangene Pruße *Girdaw* seine Burg (Gerdauen) niederbrennt und sich selbst nebst Familie auf Schleichwegen nach Königsberg davonmacht, besagt da zwar noch nicht viel. Anders ist das aber schon mit *Rößel.* Dort ist der Schreck über die Erhebung der Prußen den Brüdern so in die Knochen gefahren, daß sie, ohne einen Angriff abzuwarten, ihre Burg in Asche legen und sich in den Wäldern verkriechen. Auch die vom Orden eroberten und ausgebauten ehemaligen Prußenburgen *Waistotepil* und *Weisenburg* (Walewona) in Barten sind überraschend leicht zu nehmen.

Und in *Elbing,* dem wichtigen Hafen und Nachschubstützpunkt? Dort nehmen doch tatsächlich zwei der Ordensmänner heimlich Übergabeverhandlungen mit den Prußen auf! Leider kommt die Sache vorzeitig heraus, und Landmeister von Grumbach, der nicht zu Unrecht den Vornamen Hartmann führt, läßt die beiden zur Abschreckung öffentlich verbrennen. Nicht etwa Prußen also zwecks »Wiedergutmachung«, sondern eigene Leute, Ritterbrüder! Das ist nun doch zuviel. Der Papst verlangt die Absetzung des harten Mannes, im Herbst 1261 wird er abgelöst.

Kein Wunder, wenn die gut ausgerüsteten prußischen Heerhaufen, denen ständig Freiwillige zulaufen, die letzten Bastionen der Ritter im Sturm zu nehmen hoffen. Doch diese Zwingburgen sind inzwischen recht solide ausgebaut, die verfügbare Artillerie und das Sturmgerät reichen nicht hin. Eigentlich sollten die Prußen das wissen, denn sie selbst haben diese Dinger ja hochgefront.

Vor *Balga,* das seit eh und je ein harter Brocken ist, werden sie jedenfalls abgeschlagen, obwohl ihr großes Heer unter den Gaufürsten *Scumo* und *Stutze* die Burgbesatzung, die ausgerechnet bei dichtem Nebel einen Ausfall unternimmt, in das Sumpfgelände locken und drei Ritter nebst 40 Bewaffneten erschlagen kann. Auch dem Edlen *Pobrawe,* der es mit Reiterei und Fußvolk aus Warmien und Natangen noch einmal versucht, gelingt es nur, Pferde und Vieh zu erbeuten; er selbst kommt dabei ums Leben. Die Burg hält sich.

Bei *Heilsberg,* dem Sitz des Bischofs von Ermland, der inzwischen jedoch sein Sitzkissen anderswo drückt, will die prußische

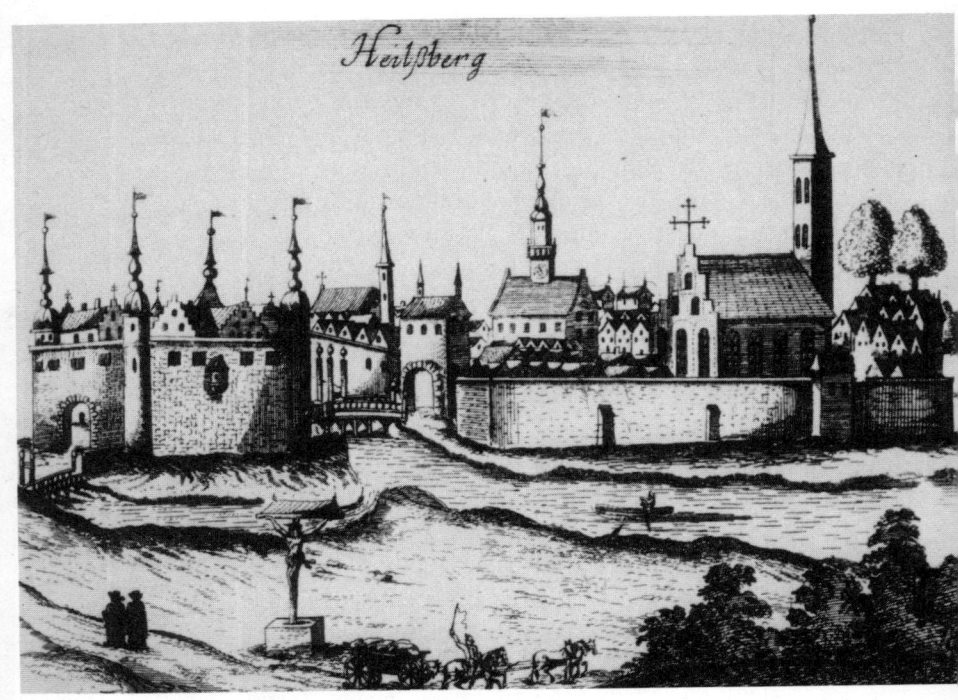

Stadt und Bischofsburg Heilsberg
Stich aus der Hartknochschen Chronik
(Quelle: Privatbesitz Dr. W. Schlusnus, Brake)

Führung es dann genau wissen. Drei Heere, anscheinend unter der gemeinsamen Führung der drei Feldherrn Monte, Glappe und Auttume, berennen den Hochsitz mit allem verfügbaren Gerät, darunter drei großkalibrigen Steinschleudermaschinen, wie sie schon die Antike kannte. Doch es ist nicht durchzukommen. Dann aber siegt überraschend der Hunger. Nachdem die Besatzer ihre 250 Pferde mitsamt den Häuten aufgezehrt haben, geben sie den schönen stabilen Sitzplatz preis und ziehen bei Nacht und Nebel nach Elbing ab.

Dort grassiert immer noch die ganz harte Welle: Zwölf prußischen Geiseln, die von den Heilsbergern mitgeschleppt wurden, sticht man die Augen aus und schickt sie zu ihren Leuten zurück.

Mit *Braunsberg* verläuft es nicht viel anders als mit der Bischofsburg Heilsberg: einen Tag lang vergeblicher Sturm auf die mit Sperren aus Wagen und Baumstämmen verrammelte Stadt und die Burg, dann Belagerung. Auch hier entweichen die Insassen nächtens, brennen aber zuvor alles nieder. Ein 60 Mann starker Entsatztrupp aus Elbing kommt zu spät, um noch irgend etwas zu retten.

Erfahrung macht klug, die prußische Heeresleitung schaltet um. Keine sinnlose Berennung mehr, sondern »offensive Belagerung«. Dazu greift man die alte, einst vor Balga praktizierte Methode wieder auf und verfeinert sie. Rund um die belagerte Burg werden Gegenfestungen angelegt und mit Elitetruppen besetzt. Ausbruchs- und Entsatzversuche sind nun nahezu hoffnungslos. Da das Volk überall in hellen Haufen zu den Fahnen eilt, läßt sich dieses Verfahren bei drei Burgen gleichzeitig praktizieren: bei Kreuzburg, Bartenstein und Königsberg.

Das Unternehmen ist langwieriger, als man erwartet hatte. Der Blitzkrieg ist zum Stellungskrieg geworden. Wer wird länger aushalten?

Die belagerten Burgen sind vollgestopft mit Kriegsvolk, geflüchteten deutschen Siedlern und prußischen Quislingen. Aber man hat auch Vorräte gehortet. Als die aufgezehrt sind, ist das Vieh dran, später die Pferde, schließlich die Felle. An denen brechen sich dann Ritter und »Mitesser« (comedentes) buchstäblich die Zähne aus, wie der Chronist berichtet (Db. III, 95). Trotzdem hält sich die *Kreuzburg* bis 1263. Dann packt die Hungerkünstler die Verzweiflung. Sie rennen gegen den Belagerungsring an und lassen sich niedermachen. Herkus Monte besetzt die Burg. Das starke *Bartenstein* an der Grenze zum Barterland, von 400 Waffenträgern besetzt, von 1300 Prußen eingeschlossen, schafft es sogar bis 1264. In der Zwischenzeit geht es hier lebhaft zu: Jagd auf prußische Kollaboranten, unter denen ein Zwei-Meter-Gorilla namens *Miligedo* bei den Belagerern besonders gefürchtet ist; Aufhängung von 30 Geiseln vor dem Burgtor zwecks Demoralisierung der Angreifer und anderes Schöne. Einmal gelingt es den Eingeschlossenen sogar, die drei Gegenburgen, wo gerade gefeiert wird, zu überrumpeln und die fröhlichen Zecher allesamt zu erschlagen. Doch die Freude ist nur kurz, im Handumdrehen hat man wieder die Schlinge um den Hals, diesmal einen Heerhaufen von 3000 Mann. Schließlich siegt auch hier der Hunger.

Die Ritter sind offenbar schon so schwach, daß sie Halluzinationen haben. Eine himmlische Stimme läßt sich hören: »Juda und Jerusalem, fürchtet euch nicht! Morgen werdet ihr die Burg verlassen, und der Herr wird mit euch sein!« Was sie sich dann auf diese (anscheinend falsch adressierte) Botschaft hin einfallen lassen, verrät nun freilich kaum himmlische Herkunft. Ein alter schwacher blinder Ordensbruder, dessen Tage ohnehin gezählt sind, muß zurückbleiben und zu den Betzeiten fleißig die Glocke läuten. So sollen die Prußen meinen, die Burg sei noch voll besetzt. Der Trick gelingt. In zwei Haufen können sich die Brüder nach Elbing und Königsberg absetzen, sogar mit allen Waffen und dem Kirchengerät. Die Burg bleibt wohlerhalten zurück, die Prußen bauen sie zu ihrem stärksten Bollwerk aus.

Dramatisch entwickelt sich der Kampf um die inzwischen stark befestigte Burg *Königsberg*. (Von der mehrfach verlegten Stadtsiedlung ist nichts mehr übrig.) Hier sind die Samländer unter Glande am Zuge. Mit den bewußten Gegenfestungen sperren sie die Zugänge von der Landseite, doch aushungern können sie die Burg nicht, denn der Wasserweg über das Frische Haff und den Pregel bleibt offen.

Und nun tritt ein, was die prußischen Befehlshaber zwar nicht für wahrscheinlich gehalten, insgeheim wohl aber stets befürchtet und durch einen schnellen Sieg zu unterlaufen gehofft hatten: Ein neues Kreuzheer unter den Grafen Wilhelm (?) von Jülich und Engelbert von der Mark kreuzt zu Schiffe auf. Am 21. Januar 1262, dem Jahrestag der Schlacht von Pokarben, geht es in der Pregelmündung an Land. Wie hat man bei den schlechten Zeiten diesen Haufen bloß zusammenbekommen? Nun, die Konditionen wurden nochmals verbilligt, für die ewige Seligkeit bedarf es keiner Jahresverpflichtung mehr, es genügen diesmal schon ein paar Monate. Eine einmalige Occasion, die wohl so manchen vom warmen Ofen weglocken konnte.

Die Samen tun Kluges: Sie räumen heimlich ihre Wehrschanzen und legen sich zwecks würdigen Empfangs der Friedensstreitmacht in einen Hinterhalt. Doch ein schwerverwundeter Same, den die Kreuzfahrer aufgreifen, verrät die Falle; die Sache geht schief. Kämpfend ziehen sich die Samen auf das Dorf *Kalgen* zurück. Stundenlang tobt dort die Schlacht. Schon wollen die Kreuzfahrer aufgeben, da erscheint, in höchster Not herbeigerufen, die gesamte Königsberger Burgbelegschaft auf dem Schauplatz. Sie gibt den Ausschlag. 3000 tote Feinde meldet der Heeresbericht.

Für Königsberg ist das jedoch nur eine Atempause. Das Kreuzheer hat seine paar Monate Kriegsdienst abgeleistet und schwimmt unbekümmert heimwärts. Die Ritter bleiben allein mit ihren Sorgen, der verlustreiche Sieg bei Kalgen hat keine Entlastung gebracht.

Und nun versuchen die Samen auch noch den Wasserweg zu blockieren. Zunächst mit Schiffen, die den ganzen Nachschub von Elbing und aus dem Kulmer Land wegfangen. Als diese heimlich nacheinander von einem »Froschmann« – nach Grunau einem Spezialisten aus Lübeck – angebohrt und versenkt werden, durch eine an den Ufern mit zwei Wehrtürmen gesicherte Brücke. Von wegen, daß die Prußen sich nicht auf Technik verstehen, wenn es darauf ankommt! Sogar unser Chronist ist beeindruckt und spricht von »erfahrenen und exakten Kriegstechnikern« (viri experti et subtiles in bello, Db. III, 102).

Jetzt zieht Marschall Hunger auch in Königsberg ein. Auch hier wählt die Besatzung schließlich das »Ende mit Schrecken« und setzt alles auf eine Karte. Ein Schiff voll Bewaffneter wird gegen die Brücke losgeschickt, eine plötzliche Sturmbö wirft es gegen das Bauwerk, die Angreifer klettern hinauf, und es beginnt ein Verzweiflungskampf Mann gegen Mann. Schließlich erringen die Ritter die Oberhand. Die beiden Wehrtürme und die Brücke werden zerstört, das ganze überrumpelte Belagerungsheer in die Flucht gejagt. Der Kriegsbericht beziffert die feindlichen Verluste auf 5000 Tote.

Auch sonst ist Erstaunliches zu vermelden. Ein Ordensbruder aus Sachsen (nicht aus Schwaben diesmal) schlägt einem Pruße bei der Verfolgung mit einem einzigen Schwertstreich den Kopf ab, und dieser Kerl ist doch so emsig beim Fliehen, daß er gar nicht merkt, daß er tot ist. Gänzlich kopflos läuft und läuft er und bricht erst nach einer ganzen Weile zusammen. »Darob«, so schreibt der Chronist (III, 103), »verwunderten sich die Brüder und andere, die das sahen, über alle Maßen und versicherten sich gegenseitig, dergleichen noch niemals gesehen zu haben.« Sieht man ja auch nicht oft. Höchstens einmal bei Hitchcock. Oder bei einem frisch geschlachteten Huhn.

Abgeschnittene Köpfe scheinen die christlichen Ritter überhaupt zu faszinieren, wohl nicht erst seit der abenteuerlichen Eroberung des Barbara-Hauptes. Der Ordensgeistliche Dusburg, der uns sonst so vieles schuldig bleibt, hält folgende Begebenheit für erzählenswert:

Bei einem der prußischen Angriffe auf Königsberg kommt einer der bedrängten Ordensstreiter so ins Laufen, daß er seine gespannte Armbrust verliert. Und die »hebt einer der Samländer auf und hängt sie sich um den Hals. Die anderen, die herumstanden, wunderten sich maßlos, was das wohl sei; denn sie hatten so etwas vorher noch nicht gesehen. Von allen Seiten streckten sie die Hände danach aus. Schließlich löste einer den Abzugshebel aus, und die Sehne der Armbrust schnitt dem Träger den Hals durch, so daß er alsbald seinen Geist aufgab. Danach fürchteten die Prußen die Armbrüste mehr als alles andere« (III, 105). Also doch keine

Stadt und Ordensburg Bartenstein
Stich aus der Hartknochschen Chronik
(Quelle: Privatbesitz Dr. W. Schlusnus, Brake)

»erfahrenen Kriegstechniker«, sondern schlichte Dummköpfe? Armbrüste gibt es nicht erst seit Wilhelm Tell, die alten Chinesen kannten sie schon, auch die Römer. Die Ritter waren damit seit Beginn der Kreuzzüge vertraut und ausgerüstet. Vielleicht waren die Informationen, die der Orden dem samischen Reporter auf Balga zukommen ließ, doch recht lückenhaft gewesen. Nicht nur, was den Kohl betrifft.

Kampfkraft und Kampfeswille der Samländer sind durch diese zweite Schlappe vor Königsberg schwer angeschlagen. Vielleicht ist ihr Herzog Glande zu diesem Zeitpunkt schon tot, man hört nichts mehr von ihm.

Auch mit der Koordination der militärischen Operationen will es nun nicht mehr so recht klappen. Als Herkus Monte mit einer starken Natanger-Streitmacht zur Unterstützung der Samen vor Königsberg erscheint, kommt er zu spät und wird in offener Feldschlacht abgeschlagen. Er selbst gerät in einen Zweikampf (doch wohl zu Pferde) mit dem Ritter Heinrich Ulenbusch, trifft ihn mit seiner Lanze und verwundet ihn schwer. Auch Monte wird verletzt; durch einen Speerstoß, den ihm der Knappe des Ulenbusch zufügt. Ritterlicher Zweikampf? Hören wir recht? Gewiß! Dieses Bild behalte man vor Augen und tue das, was der Ordenschronist peinlichst vermeidet: man betätige seine Vorstellungskraft daran!

Aus ist es mit den Samen darum noch nicht, im Gegenteil. Die Burg Königsberg und die wiederbegründete Stadtsiedlung finden so bald keine Ruhe, immer wieder kommt es zu verlustreichen Scharmützeln, zu Überfällen und Plünderungen. Größere Aktionen der Prußen bleiben jedoch aus. So können sich die Königsberger, nachdem der Nachschub wieder läuft, allmählich den Rücken freikämpfen und sich in den Niederungen nach Osten und Süden absichern. Schritt für Schritt wird dann das Samland wieder »befreit«. Zuerst die Gebiete um Waldau östlich von Königsberg, um Wargen im Nordwesten und Quednau im Norden, wo der Orden ja gute Freunde sitzen hat: die Sippe des putzsüchtigen Edlen Scode, der bei Durben den christlichen Heldentod starb.

Mit den Samländern ist das eine recht merkwürdige Sache. Bei

ihnen scheinen die Abwerbungsaktionen der Bischöfe und des
Ordens die größten Erfolge zu haben, zumal die Ordensführung in
einer seltsamen Vorliebe für gerade diesen Prußenstamm den
übertretenden Edlen von jeher besonders weitreichende Privile-
gien zubilligt. Andererseits wiederum erweist sich der Widerstand
gegen die deutsche Kolonisierung als besonders zäh. Das Erschei-
nungsbild der Samen unterscheidet sich merkbar von dem der anderen Prußenstämme. Vielleicht hängt das mit dem starken
Fremdbluteinschlag zusammen, der ihnen von Wikingern und
Dänen zugeflossen ist. In Buch X S. 485 der *Historia Danica* des
dänischen Historikers *Saxo Grammaticus* († 1204) lesen wir:
Unter König Harald Blauzahn (935–985 n. Chr.)»bemächtig-
ten sich nämlich die Dänen des Samlandes. Sie töteten die Männer, zwangen die Frauen, sie zu heiraten, zerrissen alle häuslichen
Ehebindungen, hingen den fremden um so leidenschaftlicher an
und teilten ihr Schicksal mit dem Feind durch gemeinsame Ehefes-
sel. So sehr nämlich erfüllte die Liebe zu den gefangenen Frauen
die Herzen der Sieger, daß sie jedes Heimweh verloren, die barba-
rische Fremde wie ihr Vaterland verehrten, sich den fremden Ehefrauen verbundener fühlend als den eigenen daheim.«
   Der Bernstein war es also diesmal nicht, es waren die samischen
Frauen. Was an denen wohl so Besonderes dran gewesen sein
mag...
   Die kräftige Spritze Germanenblut aus Dänemark könnte mit
schuld sein an dem seltsam gebrochenen, fast von so etwas wie
Haßliebe diktierten Verhältnis zu den deutschen Rittersmännern.
Das»Pro und Contra« geht bei den Samen mitten durch die Familien. Auch durch die des verblichenen Ordensfreundes Scode aus
Quednau. Der ältere Sohn Wargulle ist ein braver Opportunist, er
nimmt dankbar Anteil an dem, was an Land und Leuten für ihn so
von des Ordens Tische abfällt. Aber da ist ein schwarzes Schaf in
der Sippe, der jüngere Scode-Sohn *Nalube,* dem diese ertragrei-
che Fraternisierung zutiefst widerstrebt. Er verläßt Haus und Hof
– was beides Bruder Wargulle mit Absegnung durch den Orden
einkassiert –, geht in dem Nachbargebiet Scoken in den Untergrund und organisiert von dort aus den Widerstand.

Dieser Widerstand ist hart, er bindet die Königsberger Ordenskräfte bis in das Jahr 1268 hinein. Bezirk für Bezirk des volkreichen Landes muß mühsam erobert werden. Schließlich kämpft sich der Orden in das Gebiet von *Pobethen* unweit der Meeresküste hinauf. Fast wäre man bei dem Dorf *Dramnow* (Trebnau) geschlagen worden; aber Ritter Ulenbusch, von dem Zweikampf mit Herkus Monte offensichtlich genesen, hält die Fahne und die Kampfmoral hoch und wird im Heeresbericht namentlich rühmend erwähnt.

An das volkreiche Nachbargebiet *Bethen,* wo ein einziges Dorf angeblich für 500 waffenfähige Männer gut ist, wagt sich die Ordensstreitmacht erst nach Absprache mit den livländischen Schwertbrüdern heran. Und die preschen dann, als die Lage für die Königsberger Ritter kritisch wird, im rechten Augenblick hoch zu Roß über die Kurische Nehrung herbei und geben den Ausschlag. So bricht auch in der Nordostecke des Samlandes der Widerstand zusammen. Selbst Nalube gibt jetzt auf und unterwirft sich. 1299 findet sich auf einer Liste förderungswürdiger prußischer Adliger auch sein Name.

An der Strafexpedition des Ordens gegen den Bezirk *Rinow* im Südwesten des Samlandes – von hier aus hatte man (1268 oder 1269) einen Handstreich gegen die dort neu entstehende Bischofsburg Fischhausen unternommen – sind schon Kontingente zwangsrekrutierter Samen beteiligt.

Zu der Härte des samischen Widerstandes mag eine Maßnahme beigetragen haben, die der Orden schon frühzeitig trifft und die gewisse Motive dieses christlichen Missionskrieges in ein helles Licht rückt. Schon 1260 oder bald danach führt der Landmeister des Deutschen Ritterordens das *Bernsteinregal* ein, nach dem jedes an den Küsten des Landes gefundene, gefischte oder ausgegrabene Stück Bernstein dem Orden gehört und bei Strafe Leibes und Lebens abgeliefert werden muß. Der Bettelmönch Simon Grunau, den Groll der Samen seiner eigenen Zeit über diese Maßnahme des inzwischen verblichenen Ordens im Ohr, erzählt dazu (Tr. I, IV § 3):

Die Brüder des Deutschen Ordenshauses entdeckten einen sol-

Bernsteinfischen unter Galgen
Zeichnung nach einem Kupferstich von 1774
(Quelle: H.G.)

chen Nutzen an dem Bernstein, daß sie sein Sammeln durch Bruder Anshelm von Losenberg, den Vogt von Samland, verbieten ließen bei Strafe des Aufhängens am nächsten Baum; obwohl doch von Anfang an das Bernsteinsammeln winters und sommers für alle frei war. So hielt der Vogt sich denn Knechte mit Femerecht. Diese haben das Recht, jeden ohne Verhör und Befragung zu töten, sofern er auf frischer Tat ergriffen wird. Die Prußen waren das nicht gewohnt, und sie kehrten sich nicht an dieses Verbot, und so suchte denn viel Volk hierzulande seine Nahrung mit (Bernstein-)Fischerei. Wo sie ihn fanden, da nahmen sie ihn. Und wenn sie dabei von den Femeknechten ergriffen wurden, wurden sie alle gehängt.

Seitdem grüßen, auf der Steilküste des Samlands in regelmäßigen Abständen errichtet, die Galgen weithin ins Meer hinaus und geben den Seefahrern sichtbare Kunde von der neuen Freiheit, die jetzt hier im Lande herrscht. Grunau unterstreicht das Gespenstische dieser grausigen Maßnahme, er fährt fort:

So ging das, und dann starb dieser Bruder Anshelm, und noch heutigen Tages rennt zu mancher Jahreszeit ein Gespenst am Strande und schreit: »Oh, um Gott, Bernstein frei, Bernstein frei!«

Wieviel aber für den Orden durch die Einführung des Bernsteinregals so herausspringt, darüber weiß Simon Grunau mit unmißverständlicher Deutlichkeit zu berichten. Hören wir ihn diesmal ungeschönt in seiner eigenen urigen Sprache (Tr. I, IV § 3):

Von diesem bornstein der homeister in Preussen einen grosen geniss (Genuß) hott, wen er eine thonne umb 80 marck gibt me weniger, dornoch (mehr oder weniger, je nachdem ob) der stein gross und (oder) klein ist.

Ab 1264 ist der Nutznießer des Bernsteinregals in dem ertragreichen Küstenstrich um Palmniken der Bischof Heinrich von Samland. Von jetzt an wird in seinem Namen gehenkt.

# Das vierzehnte Kapitel

schildert den zweiten und letzten Teil des Großen Prußischen Freiheitskrieges und gibt Ihnen, sofern Sie inzwischen etwas Mitgefühl mit dem Volk der Prußen entwickeln konnten, Gelegenheit, mit mir zu trauern. Denn am Ende heißt es: »Requiescat in pace!«

Der Fehlschlag vor Königsberg und der Ausfall des in die Defensive gedrängten und ihrer großen Führer beraubten Samlandes zwingen den prußischen Kriegsrat abermals zum Umdenken. Bisher hatte man die Ordensmacht von Osten nach Westen aufrollen wollen, mit Erfolg, wie wir sahen. Natangen, Barten und Warmien sind größtenteils fest in der Hand der Freiheitskämpfer. Jetzt, die wieder erstarkende Besatzung der Königsberger Burg im Rücken, wollen die Prußenherzöge geradewegs an die Wurzel. Wenn die zerstört ist, muß der ganze Baum fallen.

Die Wurzel des Ordensstaates ist das Kulmer Land.

Die neue Strategie bestimmt den Kriegsablauf im folgenden Jahrzehnt. Es wird eine Zeit wechselvoller und zermürbender Kämpfe. Mit dabei sind auf seiten der Prußen (seit 1266) die ostpommerschen Nachwuchs-Herzöge Mestwin und Wratislaw und nach dem Tode des Mindaugas (1263) kurzfristig auch die Litauer. In das Durch- und Gegeneinander sind fast alle Polenherzöge und auch russische Teilfürsten verstrickt. Auch der südöstliche Prußenstamm der *Sudauer* (Jadwinger, Jatwägen, Pollexaner), der bisher, durch den Orden nicht direkt gefährdet, meistens im Abseits gestanden hatte, erscheint immer häufiger auf der Bildfläche. Das alles läßt das politische Spiel ahnen, das hinter den Kulissen abläuft; zu durchschauen ist es nicht.

Schon 1263 bricht Herkus Monte in Verwirklichung der neuen Strategie in das dichtbesiedelte Kulmer Land ein. Ungeheuer ist die Verheerung, ungeheuer die Beute. Riesenpulks von Gefangenen, riesige Viehherden treiben die Prußen mit sich davon.

Dem abziehenden Prußenheer folgt der Landmeister Helmerich von Rechenberg persönlich mit der ganzen Streitmacht des Kulmer Landes und stellt Herkus Monte bei *Löbau* zur Schlacht. Und wieder reißt für Augenblicke ein Vorhang auf, und helles Licht fällt auf diesen einzigartigen Mann. Wir haben ihn als Politiker erahnen können, als Ritter kämpfen sehen, als Freund erlebt. Hier ist nun der überlegene Taktiker. Zuerst verteidigt er sich in einer geschickt gewählten Stellung mit natürlichem Flankenschutz. Dann täuscht er eine Flucht vor, die Verfolger zerstreuen sich, wie erwartet. Von einem Hügel aus verfolgt Monte eiskalt den Verlauf. Ein kurzer Befehl sammelt die prußischen Streitkräfte wieder, sie fallen über die zersplitterten Ordensabteilungen her und vernichten sie einzeln. Auf der Strecke bleiben auch der Landmeister, der Ordensmarschall und fast die ganze übrige Führungsspitze des Ordens.

So etwas ist nicht mit irgendwelchen bewaffneten Horden zu erreichen; dazu gehört Kriegsvolk, gedrillt und geschult, fest in der Hand ihrer Führer und Unterführer, dazu gehört ein eingespielter Befehls- und Nachrichtenapparat, dazu auch eine Bewaffnung, die dem Gegner ebenbürtig ist – kurzum ein Heer. Dieses hat sich der Feldherr Herkus Monte in knapp drei Jahren geschaffen. Hier sehen wir es im Einsatz.

Durch den Sieg der Prußen bei Löbau ist die Ordensmacht im Westen entscheidend geschwächt. Das weitere Planziel der prußischen Heeresleitung ist es jetzt, den Vormarsch der Ritter in den dreißiger Jahren nachzuvollziehen und entlang der Wasserstraße nach Norden vorzustoßen. Dementsprechend verlaufen in den nächsten Jahren die militärischen Operationen. Sie sind wichtig, ja kriegsentscheidend. Denn im Osten ist der Orden nach der Niederwerfung des Samlandes wieder im Kommen. Vergeblich berennt ein starkes prußisches Gemeinschaftsheer, in dem auch Sudauer und Litauer kämpfen, acht Tage lang die Festung *Wehlau* am Zusammenfluß von Pregel und Alle unter Einsatz modernsten Geräts. (Die Chronik spricht von einem »Artillerieduell« und rühmt den »Geschützmeister« Heinrich Taubadel. Nicht gar so erstaunlich, wenn man hört, daß in dieser Zeit Wurfmaschinen von 7–9 m Länge Verwendung fanden und schon die schweren Katapultgeschütze der Römer über 200 Meter reichten.) Jetzt entstehen in den Niederungen um Königsberg und am Wasser neue Ordensburgen: 1265 Tapiau am Zusammenfluß von Pregel und Deime; 1266 eine am Frischen Haff mit Hilfe eines sonst ruhmlosen Kreuzheeres, nach dessen prominentestem Teilnehmer sie Brandenburg (Brandenburg? Ja, Brandenburg!) genannt wird; 1270 schräg gegenüber, am Zugang zur Nehrung, Lochstädt. Auch der Bischof Heinrich von Samland baut sich eine: Fisch-(= Bischofs)hausen (1268).

Das alles kann natürlich nur funktionieren, solange die Nachschubstraße Weichsel, Drausensee, Haff, Pregel frei ist. Übers Meer ist das zu kompliziert, den Königsberger Seekanal und das Pillauer Tief gibt es noch nicht. Mit der Wasserstraße würde man dem Orden auch im Osten den Lebensfaden abschneiden.

Das Skalpell für diese tödliche Operation liegt in den Händen der Barter unter dem »Bären« Divane und vor allem der Pogesanier. Die haben schon beim ersten Sturm der Erhebung in ihrem Gebiet beachtliche Erfolge erzielt. Eine Wehrschanze am Einfluß der Weske in den Drausensee und nach langer und harter Bestürmung auch die Ordensburg Weklitz haben sie erobern und in Asche legen können. Aber der Handstreich auf Elbing, den wichtigen Nachschubstützpunkt, mißglückte ihnen. Und das Schlimmste: Hier vor Elbing fiel, von einer Lanze durchbohrt, ihr »capitaneus«, wahrscheinlich Auttume selbst; denn seitdem hört man nichts mehr von ihm. Von jetzt an hat den Oberbefehl über die Pogesanier der Herzog *Linke* (Linko). A propos: Pomesanien beteiligt sich nicht an dem Freiheitskrieg, hier hält man seit dem Christburger Vertrag von 1249 mehr oder weniger freiwillig zum Orden.

Zunächst geht es um die Sperrung der Weichsel. Hierfür gelingt es den Prußen, die Swantopolk-Söhne Wratislaw junior und Mestwin zur Kooperation zu gewinnen. Dem Vorbild seines großen Papas folgend, kapert Mestwin von seiner neuen Burg Neuenburg höchst erfolgreich die Frachtschiffe des Ordens weg. Dem macht jedoch 1267 ein höchst lästiger Ausländer ein Ende, der böhmische Ottokar.

In den voraufgehenden Jahren hatten es schon zwei Kreuzheere (1265 unter Herzog Albert von Braunschweig, 1266 unter dem Markgrafen Otto von Brandenburg nebst Sohn und Bruder) mit Hilfeleistung versucht. Doch die langfristige Wetterprognose der Prußenführung war richtig gewesen. »Da es die Stunde war, zu der Gott sich noch nicht seines Volkes erbarmen, sondern es weiterhin züchtigen wollte«, klagt bewegt der Chronist (Db. III, 125), »konnten die besagten Fürsten wegen des milden Winters die erbetene Hilfe nicht wirksam werden lassen. So überließen sie denn die treuen Christen im Prußenland den großen Gefahren und kehrten zu ihren eigenen Angelegenheiten (ad propria) zurück.« Immerhin hat der Brandenburger, wahrscheinlich mit seiner Streitmacht übers Meer gekommen, noch den Grundstein zu der Feste Brandenburg am Frischen Haff legen können. Brandenburg, Brandenburg... Recht häufig eigentlich sind sie mit dabei, diese Brandenburger. Tut sich da etwas? Ist da Unrat zu wittern? Dem Orden ist zur Zeit jeder Helfer recht, ihn stört kein Hautgout.

Und nun ist da also wieder unser königlicher Playboy aus Böhmen! Noch einmal läßt er sich herab mit der vollen Arroganz seiner inzwischen rund 37 Lenze. Auch *seine* Pläne und Ziele entbehren ja durchaus des frischen Odol-Atems, der so sympathisch macht. In einem Vertrag vom 19. 9. 1267 hat er Papst Clemens IV. die zukünftige »Herrschaft über alle heidnischen, vom Orden noch nicht unterworfenen Gebiete« abgehandelt. Galindien, Sudauen und Litauen werden genannt. Und der Orden ist verpflichtet, ihm bei deren Eroberung zu helfen! In Litauen darf Ottokar dann einen König nach seinem eigenen Gusto einsetzen; auch ein Erzbistum einrichten, vielleicht, da hat sich der Papst nicht festgelegt. Der Böhmenkönig verspricht dafür seinerseits, an der offenen Ostgrenze eine ständige Streitmacht auf Wacht zu halten. Ein erstaunliches Programm! Es hat, wie bekannt, in unserem Jahrhundert Schule gemacht. Angesichts solch überproportionierter Hilfe schließt der Orden die Augen, schüttelt sich einmal kurz und greift zu. Kein Strohhalm könnte ihm in seiner augenblicklichen Lage zu klebrig sein.

Doch die Blütenträume des Böhmen reifen nicht. Ottokar, der Mitte Dezember 1267 mit Mann und Roß und Wagen aus Prag abrückt, hat wie seine erfolglosen Vorgänger etwas mitzunehmen vergessen: den Winter. Bereits im Schlamm des Kulmer Landes bleibt sein Heer hoffnungslos stecken. Nichts mit Galindien und Sudauen. Und gar Litauen – du lieber Gott! Was wohl geworden wäre, wenn es in diesem Winter tüchtig gefroren hätte, das mag sich ein jeder selber ausmalen. Es hat aber nicht, und die Prußen wußten das im voraus; ihre Priester scheinen sich in der Meteorologie besser ausgekannt zu haben als die Wetterfrösche heute.

Christburg
Links oben die Burgruine, in der (nach Grunau) noch im 16. Jh. die
schuldbeladenen und verdammten Ordensritter schaurig spukten.
Aus Hartknoch
(Quelle: Privatbesitz Dr.W. Schlusnus, Brake)

Mitte Februar 1268 sieht Prag seinen König bereits wieder daheim. Einziger Erfolg: Er hat dem pommerschen Mestwin angst machen können. Der schließt mit dem Orden Frieden und hebt die Stromsperren auf.

Den Tatendrang der Pogesanier und Barter kann die böhmische Episode kaum schwächen. Hier herrscht Bewegungskrieg in Form von Überraschungsangriffen mit schnellen Reiterverbänden und leichtem Fußvolk, bald hier, bald dort. Die Burg Trappeinen (am Platz der späteren Marienburg) wird berannt, die Stadtsiedlung Marienwerder überfallen und zerstört und wieder aufgebaut und wieder zerstört, desgleichen die soeben unter größten Schwierigkeiten erstellte Starkenburg an der Ossa, desgleichen in Pomesanien die Burg Spittenberg, von der niemand mehr weiß, wo sie stand.

Den Rücken frei halten den Kämpfern im Norden die Sudauer, die durch ständige Einfälle dafür sorgen, daß sich die Ordensmacht im Kulmer Land von der Niederlage bei Löbau nicht so schnell erholt und das Land nicht zur Ruhe kommt. Sie erscheinen vor Strasburg, erobern die auf einer Insel mitten im Sumpf erbaute Burg Wartenberg, ferner die Stadt und Burg Löbau, brennen die Ansiedlungen um Thorn nieder und berennen mehrfach Kulm.

Auch von einer litauischen Raubhorde hören wir, die 1262, 30 000 Mann stark, unter der Führung des Mindaugas-Nachfolgers *Troinat* auf diesem Kriegsschauplatz erscheint. In drei Haufen aufgeteilt, bricht sie in Masowien, das auf dem Papier ja noch immer mit dem Orden verbündet ist, in Pomesanien und ins Kulmer Land ein. Hier wird die Burg Birgelau erstürmt. Die wenigen noch übrigen Burgen können sich halten. Wie es draußen im Lande aussehen mag, nachdem dieser Mammuthaufen dort abgeräumt hat, läßt sich leicht denken. Auch dieser Einfall dürfte mit den Aktionen der prußischen Führung koordiniert gewesen sein.

Mit dem Beginn der siebziger Jahre nähert sich der Krieg auf dem westlichen Schauplatz seinem Höhepunkt. Höhepunkt ist der Kampf um das Verwaltungszentrum *Christburg*. Christburg ist das Tor nach Elbing und zum Frischen Haff. Hier geht es ums Ganze, das wissen die Prußen genauso gut wie der Orden. Der bietet aus den umliegenden Burgen alles zur Verteidigung auf, was Beine hat. So mißlingt der erste Sturm der Prußen auf die Burg, der Kommandeur dieses Unternehmens, ein Hauptmann *Colte,* fällt. Doch beim Rückzug der Angreifer wiederholt sich etwas, was nun schon so oft geschah und die großen Taktiker des Ordens doch nicht klüger gemacht hat: Die Burgbesatzung läßt sich zu einer Verfolgung des abziehenden Gegners verleiten und gerät an der *Sirgune* (Sorge) prompt in eine nach altem Rezept gestellte Falle. Über den genauen Schauplatz, den Ablauf und den Zeitpunkt (1271?) streiten sich heute noch die Forscher. Eines aber ist nicht zu bezweifeln: Die Niederlage der Verfolger war verheerend. 12 Ordensbrüder und 500 Kriegsleute gibt der Heeresbericht als gefallen zu, und bei »eigenen Verlusten« bedeutet das in dieser Lage schon einiges.

Die Überlebenden fliehen nach Christburg. Die Prußen setzen nach, sie überrennen die Flüchtenden, auch die Stadt, auch die alte Pomesanierburg. Vor ihnen liegt die Ordensburg, von ganzen drei Rittern und drei Knechten besetzt. Sie liegt da wie auf einem Präsentierteller, man braucht nur zuzugreifen. Der Sieg, vielleicht der Endsieg in diesem Freiheitskrieg ist nah, so nah wie nie zuvor. Da müßte es doch mit dem Teufel zugehen...

Es geht mit demselbigen zu. Ausgerechnet ein gefangen einsitzender pomesanischer Volksgenosse mit dem ominösen Namen *Sirenes,* der sich dazu erst einmal von seinen Fesseln befreien muß, verteidigt wie ein Berserker das Burgtor, bis man endlich die Zugbrücke hochziehen kann. Und da bezweifeln noch Leute, daß Männer die Geschichte machen! –

Auf eine Belagerung der Ordensburg Christburg ist der Barter-Herzog Diwane, der diese letzten Operationen doch wohl geleitet hat, mit seinen leichten Verbänden nicht eingerichtet. Er zieht sich zurück. Und jetzt sind zur Abwechslung wieder die Ritter am Zuge. Schnell aufgebotene Ordenskräfte aus Christburg und Elbing überfallen ihn an der Guber und zersprengen seine Abteilungen. Er selbst entkommt mit knapper Not.

Hier bei Christburg nun frißt der Krieg sich fest. Es gelingt den

Prußen schließlich, Stadt und Burg einzuschließen und die Versorgung aus Elbing auf der Sirgune zu unterbinden. Wieder wird gehungert, und eine Menge Pomesanier hungert innerhalb der Burgmauern eifrig mit. Als es ganz schlimm wird, läßt der Burgkommandant die lästigen Gäste einfach hinauswerfen.

Und dabei sind gerade die Ritterbrüder in Christburg besonders fromme und gottesfürchtige Menschen. Von einem namens Engelko verlautet, daß er zwecks Selbstkasteiung statt normaler Unterwäsche immer ein eisernes Panzerhemd auf dem bloßen Körper trägt, solange bis es völlig abgerieben und durchgerostet ist. Vier Stück davon verbraucht er bis zu seinem Lebensende (Db. III, 146).

Über die Jahre ziehen sich die Kämpfe um Christburg hin, sie verschleißen die Kräfte und schwächen die Kampfmoral bei Freund und Feind. Für eine Erstürmung reichen die Mittel der Pogesanier und Barter nicht hin, die Warmier und Natanger aber sind im Osten gebunden. Auch kämpft man auf fremdem Boden, denn die einheimischen Pomesanier halten sich abseits und helfen trotz der schoflen Behandlung dem Orden heimlich, wo sie nur können. Und sie können offenbar; denn auf der belagerten Burg »hungert« man jetzt mit Erfolg. Wer wird durchhalten? Das ist hier die Frage. Die Zeit arbeitet für den Orden.

Hier vor Christburg träumt unter Schmerzen ein Traum sich aus, der Traum des Prußenvolkes vom Endsieg, von der Vertreibung der verhaßten Fremden und der Wiedererrichtung der alten Herrlichkeit.

Auttume, der Herzog der Pogesanier, ist tot. Auch von seinem Nachfolger Linke hört man nichts mehr. Dem Führer der Barter Diwane begegnen wir später noch einmal mit 800 Kämpfern seines Stammes bei der Belagerung der Ordensburg Schönsee im Kulmer Land. Hier schlägt auch ihm das letzte Stündlein. Der Ritter Arnold Kropf schießt den »Bären« von der sicheren Burgmauer ab. Mit einer Armbrust.

Abermals ist ein Jahrzehnt ins Land gegangen, und die »große Lage«, bisher für die Prußen im ganzen eine Schönwetterlage,

Die Marienburg einst –
alter Stich
(Quelle: Historia-Photo, Bad Sachsa)

verdüstert sich wieder. Die Reihe der milden Winter geht zu Ende, auch das Interregnum im Reich, auch die seit dem Tode Clemens' IV. papstlosen Jahre. Von den Nachbarn ist keine Hilfe mehr zu erwarten. Die feindlichen pommerschen Brüder sind wieder vollauf miteinander beschäftigt, auch die polnischen Fürsten, mit denen sich der Orden teilweise arrangieren kann. Und von Westen her tastet sich langsam, aber zielstrebig eine weitere deutsche Macht nach Osten vor: Brandenburg.

Der neue Papst Gregor X., einer der ganz Großen, später heilig gesprochen, ist entschlossen, im Prußenland dem Spuk nun ein Ende zu machen. Allenthalben wird wieder das Kreuz gepredigt, und die seit 1271 im Westen wütenden Seuchen wecken in vielen den Wunsch nach Luftveränderung. So kommt mit persönlicher Nachhilfe des Hochmeisters unter dem Markgrafen Dietrich (dem Weisen) von Meißen wieder ein Kreuzheer zusammen. Und was für eins! Allein 3000 (dreitausend!) gepanzerte Krieger.

Ist es jetzt aus? Ja, es ist aus.

Aus dem Aufmarschgebiet in Pomesanien kriecht der Heerwurm Ende 1272 auf hartgefrorenem Boden durch Pogesanien und Warmien. Das Land zeigt sich menschenleer, angesichts dieses Mammutpulks hat sich das Volk in den Wäldern versteckt. An der Grenze zu Natangen wird eine Wehrschanze erstürmt. Bei dem Marktflecken *Gerkin* (Görken) richtet man sich ein und verheert von dort aus das Land systematisch und mit großem Erfolg. Nacheinander fallen die prußischen Landfesten. Bei Braunsberg und später noch einmal bei Brandenburg stellt Herkus Monte sich der Übermacht zu aussichtslosem Kampf. Beide Male wird er geschlagen.

Jetzt bricht der letzte Widerstand zusammen.

*»Das Volk gibt auf, die Trümmerhaufen rauchen...«*

Die prußischen Führer, einst umjubelt, sehen sich verlassen, das Volk kennt niemals Dank. Heimatlos, von Verrat bedroht, halten sie sich mit wenigen Getreuen in den Wäldern verborgen.

Eines Tages sind der Komtur von Christburg Hermann von Schönberg und der Ordensritter Helwich von Goldbach mit kleinem Gefolge auf der Jagd, das macht schon wieder Spaß. Da stoßen sie unvermutet auf ein Zelt und darin einen Schlafenden. Es ist Herkus Monte, der prußische Ritter, der Abtrünnige, der bestgehaßte Feind. Sie geben ihm keine Chance. Sie werfen dem Wehrlosen ein Fischernetz über, hängen ihn an einem Baum auf und durchstechen ihn zur Sicherheit auch noch mit dem Schwert...

Ein Bild drängt sich auf:

1525, Bauernkrieg. Florian Geyer, der Schwarze Ritter, der Abtrünnige. Gehetzt und schließlich gestellt auf der Burg seines verräterischen Schwagers Wilhelm von Grumbach von einer Horde betrunkener Ritter. Und abgeschossen aus dem Hinterhalt. Mit einer Armbrust...

Fröhlichen Herzens, so berichtet unser Chronist, machten sich die Ritter davon. »Auf! und lasset uns die fröhliche Botschaft ins Läger bringen ... Der Herkus Monte ist tot. Sassa! der Herkus Monte ist tot.«

Die bis in die Haarspitzen romanisierten Franzosen verehren den Kelten Vercingetorix, den letzten Kämpfer für ein freies und geeintes Gallien (den Cäsar nach sechs Jahren Kerkerhaft in Rom abschlachten ließ wie ein Tier) als ihren Nationalhelden. Bei Alise de Ste. Reine (Alesia) steht, sechseinhalb Meter hoch und aus Bronze, sein Denkmal.

Herkus Monte hat niemand ein Denkmal gesetzt.

– NULLA CRUX, NULLA CORONA –*

Auch Glappe, der Herzog der Warmier, fällt in die Hände des Ordens. Durch Verrat. Der Komtur von Königsberg läßt ihn öffentlich hängen. Auf dem Rollberg. Der hieß noch lange Zeit danach Glappenberg.

Nur in Pogesanien flackert 1273, nach dem Abzug des Kreuzheeres, noch Widerstand auf. Und jetzt – jetzt! – kommt sogar Elbing noch einmal in Gefahr. Doch nun hat der Orden alle seine Kräfte frei, und die sammelt der Landmeister Dietrich von Gandersleben und räumt in Pogesanien auf. Alle Männer, die man aufgreifen

---

* »Kein Kreuz, keine Krone.« – Dieses, sowie die Abschiedsrede der Ritter, ist aus G. Hauptmanns »Florian Geyer« gestohlen. Die Deutung des Spruches überlasse ich Ihnen.

Die Marienburg heute –
Anfang 1945 bei der Verteidigung der Nogat-Übergänge zu etwa einem Drittel
zerstört, später von den Polen restauriert.
(Quelle: J. Nyssen, Essen)

kann, werden erschlagen, Frauen und Kinder verschleppt. Das Land bleibt als Einöde zurück. Zum Schluß fällt auch die Feste Heilsberg, auf der sich nach der Kapitulation der Barter die Pogesanier festgesetzt haben, im Sturm, Gefangene macht der Orden nicht.

Der Krieg ist aus. An der Nogat wächst (seit etwa 1274) die Hochburg der Zwingherrschaft empor, die Marienburg.

»Von da an«, so schreibt der Chronist (Db. III, 174), »ruhte das Prußenland in Frieden. (Extunc terra Prussie quievit in pace.)«

Fürwahr!

# Das fünfzehnte Kapitel

bringt den 53jährigen deutschen Kolonialkrieg zu einem späten,
für den Deutschen Ritterorden jedoch erfolgreichen Abschluß
und gibt dem Verfasser willkommene Gelegenheit zu einer längst
fälligen persönlichen Erklärung.

Krieg aus? Halt, halt, nicht so schnell! Es gibt da noch etwas. Um einen neuzeitlichen Hermann (Göring) zu zitieren: die »Aufräumungsarbeiten«.

Zwar grummelt es noch zuweilen in den unterworfenen Gebieten: so im Samland, wo ein prußischer Kämmerer (der mit westlichen Lösungen solcher Probleme wohl noch nicht vertraut ist) partout zwei Frauen heiraten will; und auch in Pogesanien, wo es 1277 zu einer kurzen, sogar für Elbing nicht ungefährlichen Erhebung kommt. Doch im ganzen sitzt jetzt der Orden im prußischen Kernland – vom Kulmer Land bis nach Natangen und hinauf ins Samland – unangefochten fest. Aber in den waldreichen Randgebieten sind als ständige Bedrohung noch Prußenstämme, die bisher nur sporadisch oder gar nicht in Erscheinung traten: im Südosten die Sudauer, im Osten nach Litauen hin die Nadrauer und Schalauer – nicht gerade existenzgefährdend das Ganze und vom Orden auch nicht so gesehen. Doch Arbeiten fallen da schon an: eben Grenzsicherungs- und Aufräumungsarbeiten.

Aber das Mittelalter, dem hektischen Tempo unserer Zeit noch sehr fern, rechnet auch dabei nicht in Tagen oder Monaten, sondern in Jahrzehnten. Und so dauert es denn noch ein ganzes Jahrzehnt, bis der Orden auch in diesen Gebieten »aufgeräumt« hat. Gründlich.

Zuerst einmal geht es gegen *Nadrauen* (1274). Die Fürsten hat man bereits großenteils korrumpiert und als Kollaborateure gewonnen, so bleibt fast nur noch das führerlose Volk. Und um das kleinzukriegen, dazu müßte doch wohl ein Regionalbeamter wie der Vogt von Samland genügen! Der bricht zweimal in Nadrauen ein, zerstört drei noch widerspenstige Burgen, läßt nach der erst jüngst in Pogesanien erprobten Methode alle Männer erschlagen und Frauen und Kinder als Sklaven wegtreiben – eine Schmutzarbeit, die den jetzt schon zahlreichen berittenen prußischen Hilfstruppen, den sogenannten »Strutern«, überlassen wird.

Das Restliche erledigt der Landmeister Konrad von Thierberg persönlich, nach längerer Belagerung erstürmt und schleift er die starke, von 200 Kämpfern verteidigte Burg *Kaminiswike* (bei Insterburg). Nun ist hier nichts mehr »aufzuräumen«. Die letzten

Überlebenden flüchten, wie übrigens auch viele Pogesanier und Barter, nach Litauen und finden in den Städten Slonim und Grodno eine neue Heimat.

Das Land Nadrauen bleibt als Wildnis zurück.

Danach ist *Schalauen* dran. Auch hier macht der samländische Ordensvogt den Vorreiter. Mit 1000 Mann fährt er von der Deimemündung über das Kurische Haff die Memel hinauf und geht zunächst die Burg *Raganite* (Ragnit) an, die auf einer Anhöhe dicht am Strom liegt. Diese Burg ist früher schon erfolglos von den Russen belagert worden, denn oben auf dem Burghof gibt es einen etwa 900 qm großen Fischteich, der keine Verpflegungssorgen aufkommen läßt. Mit Aushungern ist also hier nichts zu erreichen. Dem Ordensvogt gelingt jedoch ein Überraschungsangriff. Der Besatzung ergeht es nicht besser als den Nadrauern, und auch den Fischen im Teich bekommt der Wandel nicht. »Als die Schalauer noch Heiden waren«, wundert sich der Chronist (Db. III, 181), »floß der Teich von Fischen über; jetzt aber, wo sie Christen sind, quaken dort nur noch Frösche.« Ja, unerforschlich sind Gottes Wege!

Als dann auch noch die Burg *Ramige* an der Memel dem deutschen Expeditionskorps anheimfällt, unternehmen die Schalauer einen Gegenschlag. Mit 400 ausgesuchten Kämpfern überfallen sie zu Schiff die Ordensfeste *Labegow* (Labiau) an der Deimemündung und brennen sie nieder.

Dieser Handstreich ruft nun wiederum den Chef persönlich, den Landmeister Konrad, auf den Plan. Im Winter 1276 startet er eine Großaktion, für die u. a. fünfzehn Schiffe und 1500 schwer gepanzerte Reiter aufgeboten sind. Mit dieser Streitmacht zerstört er die Burg *Sassowe* (Sassupönen?) an der Inster und erstickt so den letzten Widerstand.

Keine dieser Burgen versucht der Orden zu halten und auszubauen. Er entvölkert auch hier das Land und läßt auch hier eine Wildnis als Pufferzone gegen den Osten zurück.

Inzwischen hat sich die Methode der Ordensführung in der Behandlung der Besiegten gewandelt. Das Samland ist nach den verheerenden Abschlußkämpfen immer noch großenteils ein »Raum

Stadt und Ordensburg Labiau
Stich aus der Hartknochschen Chronik
(Quelle: Privatbesitz Dr. W. Schlusnus, Brake)

ohne Volk«, und hier ist »wertvolles Menschenmaterial«. So werden denn die Schalauer aus der Burg Sassowe, soweit noch vorhanden, nicht erschlagen, sondern mit ihren Familien ins Samland zwangsumgesiedelt. Auch hier wieder steht das »erwachende Deutschland« unseres Jahrhunderts (und nicht nur dieses!) in der Nachfolge des Deutschen Ritterordens.

So läßt sich in der Mitte der siebziger Jahre für die deutschen Ritter im Prußenlande alles recht erfreulich an. Doch ein harter Brocken ist da noch zu schlucken, die *Sudauer*. Ihre verschiedenen Anlieger nennen sie auch Jadwinger, Jatwägen, Pollexaner. Sie sind der größte, volkreichste und stärkste Stamm der Prußen, selbständig, selbstbewußt und zäh. Der polnische Chronist Vincentius Kadlubek (um 1200) charakterisiert diese schlimmen Nachbarn im Norden und ihr Land so (IV, 19):
»Es sind aber die Pollexaner (= Sudowiten), ein Stamm der Gethen oder Prußen, ein ganz furchtbares Volk, in ihrer ungeheuren Wildheit noch grimmiger als alle wilden Tiere. Das kommt von den vielen wüsten Einöden, dem völlig verwachsenen Urwalddikkicht und den unzugänglichen, ölig-klebrigen Sumpfgebieten.«
Wir sehen, er schätzt die Sudauer nicht, der Pole Kadlubek. Ich halte mehr von ihnen, weit mehr. Denn es sind meine Leute. Ich bin ein Sudauer.
Selbstbewußt und zäh! Das müssen sie auch sein, denn sie sitzen wie in einem Kessel, rundherum Litauer, Russen, Polen und neuerdings nun auch noch diese Deutschen. Freunde? Feinde? Nun, die Sudauer sind reich, Silber gibt es im Land und die Felle seltener und kostbarer Tiere. Und die Nachbarn im Umkreis sind unruhig und habgierig. Das nötigte seit jeher zu einer rührigen und wendigen Politik: mal mit dem gegen den und umgekehrt und dann im Bunde mit beiden gegen einen dritten. Die andern machten es auch so.
Die Nachrichten darüber sind spärlich und ungenau. 1192 hatte ein Einfall des Fürsten Kasimir II., eines Stiefbruders Mieszkos III., anscheinend Teilgebiete Sudauens von Polen abhängig gemacht; nicht für lange. In den vierziger Jahren des 13. Jahrhun-

derts unternahm der russische Großfürst Daniel von Halicz, der besonders auf schwarze Marderfelle aus war, Expeditionen in das Sudauerland, zuweilen in Kumpanei mit den Masowiern. 1252 stieß er über den Lyckfluß bis an die Grenzen von Barten vor, 1253 bis Raygrod, 1254 bis in die Gegend der Pregelquellen, und auch er zwang die Sudauer vorübergehend in die Tributpflicht. Drei Jahre danach sprach der Papst, weil der russische Daniel um keinen Preis katholisch werden wollte, Sudauen den braven Herzögen von Krakau und Kujawien zu. Und 1257 vereinbarte der Deutsche Orden mit den polnischen Brüdern Kasimir von Kujawien und Semowit von Masowien die schon erwähnte Interessengrenze mitten durch das Sudauergebiet.

Bei so viel nachbarlicher Böswilligkeit kann man nicht ruhig dasitzen, da ist der Angriff immer noch die beste Verteidigung.

So beteiligen sich die Sudauer, wie wir sahen, bereits ab 1260 an dem Prußischen Freiheitskrieg, wenn auch nicht als Eidgenossen, so doch als tatkräftige Verbündete. Gleich zu Anfang des Krieges stoßen sie mit den Pogesaniern bis nach Elbing und Weklitz vor. 1263 kämpfen sie vor Walewona, 1264/65 mit Natangern und anderen vor Wehlau. Und immer wieder im Kulmer Land: vor Wartenberg, Löbau, Strasburg, Thorn, Birgelau, Kulmsee...

Gleichzeitig aber führen sie auch gegen die polnischen Teilfürstentümer Krieg. Im Januar 1262 verheeren sie die Gegend von Lowicz und schlagen die Masowier bei Dlugoszedle, 1266 marschieren sie gegen Plock, 1267 zerstören sie Ciechanow. 1269 brechen sie im Bunde mit Litauern in Kujawien ein. Ja sogar bis Krakau stoßen sie vor, werden dort aber im Juni 1264 von Herzog Boleslaw V. (»dem Schamhaften«) geschlagen. Vor Krakau fällt ihr Herzog *Komat*.

1272 haben sie dann ihrerseits wieder die Russen im Genick, Fürsten aus Halicz, die tief in ihr Land eindringen und Slina erobern. Die sudauischen Edlen *Mintelae, Schjurpa, Mudejko* und *Pestilo* müssen um Frieden bitten.

So etwas verschleißt die Kräfte auch eines so starken Volkes. Aber die Sudauer geben nicht auf, auch nicht, als bei den Bruderstämmen im Norden der Widerstand zusammenbricht.

Empört über die Kapitulation der Barter, schlagen sie sich 1273 bis Bartenstein durch und legen die Burg, die der Orden den reuigen Eingeborenen zurückgegeben hat, in Schutt und Asche. Im Jahre darauf werden sie zusammen mit Heerhaufen aus Nadrauen und Schalauen vor der Wehrburg *Beselede* (Beisleiden) bei Bartenstein, die der neuerdings ordenstreuen Bartersippe der Monteminer gehört, abgeschlagen. 1276 sind sie, diesmal unter ihrem Herzog *Skomand,* dem Nachfolger des gefallenen Komat, wieder im Kulmer Land und gehen dem unfähigen und korrupten Ordenskomtur Berthold von Nordhausen ans Leder. Im Herbst des folgenden Jahres erscheint Skomand nochmals, diesmal an der Spitze eines 4000 Mann starken, aus Litauern, Schamaiten und Sudauern gemischten Heeres. Diesmal zerstört er einige Privatburgen von Lehnsleuten des Ordens, stößt bis Graudenz, Marienwerder, Zantir und Christburg vor und zieht mit riesiger Beute wieder ab; der Orden wagt ihn in offener Feldschlacht nicht zu stellen.

Dieses gelingt jedoch dem Ordensmarschall, dem jüngeren Bruder des obigen Thierbergers, im Winter am Nordufer des Spirdingsees, wo es zu einer blutigen Schlacht kommt; anschließend dringt der Marschall mit seinen 1500 Reitern bis in das Gebiet Mierunsken (bei Filipowo?) vor. Skomand revanchiert sich, 1278 fällt er in Natangen ein. Zwei Jahre lang geht es dann in dem wald- und wasserreichen Galindien und Sudauen hin und her. Die zahlreichen kleinen und großen Seen erweisen sich dabei zugefroren als ideales Operationsgelände, aufgetaut (zuweilen über Nacht) aber als unüberwindliche Sperren – zum Vorteil für den Landeskundigen. 1280 kommt es schließlich zu einem verheerenden Zehn-Tage-Raubzug der Sudauer im Bunde mit den Litauern ausgerechnet durch das Samland.

Das ist nun doch wirklich der Höhepunkt, und die Ordensführung will nun endgültig Schluß machen. So bietet denn der Landmeister Mangold von Sternberg die gesamte Streitmacht des Ordens auf und startet Anfang Februar 1281 eine Großoffensive. Er stößt bis in das Territorium Krasime durch, erstürmt Skomands Burg und brennt sie nieder.

Das ist der Anfang vom Ende.

Halt, nicht abblenden! Volles Scheinwerferlicht auf *Skomand,* den Herzog der Sudauer! Ein bemerkenswerter Mann, dieser Fürst, reich, stolz und gebildet, voll kühner Pläne und voll der Tatkraft, sie durchzuführen. Simon Grunau legt auch ihm einen christlichen Taufnamen bei (Andreas) und will ihn zusammen mit Monte und den anderen prußischen Zöglingen auf der Moritzschule in Magdeburg sehen. Was ganz unwahrscheinlich ist; denn um 1250 hatte der Orden kaum Gelegenheit, Fürstenkinder aus Sudauen als Geiseln zu nehmen. Glaubhafter ist da schon, was Walter Schlusnus, auch ein alter Pruße unserer Tage, zu erzählen weiß. Er hat den Fürsten Skomand und seine Welt in einer farbigen Szene zum Leben erweckt (»In der Halle von Skomentnen«, in »Große Ost- und Westpreußen«, 1959).

Da entsteht vor uns die Burg auf der Halbinsel im Skomentner See mit ihren drei abgestuften Ringwällen; die große, 150 Menschen fassende Halle mit dem reichgeschnitzten Balkenwerk; das kunstvoll gezimmerte Dach mit der Mittelöffnung, zu der von den auf Rosten brennenden Holzfeuern der Rauch aufsteigt. Die bunten Teppiche an den Wänden, die Schwerter, Speere und Schilde, die schweren Silberschalen und Trinkgefäße. Der flackernde Schein der Wachskerzen, der mit Talg gespeisten Tonlampen. Der Duft von Harz und Bienenwachs, von verbranntem Bernstein... Da schreitet die Fürstin durch den Saal zum Hochsitz, in einem Gewand aus blauem Linnen, der Flackerschein der Feuer spielt mit dem reichen Silberschmuck, den sie trägt, weiß wie der Mond schimmert die Perlenkette um ihren Hals... Phantasie das alles, gewiß, aber aufsteigend aus den Urgründen des Blutes, wo die Wahrheit schlummert.

Um ihn, diesen Skomand nun rankt sich Romantisches. Da wird bei den Kämpfen in Sudauen ein Ordensstreiter gefangen, der Ritter Ludwig von Liebenzell. Und der Heide Skomand hängt diesen Gefangenen nicht auf, sticht ihm nicht die Augen aus, verbrennt ihn auch nicht zum höheren Ruhme der Götter. Er hält ihn in Ehrenhaft, lädt ihn als Gast an seine Tafel, nennt ihn Freund und führt lange, ernste Gespräche mit ihm. Eines Tages dann schickt er ihn mit Geleitschutz und guten Wünschen nach Hause.

Erstaunlich!

Wer war dieser Ritter Ludwig von Liebenzell? Ein Goodwill-Reisender in Christentum auf eigene Rechnung und Gefahr? Eine Art Lohengrin? Jedenfalls muß er einmalig gewesen sein, ein Mensch von großer Ausstrahlungskraft. Ein weißer Rabe. Weckt doch allein der Name Liebenzell schon Gefühle von Zuneigung und Vertrauen. (Später freilich, als Komtur von Ragnit und Heerführer in den Litauerkriegen, erscheint er gar nicht mehr so blütenweiß.)

Mit dem heidnischen Fürsten Skomand jedenfalls hat er sich in einer Art Wahlverwandtschaft getroffen und ihn zutiefst beeindruckt. Arg verunsichert, verläßt der Sudauerfürst bald darauf mit seiner ganzen Sippe die Heimat und setzt sich nach Rußland ab. Zwei Jahre später kehrt er nach Sudauen zurück, verzehrt sich noch eine Weile in fruchtlosen Kämpfen und läßt sich dann taufen. Der Orden siedelt ihn um und belehnt ihn als »Großen Freien« mit dem Gut Steynio (Groß-Steegen). Hoch geehrt, lebt er dort mit seinen drei Söhnen bis 1285. Im benachbarten Kanditten soll er unter einer uralten Linde begraben liegen.

Damit ist die Geschichte immer noch nicht zu Ende. Im Winter 1283 bricht der jüngere Thierberg als frisch gebackener Landmeister in die Gegend des späteren Lyck auf. Die Ordensstreiter verwüsten das Gebiet Silie und töten den Nachfolger Skomands, den Herzog *Wargole* (Wadole). Und wieder ist Ludwig von Liebenzell dabei, und wieder gerät er in Gefangenschaft. Schwerverwundet lassen ihn die Brüder im Schnee liegen, Sudauer finden ihn, legen den Halbtoten über einen Pferderücken und liefern ihn bei dem Fürsten *Kantegerde* ab. Der pflegt ihn gesund. Und als der Thierberg nebst Heer abermals im Lande erscheint, tritt ihm Kantegerde, den Freund an der Hand, strahlend entgegen. Mit 1600 seiner Leute läßt er sich taufen und umsiedeln. Wohin, das werden wir in Kürze erfahren.

Die Geschichte mit dem Liebenzell ist gut. Sie breitet über die Schlußphase des deutschen Kolonialkrieges einen versöhnlichen Schimmer von »Ende gut, alles gut«.

Aber *so* gut ist das Ende nun doch wieder nicht, es gibt da einige Schönheitsflecken. Auch der Fürst *Gedete* auf der Burg *Kimenowe* ergibt sich, läßt sich taufen und will umsiedeln. Aber kaum ist das Ordensheer abgezogen, erschlägt er die Begleitmannschaft und türmt nach Litauen. 1284 gibt dann auch der letzte Sudauerführer, *Skurdo*, auf. Er sammelt die Reste seines Volkes, zerstört alles und wandert nach Litauen ab. Diesen beiden stand kein christlicher Freund zur Seite, um ihnen den rechten Weg zu weisen...

Sehen wir die Sache nüchtern! Nach dem Endsieg des Ordens im prußischen Kernland hat Sudauen keine Chance mehr. 1279 kommt eine furchtbare Hungersnot über das Land, die Russen schicken Getreide. Und nicht nur der Orden führt ab 1281 die entscheidenden Schläge, 1282 werden sie auch von Leszek »dem Schwarzen«, Herzog von Krakau-Sandomir, auf der Westseite des Njemen entscheidend geschlagen.

Es spricht für den Wirklichkeitssinn und das Verantwortungsgefühl dieser letzten Sudauerfürsten, daß sie wissen, wann man aufgeben muß.

Die überlebenden Sudauer werden, soweit sie sich nicht nach Osten abgesetzt haben, ebenfalls umgesiedelt, zumeist in die Nordwestecke des Samlands. Das Gebiet heißt noch bis in unser Jahrhundert hinein der »Sudauerwinkel«.

Auch Sudauen wird Wildnis für hundert Jahre, der »Grüngürtel« um das Ordensgebiet, erwachsen auf verbrannter Erde, hat sich geschlossen.

Nach einem halben Jahrhundert grausamer Kämpfe ist das Prußenland von den Deutschen erobert, das Volk der Prußen unterworfen in alle Ewigkeit.

Zwar kommt es in den Jahren 1286, 1292 und 1295 noch zu lokalen Empörungen, doch der große Krieg ist nun wirklich aus. Ein Krieg, in dem die Prußen »bewiesen haben, daß sie das zäheste und mutigste Volk des ganzen geographischen Raumes waren, das Volk, das die Ostseeherrschaft vor allen anderen verdient und in der Geschichte Osteuropas gewiß noch einmal eine Rolle gespielt hätte« (Schreiber).

Von jetzt an heißt das Land *Preußen*.

251

Nun wird es auch für mich Ernst. Die versprochene Erklärung ist fällig.

Hier stehe ich und kann nicht anders: Ich bin ein Pruße! – Ha, selbsternannt, wie? – Meinetwegen »selbsternannt«, ja! Und warum? Weil ich es nicht ertragen kann, daß hier ein ganzes Volk einfach auf den Müllhaufen der Geschichte geworfen wird. Weil es an der Zeit ist, daß Geschichte nicht immer nur von den Siegern geschrieben wird, sondern auch einmal von den Besiegten. Die der Indianer von den Indianern. Und die der alten Preußen nicht nur von Deutschen oder Polen oder Russen, sondern von einem Preußen.

So bin ich ein Preuße.

Als solcher mußte ich einen Haufen Helden ab- und ein paar andere aufbauen, wenn nicht um der Gerechtigkeit, so wenigstens um der Balance willen. Und als solcher habe ich, natürlich, Erhebliches gegen den Deutschen Orden. Nicht weil es ihn gab. Dieses Gewaltchristentum, diese penetrante Mischung von oft genug tiefehrlicher Frömmigkeit und unmenschlicher, ja bestialischer Brutalität gab es auch anderswo und zu anderen Zeiten, und sie muß aus ihrer Zeit verstanden werden. Nicht also, weil es ihn gab; sondern weil man bis heute in deutschen Landen mit ihm und seinem fatalen Erbe nicht fertig geworden ist. Darum!

Selbsternannt also, bitte schön. Aber nicht nur. Ein bißchen mehr ist schon dran. Nicht nur die fünfzig Prozent Preußenblut, die jeder Ostpreuße in sich hat. Ich schätze, bei mir sind es ein paar Prozent mehr. Und die machen es wohl.

Wie ich darauf gekommen bin? Tja – da fängt es bei Leuten meiner Generation an, immer ein bißchen peinlich zu werden. Dreißiger Jahre, »Drittes Reich« . . . Stichwort diesmal: Nachweis der »arischen« Abstammung.

Was das war, wußte so genau niemand. Man wußte nur, was es nicht war. Ein Japaner wäre als »Arier« zur Not noch durchgegangen, nicht aber ein Jude, auch wenn (oder eben weil) seine Vorfahren schon seit Jahrhunderten in Deutschland als Deutsche lebten. Und wer nun etwa unter seinen Ahnen einen Großelternteil (Wo steckt bloß der Kerl, der dieses Wort erfunden hat!) – wer also ei-

Sudauischer Silberschmuck,
gefunden in Skomenten, Kreis Lyck
Aufnahme aus dem Prussia-Museum in Königsberg
(Quelle: Ostpreußen-Verlag, Hamburg)

Eintragungen über Dymstein
ab 1387 im Pfennigschuldbuch der Ordenskomturei Christburg
(Ordensfoliant 161, Nr. 95a)
Text des 1. Abschn.: Kretill, Wenalge, Jacob, Helwig, Mertin Girlachs Sohn schulden 9 Mark und 5 ½ Schot aus dem Erbe mit gesamter Hand und sollen alle Jahre auf Weihnachten 5 Mark geben, bis daß sie bezahlen. Sie haben gezahlt 2 Mark im Jahre (138)8.

nen solchen oder mehrere jüdischen Glaubens hatte, der ... man erspare mir hier das weitere, wir wissen es alle, und unsere Kinder und Kindeskinder werden noch daran zu tragen haben. *Eine* Wirkung nun hatte diese Ausgeburt pervertierter Gehirne: eine Wissenschaft, die bisher ein rechtes Mauerblümchendasein geführt hatte, die Sippenforschung, wurde über Nacht zum Volkssport. Für Sport hatte ich schon immer etwas übrig. Und so radelte ich denn in den Sommerferien, den Ahnenpaß in der Tasche, über die sonnigen Landstraßen des Preußisch-Holländer Oberlandes und der Elbinger Niederung von Pfarramt zu Pfarramt, meinen Ahnen und Urahnen unerbittlich auf der Spur. Und wie das jeder Kriminalkommissar bestätigen kann, man bekommt Spaß an solcher Fährtenlese.

Im Kirchenbuch A von Hirschfeld im Kreis Pr.Holland hatte ich sie dann. Sie saßen in dem Dorfe Schönfeld als Bauern, die Gerlachs, und zwar schon seit der Zeit vor dem Dreißigjährigen Kriege. Lückenlos. 1615 hörte das Kirchenbuch auf oder besser: fing an, und ich schied von Hirschfeld mit dem, wie sich zeigen wird, begründeten Verdacht, sie könnten dort oder in weiterem Umkreis auch schon früher gesessen haben.

Ich machte also weiter, jetzt nur noch aus reinem Spaß an der Sache.

Eines Tages stieß ich dabei auf das *Preußische Urkundenbuch* und in ihm unter der Ziffer 472 auf unseren sudauischen Freund *Kantegerde,* dem der Landmeister Konrad von Thierberg da höchstpersönlich im Jahre 1285 das »Feld Powunden mit Äckern, Wiesen, Weiden und Wald« zur freien Nutzung verschreibt. Ausstellungsort Preußisch Holland (Pazlok).

Preußisch Holland? In der Gegend saß doch meine ganze Sippe! Sehen wir mal weiter. Ziffer 471. Wiederum werden da Sudauer als »Freie« belehnt. Im gleichen Jahre. Und gleich vier auf einmal, wohl Mitglieder einer Sippe: Muntigin, Tholeike, Schare und Prodwele. Mit dem »campus Dymsteines«. Dymstein, das ist das spätere *Stein,* und das liegt nun mitten drin...

Rund hundert Jahre später, als es mit der »Freiheit« der »Freien« nicht mehr viel ist und rechts und links schon überall deutsche

Bauern siedeln, sitzen auf Dymstein immer noch Prußen. Das weist das Pfennigschuldbuch der Komturei Christburg (in dem handgeschriebenen Ordensfolianten), in dem die Zahlungs- und Lieferungsauflagen sorgfältig verzeichnet sind, für die Jahre 1384 ff. aus. 1384 sind es die Freien Tolnik und Helwig, 1385 kommt noch ein Jacob dazu und 1386, man höre, ganz schlicht und einfach der Freie Gerlach (Bl. 161 a). Er scheint bald danach gestorben zu sein, denn alsbald wird neben Kretill, Wenalge, Jacob und Helwig »Girlachs zon (Sohn)« Mertin als Schuldner erwähnt. 1405 stottert dieser Gerlach-Sohn Mertin Gelder ab, die er »in der Winterreise zu Samayten« vom Orden geliehen hatte.*

Ich weiß, zwischen diesem Sudauer Gerlach-Girlach und jenem ersten Gerlach im Hirschfelder Kirchenbuch klafft ein Loch. Kleine 210 Jahre. Na wenn schon! Ich überspringe sie mit Leichtigkeit. Ich weiß, ich bin ein Preuße.

---

* Vielleicht wundert sich jemand über die deutschen Namen (Jakob, Martin, Helwig), die da inmitten der prußischen auftauchen. Die Prußenkinder haben sie von einflußreichen deutschen Taufpaten, denen man sich verpflichtet fühlte, erhalten und wurden sie nie wieder los. (Auch so kann man ein Volk umbringen!) Auch *Gerlach* ist so ein deutscher Vorname. (So ist etwa um die Mitte des 14. Jahrhunderts in Sassen ein *Gerlach von Partazschin* als Lokator tätig.)

# Das sechzehnte und letzte Kapitel

hält Nachlese. Bis zum Jahre des Unheils 1945 und darüber hinaus. Was es da noch nachzulesen gibt, lese man bitte nach!

Der für den Deutschen Ritterorden siegreiche Ausgang des Kolonialkrieges im Osten bedeutet das Ende der Prußen als Volk. Der Masse der Übriggebliebenen gewährt man kein Lebens-, höchstens ein Überlebensrecht. In strenger Apartheid gehalten, kümmern sie in ihren Reservaten dahin. Ihr Brauchtum, »heidnisches« Brauchtum, wird erbarmungslos verfolgt, ihre Heiligtümer in den Wäldern werden niedergebrannt, die Priester gejagt und erschlagen, keine Lieder mehr, keine Feste. Heiden können durch die Taufe Gnade finden, für getaufte Abtrünnige, Apostaten gibt es keine Vergebung. Fronarbeit, Kriegsdienst ... ein Helotendasein. Man blättere zurück zum Kapitel 9! Kaum spricht man noch von den Prußen, obwohl sie doch noch für lange Zeit den Großteil der Bevölkerung stellen. Nur ihres Namens bemächtigt sich der Sieger in einer makabren Weise: *Preußen* – Ordensstaat Preußen. In diesem Namen leben sie fort.

Der Deutsche Orden aber erlebt in dem folgenden, dem 14. Jahrhundert, wie allenthalben zu lesen, seine »Blütezeit«, die selbst die Pestwelle von 1313 (die im Lande sogar zu Menschenfresserei führt) nicht unterbrechen kann. 1309 zieht der Alleroberste, der Hochmeister, aus dem Nahen Osten vertrieben und in dem Refugium Venedig nicht heimisch geworden, in die neu erstellte Marienburg als ständige Residenz ein.

Ein für den Orden unrettbar positiv aufgeladener Heimathistoriker, B. Schumacher, bezeichnet die Hochmeister dieses Jahrhunderts allesamt als »kraftvoll und weise«. Kraftvoll mag hingehen. Aber weise? Wenn man in »weise« einen angemessenen Ausdruck für politische Gerissenheit erblicken will, dann waren diese Ordenshäuptlinge in der Tat weise. Sowohl innen- als auch außenpolitisch erwiesen sie sich als perfekte Macher modernsten Formats. Der nach den Plänen ihres genialen Hochmeisters Hermann von Salza nunmehr verwirklichte Staat stellte Dinge auf die Beine, von denen man anderen Orts noch Jahrhunderte später vergeblich träumte. In Stichworten: eine monarchische, zentralistische Regierung; ein hierarchisch aufgebauter, disziplinierter Verwaltungsapparat; ein für die verschiedenartigen Untertanen geschickt differenziertes Rechtswesen; einheitliche Münze; perfekte Planification in der Landbesiedlung, in Hoch- und Tiefbau... Die Handelsstädte Kulm, Thorn, Elbing, Braunsberg, Königsberg blühen auf, ihre Schiffe mit Holz, Getreide und Bernstein fahren nach England, Flandern und Norwegen. Und immer neue Städte, deutsche Städte, kommen dazu, allein in zwei Jahrzehnten 17 an der Zahl. Anno 1410 sind es insgesamt 85.

Auch in das flache Land ziehen die Deutschen nun endgültig ein. Bis zum Ende des Jahrhunderts ist das prußische Siedlungsgebiet der Kerngaue überzogen mit einem Netz deutscher Zinsdörfer, das sich von der Weichsel bis hinauf zum Kurischen Haff spannt. Ein Narr, wer das alles in seiner Bedeutung schmälern wollte. Es zu preisen, dazu hat ein Pruße wie ich keinen Anlaß. Denn die Prußen haben an alledem keinen Teil. Die deutschen Städte und Dörfer sind ihnen immer noch versperrt (siehe die Landesordnungen von 1427 und 1441), und wenn es ihnen in ihrer angestammten Heimat zu eng wird, dürfen sie im Süden, im Urwald des Wildnisgürtels roden.

Eiskalt und skrupellos zeigen sich die »weisen« Ordenslenker auch in der Außenpolitik. Mit dem Feigenblättchen der Heidenmission ist es jetzt nichts mehr, Heiden sind in Europa kaum noch zu finden. In den Kämpfen dieser Zeit geht es allein um nackte, brutale Machterweiterung. Man könnte sagen: Das tun die andern auch, damals wie heute. Gewiß. Aber diese anderen tragen wenigstens nicht so penetrant aufdringlich das Kreuz, das Symbol christlichen Glaubens und Handelns, vor sich her.

Hauptziel ist für den Orden jetzt die Anbindung des neuen Staates im Westen an das Reich, im Osten an die Filiale Livland. Vordringlich sind die Aktionen im Westen, als erstes ist Pommerellen an der Reihe, das Land des inzwischen verblichenen alten Widersachers Swantopolk. Dessen Brüder und Söhne sind dort in fröhlichen Familienstreit um das Erbe verstrickt. Die vielen begehrlichen Blicke rundum schrecken sie dabei nicht, im Gegenteil: der eine schmiert sich an Brandenburg heran, der andere an Polen oder umgekehrt oder auch an beide gleichzeitig.

Auch Böhmen mischt da mit und natürlich der Orden. Als 1294 Mestwin II., des großen Swantopolk Sohn und Nachfolger, stirbt, weiß niemand, wem was nun eigentlich versprochen ist. Als erster rückt, auf Erbrechte pochend, der Polenkönig *Wladislaw Lokietek* (»der Kurze«) ein. Der eingesessene Adel sähe aber lieber die Brandenburger im Lande. Die marschieren auch stracks von Stolp und Rügenwalde aus nach Danzig, die rund 20 000 Bürger der deutschen Stadt öffnen ihnen freudig die Tore. Auf der Burg jedoch haben sich die Polen des Wladislaw eingenistet. Und die rufen jetzt ausgerechnet den Deutschen Orden zu Hilfe! Der kommt auch prompt, grault zunächst die Brandenburger hinaus, feuert anschließend auch die Polen, kassiert Burg und Stadt ein und in einem Aufräumen auch Dirschau und Schwetz und läßt sich dann den ganzen Packen von den Brandenburgern für 10 000 Silbermark verkaufen. (Zu dieser Zeit schwimmt er noch im Geld.) Wenn das nicht »weise« ist... Und alles unter Christenbrüdern! Das Massaker, das der Orden dabei unter den deutschen Danzigern anrichtet, bringt ihm jahrelangen schweren Ärger mit dem Papst ein. Doch die Landbrücke zum Westen ist hergestellt.

Im Osten, gegen Litauen, will das jedoch nicht klappen. Kreuzzüge lassen sich dafür nicht mehr organisieren, und die über 100 Kilometer breite Wildnis, durch die nur ein einziger befahrbarer Handelsweg nach Kowno führt, erlaubt keine großen Operationen. Was da militärisch unternommen wird, nennt sich bezeichnend »Reisen«. Es sind Safaris zur »Frontbewährung« für deutsche Fürsten, die um ihre Reputation bemüht sind. Einer von denen ist der österreichische Herzog Albrecht III., der auch gleich seinen Hofdichter mitbringt. Das liest sich dann so:

> Das Heer bracht manchen werten Gast
> in ein Land, das heißt Schameit,
> da fand man eine Hochzeit.
> Die Gäste kommen ungebeten,
> ein Tanz mit Heiden ward getreten,
> daß ihrer sechzig blieben tot,
> danach das Dorf von Feuer rot,
> hoch in die Lüfte stieg die Flamm'.
> Ich wär nicht gerne Bräutigam
> da gewesen, auf mein Wort,

leicht wäre von der Braut ich fort.
Da sah man Rauch und Brand.
Der Graf von Zilli, Hermann genannt,
das Schwert aus der Scheide zog
und schwenkt es in den Lüften hoch
und sprach zu Herzog Alberecht:
Besser Rittersmann als Knecht!
und schlug den ehrenreichen Schlag;
da wurden an dem selben Tag
vierundsiebenzig Ritter.

So munter geht's da zu auf diesen Vergnügungsreisen, von denen
eine sogar bis über Grodno hinausführt. Und die zum Kriegsdienst
verpflichteten prußischen »Freien« sind auch hier mit ihren »Leuten« dabei. So von Dymstein der Girlach-Sohn Mertin (siehe
oben). Manchmal wird es auch weniger vergnüglich. Dann haben
die Schamaiten die versteckt angelegten Vorratslager ausgeplündert, und es frißt einen der Urwald. Die Litauer auf ihren leichten
Pferden sind dort weit besser zu Hause, bis ins letzte Jahrhundert-
drittel fallen sie immer wieder verheerend ins Ordensland ein.

Mit der Landbrücke nach Livland ist es also nichts. Dafür kann
der Orden 1346 die Dänen zur Abtretung Estlands zwingen, und
1398 wagt er sich mit 80 Schiffen auf die hohe See hinaus nach
Gotland, erobert Wisby und errichtet dort eine Zwingburg.

Das ist nun wirklich der Höhepunkt – der Blütezeit.

Auch dieses alles ist eine Seite der Kultur, die der Orden aus dem
Westen, teils auch aus dem Orient in das eroberte Land bringt.
Über diese »überlegene« und damit »bessere« Kultur gibt es in
zahlreichen Prachtbänden viel Schönes zu sehen und zu lesen. Am
klarsten manifestiert sie sich in der Backsteingotik der Zwingburgen und Wehrkirchen in ihrer (Zitat) »herben und strengen Größe« (wie sie ja auch Kasernen, Zuchthäusern und ähnlichen
Zweckbauten eigen ist). Die Verbreitung dieser überlegenen, se-
gensreichen Kultur ist ein Zweck, der alle Mittel heiligt, sie recht-
fertigt auch moralisch den grausamen Kolonialkrieg.

Wie glatt einem das doch vom Munde geht! Seit jeher ist die Kultur des Siegers die »bessere«. Denn die Besiegten sind alleweil »Untermenschen«. Wie also könnten sie ernsthaft einer eigenen Kultur fähig sein? Zumal der Sieger alles, was danach aussehen könnte, meistens sorgsam vernichtet. Dies besorgte auch der Orden, und zwar gründlich und ohne Reste. Daß dann doch so etwas übrigbleiben konnte wie in Sudauen der Silberschatz von Skomentnen, war eine Panne.

Man stelle sich bitte, nur so »zum Spaß«, einmal vor, Hitler hätte bei Stalingrad gesiegt und den Krieg gewonnen. Was wir da für Kulturbringer geworden wären! Leningrad und Moskau ausgelöscht, Steppe. In den anderen Städten Rußlands deutsche Prunkbauten, deutsche Prachtstraßen, deutsche Einwohner. Die »Eingeborenen« zerniert in dreckigen Dörfern, schuftend auf deutschen Staatsgütern. Und in Adolfstadt an der Wolga, von Hitler inspiriert und von Speer entworfen, der Ruhmestempel und am Ende der Heldenallee hoch auf der Schicksalshöhe 102 die gigantische Siegesgöttin von Josef Thorak. Deutsche Kultur hätte wieder einmal gesiegt über östliche Minderwertigkeit. Nun, man buche bei »Intourist« und lasse sich fahren nach Stalingrad-Wolgograd. Da gibt es das alles zu sehen. Aber es ist von den andern, den »Untermenschen« gemacht. Und alles ist so, wie es der Adolf mit seinem Künstlerteam scheußlicher auch nicht hätte hingekriegt.

Bei der vertrackten Kultur von »besser« und »schlechter« zu reden, ist also wohl abwegig. Ein wahres Glück nur, daß wir da jetzt den Begriff »progressiv« (für rote und östliche Sprachbereiche) oder »fortschrittlich« (mehr westlich mit leichtem Rechtsdrall) haben. Hinter diesem hochgestelzten »fortschrittlich« verbirgt sich sehr geschickt das allzu nackte »besser«. Dabei bedeutet »progressiv-fortschrittlich« nichts anderes als: fortschreitend auf einem Wege, von dem wir heute noch nicht wissen, wohin er führt. Was sich da in zuckendem Wetterleuchten als Ende erahnen läßt, ist schreckerregend.

In solchem Sinne war der Deutsche Ritterorden im 14. Jahrhundert zweifellos »progressiv« und hatte damit in dem fragwürdigen Lauf der Geschichte das Recht auf seiner Seite.

Doch von nun ab geht's bergab.

So ziemlich mit der Wende ins 15. Jahrhundert geht es dem Orden schlecht. Sehr schlecht und sehr schnell. Und daran hat nicht etwa die Pest (wieder einmal die Pest!) Anteil, die 1398 und dann von 1405 ab zehn Jahre lang im Lande wütet und die man, na wem wohl? – den Juden in die Schuhe schiebt, die in Massen massakriert werden. (Ja, ja, auch damals schon!) Nein, mitten in der Blüte seiner letzten Eroberungen steckend, hat der Orden nicht bemerkt, daß er gar nicht mehr »progressiv« ist, sondern bereits aus der Zeit herauszufallen beginnt.

Überall in den preußischen Städten ist kraftvolles Leben erblüht, und hier nun beginnt man aufzubegehren gegen diesen sterilen, seinem eigentlichen Zweck längst entfremdeten Männerbund mit seiner vertrocknenden Bürokratie, die sich jetzt als eine unerträgliche Zwangsjacke erweist. Auch will den weisen Ordenshäuptern eine Verständigung mit den inzwischen geeinten und erstarkten Polen partout nicht gelingen. Denen steckt die miese Art, wie sie in Pommerellen (wo sie ebensowenig wie der Orden irgend etwas zu suchen hatten) ausmanövriert wurden, als böser Pfahl im Fleische ihres neu erwachten Nationalstolzes.

Knüppeldick kommt es, als der litauische Großfürst *Jagiello* die Polenkönigin Hedwig heiratet und 1386 als Wladyslaw II. auf den polnischen Thron klettern darf; gegen das Versprechen, die »verlorenen polnischen Gebiete« wiederzuerobern. (Ein nationaler Fimmel, der die Polen heute tatsächlich überall da hingebracht hat, wo sie nichts verloren haben.) Stracks macht der Jagiello-Wladyslaw sich zusammen mit seinem Vetter, dem litauischen Nationalhelden *Vytautas* (Witowd, Witold) an die Einlösung des Verbrechens – pardon, Versprechens. Mit einem von den Krakauer Handelsniederlassungen der preußisch-deutschen Städte mitfinanzierten (!) 20 000-Mann-Heer aus Polen und Litauen stellt er im Sommer 1410 die Deutschen Ritter bei *Tannenberg* im ehemaligen Galindien zur Schlacht. Obwohl der Orden hier mit Schießpulver betriebene Feuerwaffen einsetzt, ist er dem überlegen operierenden Gegner nicht gewachsen, es kommt zur Katastrophe. Mit der Masse des Heeres geht auch fast die ganze

Ordensprominenz zugrunde. Das Land nutzt die Gunst der Stunde: Städte, Adel und Geistlichkeit schalten sofort auf Jagiello um, fast alle Ordensburgen fallen kampflos in seine Hand. Es scheint aus zu sein. Doch ein relativ kleiner Mann in der Ordenshierarchie, der Komtur von Schwetz Heinrich von Plauen, hilft seinen Ritterbrüdern noch einmal aus der Patsche: er hält die Marienburg, bis aus Livland und vom Westen her Entsatz herbeieilt und den Jagiello zum Abzug nötigt. So kommt der Orden im *1. Thorner Frieden* (1. 2. 1411) noch einmal über die Runden – und sogar erstaunlich gut. (Dem Plauen hat er das nicht gedankt.) Kaum Gebietsverluste, nur – er muß zahlen. 100 000 Schock böhmische Groschen Reparationen in Raten. Dieser Griff ans Portemonnaie erweist sich als ein Würgegriff, denn die Taschen des Ordens sind leer.

Und die Prußen? Sie sind immer dabei, auf beiden Seiten. Sie stellen Fußvolk und, immer noch passionierte Pferdezüchter, schnelle und wendige Reiterscharen. Sie kämpfen und leiden und sterben mit. Allein im Samland gibt es von ihnen um 1400 noch 20 000 gegenüber 4000 Deutschen. Aber von ihnen spricht man nicht mehr.

Die Niederlage des Deutschen Ordens von 1410 steckt durch die Jahrhunderte als ein schlimmer Pfahl tief im Fleische deutschen Nationalstolzes. Und so mußte dann der Sieg, den 1914 General Ludendorff oder besser der Generalstabschef Hoffmann über die in Ostpreußen eingefallenen Russen erfocht (der alte Hindenburg gab nur Namen und Image dazu her), obwohl gegen einen ganz anderen Gegner und an anderem Ort (Hohenstein, Waplitz) erkämpft, auf Befehl Wilhelms II. als »Schlacht von Tannenberg« zur historischen Wiedergutmachung herhalten.

Da der Orden nicht zahlen kann, gehen die Kämpfe mit den Polen weiter, nur kurzfristig unterbrochen durch Friedensschlüsse. Den einen zimmert man 1422 am *Melnosee* und legt dort durch die Mitte der »Wildnis« (also durch prußisches Gebiet) die Grenze zu Polen und Litauen fest, die ein halbes Jahrtausend Bestand haben sollte. Der zweite kommt 1435 in *Brest* (unweit Leslau) zustande und hält etwas länger. Doch das Land ist verwüstet und entvölkert.

265

Die Niederlage des Ordensheeres bei Tannenberg 1410
(Quelle: Historia-Photo, Bad Sachsa)

Da das eigene »Menschenmaterial« bald nicht mehr ausreicht, heuert der Orden in der Fremde Söldnerführer mit ihren Heerhaufen an und bezahlt sie mit Ländereien.

In Preußen will niemand mehr die Herrschaft der Deutschritter, am wenigsten der Landadel und die Städte, die unter der Steuerlast ächzen. 1440 gründen 53 Adlige und 19 Städte den *Preußischen Bund,* 1454 bricht der Aufstand los, ein neuer preußischer Freiheitskrieg, wenn man so will. Polen, um Beistand gebeten, leistet Hilfe. In diesem Kriege, der 13 Jahre währt, kann sich der Orden, auch durch inneren Zwist geschwächt, auf Dauer nicht behaupten. Nacheinander fallen die Zwingburgen; einige – so die von Thorn, Elbing, Danzig – werden von den erbitterten Bürgern, die noch gar keinen Sinn haben für ihre »herbe und strenge Größe«, geschleift und nie wieder aufgebaut. Schließlich beschlagnahmen böhmische und deutsche Söldner, die man nicht auszahlen kann, die Marienburg als Pfand, und der Hochmeister muß froh sein, daß man ihn unbeschädigt nach Königsberg umziehen läßt.

Die schweren Verheerungen werfen das Land um Jahrzehnte zurück. Ein übriges tut wieder einmal die Pest, die 1464 ausbricht. Zwei Jahre später kommt es zum *2. Thorner Frieden.* Der Orden verliert Elbing, Marienburg, Stuhm, Christburg, das Kulmer Land und das Bistum Ermland an Polen, der polnischen Krone muß er Treueid und Heeresfolge leisten. Von da an kümmert er nur noch dahin. Papst und Kaiser zeigen sich an Hilfeleistungen nicht interessiert, höheren Ortes erwägt man ernsthaft, ob man ihn nicht wieder seiner ursprünglichen Aufgabe zuführen und nach Podolien verpflanzen soll als Grenzschutz gegen die türkischen und tatarischen Heiden.

Das neue Jahrhundert, das 16., bringt auch für den preußischen Ordensstaat Entscheidendes. Es ist das Ende. Um Schlimmstes abzuwenden, verfällt man in der weisen Ordensspitze auf einen Trick: Man wird die Hochmeisterwürde in Zukunft an deutsche Fürsten vergeben, um sich so tatkräftiger Hilfe aus dem Reich zu versichern. Die Weisen ahnen nicht, daß sie sich damit das eigene Grab schaufeln. 1511 tritt Markgraf *Albrecht von Brandenburg-*

*Ansbach* in den Orden ein und wird am gleichen Tage Hochmeister. Eine Weile schlägt er sich noch mit den Polen herum und bringt dadurch neue Verheerung über das weitgehend entvölkerte Land. Dann begegnet er anläßlich eines Besuches im Reich dem Manne, von dem jetzt alle Welt spricht, Martin Luther. Und der Hochmeister des Deutschen Ritterordens, des streitbaren Garanten der Glaubenstreue, er – schlägt sich alsbald auf die Seite der Ketzer. Ihm nach tut es das ganze Land (natürlich ohne das »polnische« Ermland), auch der größte Teil der Ordensbrüder macht mit. 1525 wird Preußen ein protestantisches weltliches Herzogtum unter polnischer Lehnshoheit.

Der Deutsche Ritterorden verschwindet sang- und klanglos in der Versenkung, mit ihm die Glaubenslehre, für die er allzeit mit Brand und Mord gestritten hat. Niemand in Preußen weint ihm eine Träne nach. (Das kommt erst viel später.)

Damit endet das Lied vom Prußenland und seinen Eroberern, und wir sind wieder an unserem Ausgangspunkt angelangt: der brandenburgisch-preußischen Geschichte. Beim Großen Kurfürsten, dem Choral von Leuthen, Ziethen aus dem Busch, Königin Luise, Yorck und Gneisenau und Lützows wilder, verwegener Jagd, nachzulesen in jedem etwas angestaubten Geschichtsbuch. Nichts mehr für uns. Doch etwas wäre da noch, was in solchen alten Schwarten weit seltener zu finden ist: Dieser brandenburgisch-preußische Staat, in dem das ehemalige deutschnationale Kolonialreich des Hermann von Salza noch für lange Zeit das Kernstück blieb, entwickelte sich zu einer toleranten, durchaus europäischen Gemeinschaft von Bürgern verschiedenster Volksgruppen, die sich allein der preußischen Staatsidee verpflichtet fühlten. Der Alte Fritz hatte Polen, Franzosen und Kroaten in seinem Heer, der Ritterorden war ihm ein Dreck und die Marienburg allenfalls als Getreidespeicher gut. Preußens Gloria begann erst mit der Romantik und den »Freiheitskriegen« gegen Napoleon, als auch bei den anderen rundherum der Nationalismus ins Kraut schoß. Da entsann man sich auch wieder des Deutschen Ordens und fand Grund, seine Taten zu feiern.

Der Junkerhof in Thorn
Nach dem 2. Thorner Frieden von 1466 errichteten die Bürger von Thorn an der Stelle der geschleiften Ordensburg *ihr* Wahrzeichen, den Junkerhof. Nur der Turm links zeugt noch von des Deutschen Ordens vergangener Herrlichkeit.
(Quelle: Archiv für Kunst und Geschichte, Berlin)

Die weltoffene Toleranz der Brandenburger, am stärksten ausgeprägt im 18. Jahrhundert, wirkte sich natürlich auch auf das alte Kernland Preußen aus. Schon im 14. Jahrhundert hatte der Orden – notgedrungen, da der Siedlerstrom aus Deutschland versiegt war – neben Prußen auch Waldarbeiter, Jäger, Fischer und Bienenzüchter aus Masowien, ebenfalls arme Kerle, zur Erschließung der »Wildnis« angesetzt. Nach 1410 und besonders nach dem 2. Thorner Frieden verstärkte sich dieser Zuzug, auch in das Gebiet von Osterode und ins Ermland hinein. Ab 1526 stand das protestantische Preußen den zahllosen Glaubensflüchtlingen aus ganz Europa offen: den Hugenotten aus Frankreich, den 15 000 aus ihrer Heimat ausgewiesenen Salzburgern, Kleinlitauern aus Schamaiten, masowischen Adligen (den von Lenski, Glinski, Drygalski u. a.), holländischen Bauern, die in dem alten Prußengebiet Pazlok ansässig wurden (Preußisch Holland). Aus der französischen Schweiz kamen Viehzüchter (»Schweizer« = Melker!), aus Schottland Handwerker, Kaufleute, Schiffbauer – diese weniger des Glaubens als des Erwerbs wegen. Sie alle waren im Lande willkommen, und sie wußten es zu schätzen.

Und die Prußen? Die sind immer noch da. Aber was ist aus dem tapferen Volk eines Waidewud, eines Herkus Monte, eines Skomand geworden! Immer noch pflegen sie heimlich ihre Sprache, ihr altes Brauchtum, dafür ständig mit dem Tode bedroht. Aber wie weit ist es damit gekommen! Was einmal groß und erhaben war, ist jetzt ins Armselige, Lächerliche verfälscht, Anlaß zu Wehmut und Mitleid. Der Bettelmönch Simon Grunau, der ihnen zu Anfang des 16. Jahrhunderts auf Schritt und Tritt begegnet in ihren Dorfkaten, bei der Scharwerksarbeit, beim Roden in der Wildnis, weiß anschaulich davon zu erzählen (Tr. III, II § 1):

... wie es jetzt noch bei dem Götzendienst der nichtdeutschen Preußen zugeht, das habe ich selbst gesehen; aber ich kam unversehens dazu, denn sie verrichten ihn ganz im geheimen.

Ich kam in einem Dorf in ein Haus und fand in der Stube viele Männer und Frauen, denen in prußischer Sprache ein alter Bauer predigte, ihr Waidelotte. Sie empfingen mich ein jeder mit seinem Messer, um mich zu töten. Da kam es nun auf den

Brief Luthers an den Herzog Albrecht von Preußen vom 26. 5. 1525
(Quelle: Historia-Photo, Bad Sachsa)

Waidelotten an, daß der ein Wort sagte. Den Gaben Gottes danke ich es, daß ich ein wenig Prußisch konnte. Damit bat ich um mein Leben, ich würde auch tun, was sie wollten. Als sie aber von mir ihre Sprache hörten, freuten sie sich und schrien alle: »*Sta nossen rickie, nossen rickie!*« (Das ist einer von uns, einer von uns!) Und ich mußte einen Eid schwören im Namen des Gottes Perkunos, daß ich nichts dem Bischof erzählen würde, der ihr Herr war. Und ich schwor und half so mit beim Götzendienst.

Dem Waidelotten hatten sie einen Stuhl und Sitzplatz so hoch aufgebaut, daß er nahezu bis an die Stubendecke reichte mit seinem Haupt; und so predigte er ihnen. Zum ersten sprach er zu ihnen von ihrer Herkunft und was sie (früher) etwa so getan hatten. Danach erzählte er ihnen die zehn Gebote Gottes, und wahrlich, bis auf diesen Tag hatte ich sie nie so schön gehört.

Danach nahmen sie einen Bock, weihten ihn und sprachen ein langes Gebet über ihm. Dann trat ein jeder einzeln hinzu und mußte ihm seine Missetat beichten, das heißt alles, was er begangen hatte gegen die Lehren des Waidelotten. Nach all diesem hält man den Bock fest, und der Waidelotte schlägt ihm den Kopf ab. Das Blut fangen sie auf und geben es ihrem kranken Vieh. Sie enthäuten den Bock und zerteilen ihn in Stücke; und die Frauen haben Glut in dem Backofen. Das Fleisch des Bokkes legen sie auf Eichenblätter und braten es so. Während dieses Bratens kniet jeder vor dem Waidelotten nieder, und der Waidelotte zieht ihn an den Haaren und gibt ihm eine saftige Ohrfeige (gutte hubsche), und das ist eine Absolution.

Nach alledem steigt der Waidelotte (von seinem Hochsitz) herunter, und alle fallen ihm ins Haar und ziehen, damit er mächtig schreit. Sie glauben nämlich, je größer dieses Geschrei gewesen ist, desto mehr habe ihnen Gott ihre Sünden vergeben.

Dann fangen sie an zu trinken und zu essen, und das alles nennen sie *kirwaiten*. Und ja niemand darf nüchtern, sondern nur ganz trunken heimgehen.

»Trunken heimgehen« – welch ein Doppelsinn!

Prußischer Priester bei der »Bockheiligung«
Holzschnitt aus Hieronymus Maletius: Warhafftige beschreybung der Sudawen
auff Samland... 1561/62
(Quelle: Privatbesitz Dr. W. Schlusnus, Brake)

Stirb und Werde? Kein *Werde* mehr, nur noch ein *Stirb*. Ein Volk, dreihundert Jahre lang gequält bis zum letzten, löst sich auf, erlischt. Heimgehen auf einem Siechenbett... Man könnte weinen darüber, wenn es nicht soviel anderes in der Welt zum Weinen gäbe.

Allmählich hatten sich den Prußen die Tore ihrer Gettos geöffnet. Mit den deutschen Bauern, die in die Abhängigkeit der mächtigen Rittergutsbesitzer geraten und zu Scharwerksbauern, dann zu Hintersassen, dann zu Gutsuntertanen herabgesunken waren, trafen sie sich auf der untersten Stufe der Armut. Auch mit den zugewanderten Litauern, mit denen sie die »Wildnis« roden und besiedeln durften. Und mit den Masowiern, mit denen sie allmählich verschmolzen zu dem Volkszweig, den man später *Masuren* nannte.

Im Laufe der Zeiten erwuchs daraus in gemeinsamer Schicksalsnot ein neues Volk.

So wurden wir Ostpreußen.

Licht aus, Pause für einen Exkurs!

Was das für eine buntscheckige Gesellschaft war, diese Ostpreußen, das merkt man, wenn man einmal die Namen der Parteien betrachtet, die zu Anfang dieses Jahrhunderts in Königsberg zusammen mit den Nachfahren des Sudauers Girlach das vierstöckige Mietshaus Tragheimer Pulverstraße 52a bewohnten. Ganz unten im Parterre hatte ein harmloses deutsches Fräulein *Krause* eine Waschanstalt. Auch mit der Familie daneben, den *Schlegelbergers* (Salzburger?), mochte es noch angehen. Darüber aber wurde es exotisch. Da wohnte, klein und mit den perlschwarzen Augen eine Dohle, die Witwe *Montua* mit einem erwachsenen Sohn, auf den sie ohne Grund stolz war; daneben dann der Zahlmeister *Minkley* mit Frau und Tochter. Uns gegenüber im 2. Stock ärgerte der Landmesser *Grodzicki* seine häßliche Frau, die von ihm hämisch nur als »dem Polen« sprach. Der echt polnische Name spricht sich »Grodschitzki« aus, aber das kapierte niemand; und so hießen die beiden Söhne, der eine passionierter Eiskunstläufer, der andere ein stadtbekannter Tenniscrack, jeweils nur

»Zicki«. Über uns bei dem Hauptmann a. D. *von Ludwig* und Herrn und Frau Postsekretär *Klöttner* sah es dann wieder brav deutsch aus, abgesehen von den drei hübschen Schwestern *Duglokinski* (aus Masuren), die in den Schulferien abwechselnd die Klöttners besuchten. Das Hinterhaus, um ein ganzes Stockwerk räumlich und sozial niedriger, beherbergte unter anderen den Fuhrhalter *Mohr,* die kugelrunde Bayernfamilie *Geschwandtner,* den Regierungsboten *Pohle* und den Theaterschneider *Russig,* ferner die niederdeutsche Familie *Schmidtke* und den prußisch-masurischen Fischer *Skopnik,* der sich hier mit seiner Frau und einem stotternden Sohn zur Ruhe gesetzt hatte und mit »altertiemliche Sachen« handelte. In den Nebenhäusern wohnten meine beiden Schulfreunde Georg (»Jeórch«) *Pakulat* und Willi *Schermuksnies* (beide auf der Endsilbe zu betonen), im Haus gegenüber praktizierte der mit reicher Kinderschar gesegnete Uhrmacher *Jebramek.* Fürwahr eine bunte Gesellschaft! Franzosen freilich hatten wir nicht aufzuweisen, die wohnten in der Französischen Straße. In der Sippe meiner Frau kommen sie reichlich vor: Sommerien, Clement, Bousin, Mazon, diese freilich aus der Gegend von Fischhausen.

Exkurs aus! Aufblenden!

In einem halben Jahrtausend waren wir also Preußen geworden, Ostpreußen. Die prußische Sprache war erloschen, die Erinnerung an die Herkunft aus einem alten, bodenständigen Stamm verblaßt. Nur selten flackerte etwas davon auf.

Im Krisenjahr 1934, als in Hitlers »Bewegung« allenthalben Unzufriedenheit brodelte, rief am Sonnenwendfeuer auf dem Galtgarben ein ostpreußischer Hitlerjugendführer, offenbar aus atavistischen Urgründen gespeist und von allen braven Nazigeistern verlassen, zum »Kampf gegen die Kreuzträger aus dem Westen« auf. (Es ist ihm nicht gut bekommen.)

Bei Heiligenbeil, in den Dörfern Preußisch Thierau, Gallingen, Rosocken, Perbanden, Kildehnen, hielten sich bis 1945 letzte erkennbare Reste der prußischen Urbevölkerung. Die Bauern dieses Gebietes nannten sich aus verdunkelter Überlieferung heraus

»die Freien« und wurden von den Bewohnern der »deutschen« Dörfer, die diesen »Freienwinkel« umgaben, in ihrer Andersartigkeit als eine Art Bauernadel respektiert (Riemann).

Auch in dem ahnungsvoll seherischen Gemüt der Agnes Miegel war prußisches Erbe lebendig und leuchtet zuweilen in ihren Erzählungen und Gedichten auf.

»Über Gräber ging der Weg der Ritter,
Ihre Festen bauten sie auf Hügeln,
Drin die Krieger unsers Volkes ruhn...«

Und etwas davon hielt sich in den breiten, hellen Gesichtern der ostpreußischen Menschen und in ihrer behäbigen, heimeligen deutschen Mundart, die wie die baltischen Sprachen und das Russische die Umlaute *ö* und *ü* und auch das *eu* nicht kennt, dafür aber ein seltsam gutturales *j* vor den dunklen Vokalen, das kein Fremder kopieren kann. »Mein *J*ottche, Schumpelche, *j*reen man nich! Is ja *j*ut!«

Nichts mehr wußten wir von den fünfzig Prozent Prußenblut in unseren Adern und wurden brave Preußen, die bravsten vielleicht, auch dann noch, als es mit Liberalität und Toleranz nichts mehr war. Unser schönes Land lehrte uns, was Treue ist, und der Magister Kant, was Pflicht heißt. Wir wurden pflichttreue Staatsbürger, zähe, im Boden verwurzelte Bauern, fleißige und anspruchslose Beamte und gute Soldaten, die besten vielleicht, die es je gab. Wir stellten Friedrich Wilhelm I. die »langen Kerls« und Wilhelm II. die Generale, und wir marschierten zuletzt mit Hitler, obwohl der uns das einzige nahm, was uns noch an unsere Herkunft band: unsere alten Namen. *Jedermann sey vnterthan der Obrigkeyt...* Und alleweil hielten wir deutsche Grenzwacht gen Osten, obwohl in unserem Blut das Erbteil eines Ostvolkes pochte.

Heute noch könnten wir in unserer Heimat, in Ostpreußen leben, wenn wir unsere Nachbarn in Frieden gelassen hätten. Aber wer läßt schon wen in Frieden!

Wir jedenfalls hatten nichts dagegen, als am 1. September 1939 »5 Uhr 45 zurückgeschossen« wurde; daß Ciechanow plötzlich Zichenau hieß und zu Ostpreußen gehörte, obwohl dort kein

Deutscher zu »befreien« war. Wir waren dabei, als Warschau in Flammen aufging, und marschierten mit bis vor die Tore Leningrads und Moskaus und bis nach Stalingrad. Und wir hätten uns wohl auch im Ural als Wehrbauern ansiedeln lassen, wenn Hitler gesiegt hätte, um auch dort wieder Grenzwacht zu halten gen Osten.

Doch dann ging alles schief.

Und nun kamen die Russen, die Nachfahren des Alexander Newski, mit Panzern. Mit den richtigen, den T 34 und anderen, kein Blechladen. Und mit Mongolen. Und auch wieder, um zu »befreien«. Sagten sie.

Am 9. Januar 1936, mitten im großdeutschen Höhenflug, war in der lettischen Zeitschrift RITS ein Aufsatz von A. *Francis* zu lesen: *Ist das nationale Erwachen der Altpreußen möglich?* Antwort: Vielleicht. Auch die prußische Sprache könne wiederbelebt werden, so wie es den Iren ja auch mit ihrem Gälisch gelungen sei. Darüber führten wir 1944, als sich das Ende mit Schrecken schon abzeichnete, in sowjetischen Kriegsgefangenenlagern insgeheim lange Gespräche. Ob es nicht möglich sei, Ostpreußen aus dem Verbande des zerbrechenden Großdeutschen Reiches herauszulösen und ihm Eigenständigkeit im Kreise der baltischen Staaten zu erwirken. Der Königsberger Altkommunist Hermann Matern, der notgedrungen in Moskau als Emigrant lebte und seine Heimat liebte wie nur irgendeiner, war zuweilen dabei. Seine Losung hieß: Bereit sein für Königsberg!

Doch die Armeen Stalins, die Anfang 1945 in das Land einbrachen, gaben dem Volk der Ostpreußen keine Chance, nicht einmal mehr (wie immerhin den Litauern, Letten und Esten) die des Überlebens als Heloten auf eigenem Boden. Was in jenen wenigen Wochen auf unserer Heimaterde geschah, steht an sadistischer Grausamkeit den Greueln des fünfzigjährigen Kolonialkrieges 700 Jahre zuvor kaum nach. Das Entsetzliche ist aufgezeichnet, doch wird man es je lesen können? Der Sieger schreibt die Geschichte... Doch, ja, man kann! Einen, der mit dabei war, ließ sein Gewissen nicht schweigen. Es ist der ehemalige sowjetische Major

*Lew Kopelew.* An der Wahrheit seines Berichtes ist nicht zu zweifeln.

Wer konnte, rettete sich aus dem Inferno nach Westen, ins »Reich«, und fand in fernen, fremden Städten Behausung und Arbeit. Das von seinen Bewohnern »befreite« Land blieb wiederum als Wildnis zurück. Und wurde wiederum besiedelt. Mit Menschen aus dem Inneren Polens und aus den Weiten der Sowjetunion. Und deren Kinder sind jetzt erwachsen und sagen Heimat zu dem Land, in dem sie geboren sind und das einmal Ostpreußen war, das Prußenland. So wie heute unsere Kinder Heimat sagen würden zu den Ländern an der Wolga und am Ural, hätte Hitler gesiegt.

Der Chinese Tschu En-lai hat einmal vor Deutschen gesagt, er kenne nur ein Königsberg. Lebte er heute noch, so müßte er umlernen. Die Stadt am Pregel, die in den letzten drei Jahrzehnten dort auf Trümmern erstanden ist, *heißt* nicht nur Kaliningrad, sie *ist* Kaliningrad, eine russische Provinzstadt.

Was blieb, ist die Landschaft. Die erhabene Majestät der weißen Wanderdünen, das dunkle Geheimnis verschwiegener Wälder, der Goldglanz der Abendsonne im Zauberspiegel der stillen Seen. »Alles ist anders geworden«, schrieb 1946 eine Mutter, die im Seebad Cranz für sowjetische Offiziere waschen durfte, ihrem Sohn in die Gefangenschaft. »Alles ist anders geworden, nur die alte Ostsee rauscht noch wie einst.«

Was blieb, ist die Erinnerung...

Und ein Name blieb: Land der Prußen, Ostpreußen, Preußen. Blieb bis heute. Obwohl sich die Sieger von 1945 – in fataler Unkenntnis der Zusammenhänge – nach Kräften bemühten, auch diesen Namen für immer zum Erlöschen zu bringen.

Ist die Weltgeschichte wirklich das Weltgericht? Gewiß nicht so, wie wir es in unserer begrenzten Einsicht oft gern hätten. Doch manchmal schlägt sie sichtbar zu nach einem schwer faßbaren Gesetz von Ursache und Wirkung. Sie hat das Prußenland verworfen und das Ostpreußenland. Wird sie auch das verwerfen, was neu auf diesem alten Boden durch Unrecht zustande kam? Man möchte es den einfachen, arbeitsamen und anspruchslosen Menschen, die jetzt dort wohnen, nicht wünschen.

# Literatur

*Andrée, K.*: Der Bernstein, Stuttgart 1951

*Beumann, H. (Hsg.)*: Heidemission und Kreuzzugsgedanke in der deutschen Ostpolitik des Mittelalters (Wege der Forschung VII), Darmstadt 1963

*Bock, E.*: Wiederholte Erdenleben, Stuttgart 1967

*Caspar, E.*: Hermann von Salza und die Gründung des deutschen Ordensstaates, Tübingen 1929

*Clasen, K. H.*: Die mittelalterliche Kunst im Gebiete des Deutschordensstaates Preußen, Königsberg 1927

*David, Lucas* (1503–1583): Preußische Chronik, hsg. von Henning u. Schütz, Königsberg 1812–1817

*Döhring, A.*: Über die Herkunft der Masuren, Osterode/Ostpr. 1910

*Dusburg, P. von*: Chronicon terre Prussie (1326), hsg. v. M. Toeppen in Scr. rer. Pruss. 1, Leipzig 1861

*Grunau, Simon* (16. Jhdt.): Preußische Chronik, hsg. von Perlbach u. a., Leipzig 1876–1895 (usw.)

*Harmjanz, H.*: Volkskunde und Siedlungsgeschichte Altpreußens, Berlin 1942

*Hartmann, O. J.*: Die Gestaltstufen der Naturreiche, Freiburg 1967

*Kasiske, K.*: Die Siedlungstätigkeit des Deutschen Ordens bis zum Jahre 1410, Königsberg 1934

*Kopelew, L.*: Aufbewahren für alle Zeit! Hamburg 1976

*Krollmann, C.*: Die Herkunft der Ansiedler in Preußen (Ztschr. d. Westpr. Geschichtsvereins S. 1–103), 1912

*La Baume, W.*: Bewaffnung und Tracht der Prußen auf den Reliefs der Gnesener Domtür (in: Ztschr. Altpreußen Jhg. 7), Königsberg 1942

*La Baume, W.*: Sprache und Heimat der Prussen (in: Ztschr. f. Ostforschung Jhg. 1), Marburg a. d. Lahn 1952

*Lohmeyer, K.*: Geschichte von Ost- und Westpreußen, Gotha 1908

*Mager, F.*: Wildbahn und Jagd Altpreußens, Neudamm 1941

*Maschke, E.*: Der Deutsche Orden, Jena 1939

*Maschke, E., u. Kasiske, K.*: Der Deutsche Ritterorden. Seine politische und kulturelle Leistung im Deutschen Osten, Berlin 1942

*Möllenberg, W.*: Aus dem geistigen Leben der Stadt Magdeburg im Mittelalter (Neujahrsblätter Nr. 42), Halle 1918

*Mortensen, H.*: Siedlungsgeographie des Samlandes, Stuttgart 1923

*Mortensen, H. u. G.*: Die Besiedlung des nordöstlichen Ostpreußens bis zum Beginn des 17. Jahrhunderts, Leipzig 1937/38

*Pfennigschuldbuch* der Komturei Christburg von 1404 (im Ordensfolianten, ungedruckt, z. Z. Staatl. Archivlager Göttingen)

*Plehn, H.*: Die Besiedlung des Ordenslandes Preußen (in: Deutsche Erde II) 1903

*Preußisches Urkundenbuch*, hsg. von Philippi, Woelky, Seraphim, Hein, Maschke, Koeppen, Königsberg/Marburg 1882–1961

*Rhode, G.*: Kleine Geschichte Polens, Darmstadt 1965

*Riemann, E.*: Volkskunde des Preußenlandes, Kitzingen 1952

*Sahm, W.*: Geschichte der Pest in Ostpreußen, Leipzig 1905

*Schlüter, O.*: Wald-, Sumpf- und Siedlungsland in Altpreußen vor der Ordenszeit, Halle 1921

*Schlusnus, W. (Hsg.)*: Große Ost- und Westpreußen, München 1959

*Schreiber, H.*: Land im Osten, Düsseldorf 1961

*Schumacher, B.*: Geschichte Ost- und Westpreußens, Würzburg 1959

*Scriptores rerum Prussicarum* (Quellensammlung), hsg. von Hirsch, Toeppen, Strehlke, Leipzig 1861–1974

*Semrau, A.*: Die Siedlungen im Kammeramt Kirsiten (Komturei Christburg) im Mittelalter (in: Mitteil. d. Copernicus-Vereins zu Thorn, Heft 41), Thorn/Elbing 1933

*Spuler, B.*: Die Goldene Horde, Wiesbaden 1965

*Steinstraß, J.*: Das ehemalige Erzbistum Magdeburg, Düsseldorf 1930

*Trautmann, R.*: Die altpreußischen Personennamen, Göttingen 1925/1974

*Voigt, H. G.*: Brun von Querfurt, Stuttgart 1907

*Voigt, J.*: Geschichte Preussens, Königsberg 1827

*Volz (Hsg.)*: Der ostdeutsche Volksboden, Breslau 1926

*Weise, E.*: Die alten Preußen (in: Preußenführer Heft 3) Elbing 1934

*Worgitzki, M.*: Hercus Monte, Schauspiel in 3 Aufzügen, Leipzig 1917

*Wunder, H.*: Siedlungs- und Bevölkerungsgeschichte der Komturei Christburg, Wiesbaden 1968

# Register der Personen- und Geschlechternamen

Achtum, ung. Fürst 61
Adalbert, hl., Missionar s. Woitech
Adenauer, Konrad 159
Aeneas 47
Agaphia, masow. Fürstin 107
Albert, Bischof v. Livland 92/93, 105, 123f.
Albert der Böhme, Domherr 105
Albert v. Braunschweig, Herzog 229
Albrecht III. v. Österreich 261
Albrecht v. Preußen, Herzog 30, 67, 147, 267
Alexander d. Große 21
Alexander Newski v. Ssusdal, russ. Großfürst 157, 159f., 209, 277
Alexander IV., Papst 185
Alfons von Kastilien 190
Andreas II., König v. Ungarn 105
Arminius 189
Arndt, Ernst Moritz 107
Auttume (Nikolaus), Herzog der Pogesanier 208, 215, 229, 234

Baibars I., Sultan v. Ägypten 209
Balk, Hermann, Landmeister 108f., 117, 120, 126, 128, 155
Barbara, hl. 161
Barby, Graf von 211
Batu Khan, Mongolenfürst 156ff., 190
Bela IV., König v. Ungarn 105, 156, 158
Benedikt, Missionar 55
Bentheim, Stenzel von, Ritter 211
Berke Khan, Mongolenfürst 190, 209
Berlewin, Ordensmarschall 164
Bernhard von Clairvaux 92
Bernheim, Dietrich von, Ordensmarschall 108, 161, 164
Berthold, Bischof v. Livland 92
Bismarck, Otto Fürst 89
Bobrowski, Johannes, Dichter 16

Bogatiner (Gobotiner), pr. Adelsgeschlecht 131
Boguphal, poln. Chronist 44
Boleslaw I. Chrobry, Herzog v. Polen 55ff., 74, 99
Boleslaw V., Herzog v. Polen 247
Boleslaw d. Fromme, Herzog von Großpolen-Kalisch 162
Botel, Heinrich, Ordensmarschall 173f.
Bretislav I. v. Böhmen, Herzog 58
Brun von Querfurt, Missionar 54, 58ff., 89, 200
Bruno v. Olmütz, Bischof 179f.
Bruteno, pr. Sagengestalt 47ff.
Burchard VI. v. Magdeburg, Burggraf 117, 141

Cadeynen, pr. Adelsgeschlecht 180
Cäsar, G. Julius 130, 197, 211, 237
Canaparius, Chronist 45, 54
Cassiodorus, röm. Gelehrter 27
Christian, Bischof der Prußen 45, 87ff., 106, 120, 123, 126f., 155
Clemens IV., Papst 230, 236
Colte, pr. Herzog 233
Corinth, Lovis 16
Crescentius, röm. Adliger 59
Cromwell 189

Dach, Simon, Barockpoet 15
Damiani, ital. Biograph 65
Daniel v. Halicz, russ. Großfürst 247
David, Lucas, Historiker 90
Depenau, Dietrich von, Großgrundbesitzer 140f.
Depenau, Heinrich von 141
Dietrich der Weise v. Meißen, Markgraf 236
Diodorus Siculus, griech. Histor. 21
Diwane (Otto), Herzog der Barter 208, 229, 234

Drusiger, österr. Truchseß 167ff.
Dusburg, Peter von, Ordenschronist
34, 42, 44, 83, 110f., 113, 135, 161,
169, 173f., 177, 193, 208, 217f.

Elisabeth, hl. 128
Engelbert v. d. Mark, Graf 217
Engelko, Ordensritter 234

Feuchtwangen, Siegfr. von, Hochmeister 112
Florian Geyer 237
Franklin, Benjamin 45
Franz I. von Österreich 85
Freytag, Gustav (»Die Ahnen«) 139
Friedrich d. Streitbare, Herzog von
Österreich 166ff.
Friedrich II., dt. Kaiser 101ff., 122,
126, 158, 167, 209
Friedrich II., König von Preußen 22,
45, 268
Friedrich Wilhelm I., König von Preußen 276
Fugger, Handelsherren 75, 77, 105

Gallus anonymus, poln. Chronist 66/67
Gandersleben, Dietrich von, Landmeister 237
Gautentius (Radim), Erzbischof von
Gnesen 55
Gedete, sud. Fürst 251
Gedune, saml. Edler 180f.
Gerlach (Girlach), Namensnachweis
252ff., 256
Gero, dt. Markgraf 53
Gethko, Bischof v. Masowien 93
Giordano Bruno 212
Girdaw, pr. Edler 213
Girlachs Sohn Mertin, pr. Freier 256,
262
Glande (Ricardus), Herzog der Samen
208, 216, 220
Glappe (Carolus), Herzog der Warmier 208, 215, 237
Glisberg, von, Ordensritter 194
Gobotiner (Bogatiner), pr. Adelsgeschlecht 131
Goerdeler, Carl-Friedrich 17
Göring, Hermann 243

Goethe, Joh. Wolfg. von 15, 45, 89
Goldbach, Helwich von, Ordensritter
236
Goltz, Colmar Frh. von der, General 16
Gottfried von Straßburg 202
Gottsched, Joh. Christoph 15
Grass, Günter, Schriftsteller 16
Gregor V., Papst 58ff.
Gregor IX., Papst 103, 108, 117, 158f.
Gregor X., Papst 236
Gregorovius, Ferdinand, Schriftst. 13
Grumbach, Hartmann von, Landmeister 213
Grunau, Simon, Geschichtsschreiber
des 16. Jh. s. 44f., 90, 147, 174, 208,
222, 224, 249, 270f.
Gylas, ung. Fürstengeschlecht 61

Hamann, Joh. Georg, Privatgelehrter
15
Harald Blauzahn, dän. König 221
Hartmann von Aue 74, 202
Heidenreich, Bischof von Kulm 164,
191
Heinrich I., Bischof von Merseburg
174
Heinrich II., dt. König 60f., 74
Heinrich II. der Fromme, Herzog von
Schlesien 158
Heinrich VI., dt. Kaiser 84
Heinrich der Bärtige, Herzog von Niederschlesien 93, 119, 127
Heinrich der Erlauchte, Markgr. v.
Meißen 122f.
Heinrich, Bischof von Samland 184,
224, 228
Heinrich von Liechtenstein, Fürst 167f.
Heinrich von Schwarzburg, Graf 174
Herder, Joh. Gottfried 15
Hermann I., Landgraf v. Thür. 128
Hermann »der Sarazene«, Ordensritter 194
Hindenburg, Paul von 12, 17, 26, 265
Hirtzhals, Magdeburger Patrizier 202,
212
Hitchcock, Filmregisseur 218
Hitler, Adolf 14, 17, 99, 146, 263,
275f., 278

Hodo, dt. Markgraf 53
Hoffmann, E.T.A. 15
Hoffmann, Max, Generalmajor 265
Holz, Arno 16
Homer 21, 46, 75, 111
Honorius III., Papst 91ff., 105
Hünefeld, Frh. von, Ozeanflieger 16

Innozenz III., Papst 90
Innozenz IV., Papst 167

Jagiello, lit. Großfürst 264f.,
Jaroslaw II., russ. Großfürst 157
Jeroschin, Nikolaus von, Chronist 162
Johann, König von Jerusalem 102
Johanna von Orleans 189, 212
Johannes XVI., Gegenpapst 59
Judas Makkabäus 81

Kadlubek, Vincenz, poln. Chronist
    44f., 246
Kant, Immanuel 7, 15f., 276
Kantegerde, sud. Fürst 250, 255
Kapp, Wolfgang 17
Karl der Große 46, 81, 200
Karl von Schweden, Herzog 193
Kasimir von Kujawien, Herzog 119,
    127, 162f., 167f., 247
Kasimir II., Herzog v. Polen 246
Kirst, Hans Helmut Schriftst. 16
Klekine s. Diwane
Koch, Erich, NSDAP-Gauleiter 17
Kodrune, pr. Burghauptmann 130
Körner, Theodor 207
Kollwitz, Käthe 16
Komat, Herzog der Sudauer 247f.
Konrad I., Herzog von Masowien und
    Kujawien 91f., 94, 99f., 106ff., 119,
    190/191
Konrad von Thüringen, Hochmeister
    128ff.
Kopelew, Lew, sowj. Major 278
Kopernikus, Nikolaus 15
Krieg, H., NS-Ideologe 86
Kurche, pr. Erntegott 42, 182

Lamespringe, Magdeb. Patrizier 202
Lenin, W.I. 189

Lenz, Siegfr., Schriftsteller 16
Lessing, Gotth. Ephraim 45
Leszek »der Schwarze«, Herzog von
    Krakau-Sandomir 251
Leszek »der Weiße«, Herzog von
    Kleinpolen 93, 127
Liebenzell, Ludwig von, Ordensritter
    249f.
Linke (Linko), Herzog der Pomesanier
    229, 234
Litwo, pr. Sagengestalt 48, 191
Losenberg, Anshelm, Vogt von Sam-
    land (?) 224
Ludendorff, Erich, General 265
Ludwig der Fromme v. Thüringen 128
Luther, Martin 30, 68, 77, 268

Malberg, Gerhard von, Hochmeister
    165f.
Manfred, König v. Sizilien 209
Mao Tse-tung 165
Margareta, österr. Prinzessin 179, 182
Martinus Gallus, poln. Chronist 44
Marx, Karl 75, 199
Maschke, E., ostpr. Geschichtsschrei-
    ber 80,86
Matern, Hermann, komm. Emigrant
    277
Matto, pr. Edler 112
Maudelo, pr. Edler 185
Mauritius (Moritz), hl. 64, 199f.
Maximilian I., dt. Kaiser 73
Mestwin I., Herzog v. Pommern 126
Mestwin II., Herzog von Pommerellen
    163, 166, 169, 227, 229, 232, 260
Michael, Bischof v. Kujawien 93
Michael, russ. Metropolit 62
Miegel, Agnes, ostpr. Dichterin 13, 16,
    276
Mieszko I., Herzog v. Polen 53
Mieszko III., Herzog v. Großpolen 246
Miligedo, pr. Kollaborant 216
Mindaugas (Mindowe), König von Li-
    tauen 150, 173, 191, 209, 227
Mintelae, sud. Edler 247
Mirabilis s. Volrad
Modena, Wilhelm von 165
Möngkä, mong. Feldherr 156

285

Monte, Herkus, Herzog der Natanger 208ff., 212, 215f., 220, 227f., 236f., 249, 270
Monteminer, pr. Fürstengeschlecht 208, 248
Mudejko, sud. Edler 247
Munster, Sebastian, Mönch 25

Nadro, pr. Sagengestalt 48
Nalube, saml. Fürst 121f.
Napoleon I. 85, 268
Nethimer, Sudauerfürst (?) 65f.
Newski s. Alexander von Ssusdal
Nordhausen, Berthold von, Ordenskomtur 248

Ögädäi, mong. Großkhan 156, 158, 190
Ohm Krüger 189
Ostierna, Poppo von, Landmeister 166
Otto I., dt. Kaiser 53, 60, 199
Otto III., dt. Kaiser 53f., 58ff.
Otto v. Brandenburg, Markgraf 174, 181, 229
Otto das Kind, Herzog von Braunschweig 132ff.
Ottokar II. Přemysl, König von Böhmen 141, 179ff., 193, 229ff.

Pantaleon, Jakob, päpstl. Legat 149
Patton, US-General 45
Perkunos, oberster pr. Gott 47f., 272
Pestilo, sud. Edler 247
Pikollos, pr. Gott 47
Philagathos s. Johannes XVI.
Pipin, pr. Fürst 111f.
Plato 45
Plauen, Heinrich von, Ordenskomtur (später Hochmeister) 265
Pobrawe, pr. Edler 213
Pomande, pr. Fürst 132
Pomponius Mela, röm. Geograph 21
Potrimpos, pr. Gott 47
Przemislaw, Herzog v. Großpolen 162
Pyopso, pr. Herzog 131
Pytheas, Forschungsreisender 21

Ratihor, Herzog v. Pommerellen 126, 160, 162

Rechenberg, Helmerich von, Landmeister 227f.
Reinecke, Schultheiß von Kulm 163
Reinmar d. Alte, mhd. Dichter 202
Richard von Cornwall 190
Romualdus, Einsiedlermönch 59, 65
Rotbart (Barbarossa), dt. Kaiser 76, 101
Rothschild, Bankiersfamilie 105

Salza, Hermann von, Hochmeister 101ff., 122, 124, 128, 139, 155, 185, 259, 268
Sambor, Herzog v. Pommerellen 119, 122, 127, 160, 162
Samboriden, pomm. Herrschergeschlecht 126
Samo, pr. Sagengestalt 48
Savonarola, Mönch 212
Saxo Grammaticus, dän. Geschichtsschreiber 221
Scapelle, pr. Fürst 182
Schenkendorf, Max von 15
Schichau, Ferdinand, Werftbesitzer 16, 124
Schiller, Friedr. von 89
Schjurpa, sud. Edler 247
Schliemann, Heinrich, Archäologe 29
Schlusnus, Walter, ostpr. Heimatforscher 48, 209, 249
Schönberg, Hermann von, Komtur 236
Schumacher, Bruno, ostpr. Geschichtsschreiber 58, 259
Schumacher, Kurt, Politiker 16
Scode, saml. Edler 181, 193, 220f.
Scumo, pr. Fürst 213
Sebeden, Sudauerfürst (?) 66
Semowit v. Masowien, Herzog 186, 190, 247
Siegfried von Mainz, Erzbisch. 128
Silvester II., Papst 60
Simon Bolivar 189
Sirenes, pomes. Kollaborant 233
Sitting Bull 189
Skomand, Herzog der Sudauer 248ff., 270
Skowronnek, Fritz, Schriftsteller 16
Skowronnek, Richard, Schriftst. 16

Skurdo, sud. Fürst 251
Stalin, J.W. 106, 277
Stange, Dietrich, Großgrundbes. 141
Stango, Heinrich, Komtur 178
Stango, Hermann 178
Steffeck, Karl, Historienmaler 112
Stephan I., König von Ungarn 61
Stöck, Gerhard, Olympiasieger 16
Stutze, pr. Fürst 213
Sübödäi, mongol. Feldherr 155
Sudermann, Hermann, Schriftst. 16
Sudo, pr. Sagengestalt 48
Surwabuno, pr. Edler 90
Swantopolk II., Herzog von Pomme-
   rellen 91, 93, 119ff., 126ff., 148,
   160ff., 173, 260

Tacitus, Cornelius, röm. Geschichts-
   schreiber 22, 26, 28f., 74, 90
Taubadel, Heinrich, »Geschützmei-
   ster« d. Ordens 228
Thales von Milet, gr. Phil. 30
Theoderich d. Gr. 27f.
Thierberg, Konrad von, Landmeister
   bis 1276 243
Thierberg, Konrad d. Jg.von, Ordens-
   marschall, ab 1283 Landmeister 250,
   255
Thorak, Josef, Bildhauer 263
Tirsko, pr. Burghauptmann 185
Tolstoi, Leo 45
Troinat, lit. Fürst 232
Tschingis Khan 155f.
Tschu En-lai 278
Tyrwaido, pr. Fürst (?) 174, 208

Uhland, Ludwig, Dichter 211
Ulenbusch, Heinrich, Ritter 220, 222
Urban IV., Papst 149, 209, 211

Vercingetorix, gall. Freiheitsheld 189,
   237
Volrad Mirabilis, Ordensvogt 194f.

Vytautas (Witowd, Witold) 264

Waidewud, pr. Sagengestalt 47ff., 113,
   200, 207, 270
Waldemar, König v. Dänemark 102
Walther v. d. Vogelweide 73, 202
Wargole (Wadole), Herzog der
   Sudauer 250
Wargulle, pr. Kollaborant 121
Warpoda, pr. Edler 90
Wegener, Paul, Schauspieler 16
Wenzel I., König v. Böhmen 179
Werfel, Franz, Dichter 45
Werner, Zacharias, Dichter 15
Wibert, Mönch 65f.
Wichert, Ernst, Schriftsteller 16
Wichmann, dt. Markgraf 53
Wida, Heinrich von, Landmeister 130
Wiechert, Ernst, Dichter 13,16
Wilhelm II., dt. Kaiser 36, 76, 265, 276
Wilhelm von Holland 190
Wilhelm (?) v. Jülich, Graf 217
Witold (Witowd) s. Vytautas
Wladimir I., russ. Großfürst 62
Wladislaw Lokietek, poln. König 261
Wladislaw Odonicz, Herzog von Groß-
   polen 119, 127
Wladyslaw II. (Jagiello), poln. König
   264f.
Woitech (hl. Adalbert) 54ff., 58, 64,
   90, 181, 200
Wolfram von Eschenbach 84, 202/203
Wratislaw, Bruder Swantopolks 93,
   126
Wratislaw, Sohn Swantopolks 227, 229
Wulfstan, Seefahrer 37
Wusterwitz, Magdeb. Patrizier 202

Yorck v. Wartenburg, Graf 16

Zilli, Hermann, Graf 262
Zakrzewski, St., poln. Historiker 58

# Orts- und Sachregister

Adalbertskreuz s. Tenkitten
Ästen (Aestii) 22f.
Alanen, kaukas. Volk 155
Alise de Ste. Reine (Alesia)237
Alle, Fluß in Ostpr. 228
Altpreußisch s.Prußen (Sprache)
Altsteinzeit 29
Anagni, Gespräch von 102
Apartheid 146, 150, 259
Ariernachweis 192f.
Armbrust 218f., 234, 237
Auxtote (Oberlitauen) 191
Avaricum 130

Balga (Honeda), Burg 130ff., 161, 178, 213, 215, 220
Barten, Barterland 26, 124, 132, 174, 207, 213, 227, 247
Bartenstein, Burg und Stadt 135, 216, 248
Barter, pr.Volksstamm 132, 229, 232, 234, 239, 244, 248
Baschkiren, Turkvolk 156
Basileia, sagenh. Nordland 21
Bastarner, germ. Volk 23
Benediktiner, Mönchsorden 128, 199
Bernstein 12, 21, 25f., 27ff., 177, 184, 221ff., 249
Bernsteinregal 222f.
Beselede (Beisleiden), pr. Burg 208, 248
Bethen, Geb. im Samland 222
Beuthen 190
Bialystok 26
Birgelau, Burg 232, 247
Birka, schwed. Hafen 27
Bobr, Fluß in Polen 185
Bockopfer, »Bockheiligung« 270ff.
Bodenregal, Allg.Kgl. 106
Böhmen 108, 158, 179, 230
Borussia, stud. Corps 36
Brandenburg, Bistum 60

Brandenburg, Burg u. Stadt in Ostpreußen 211, 228, 230, 236
Brandenburg, Mark 180, 229, 261, 267f.
Brandopfer 32, 36, 48, 194, 211f.
Braunsberg 135, 215, 236, 260
Breslau 158, 180
Brest, Friede von 265
Bulgar, Stadt an der Wolga 156
Bulgaren 156, 159
Burgunden 23
Burzenland (in Ungarn) 85, 105

Carnuntum, röm. Handelspl. 21, 26
Ceperano, Übereinkommen von 102
Chmielnik, Schlacht von 158
Cholinum, pr. Handelspl. (?) 27
Christburg, Burg u. Stadt 169, 232ff., 248, 256
–, Vertrag von 148ff., 169, 173, 197, 229
Ciechanow 247, 276
Cingulum militare (ritterl. Schwertgurt) 203
Codanonia, sagenh. nördl. Insel 21
Crucke, Schlacht bei 174

Dänen 53, 193, 262
Danzig 23, 55, 94, 122, 127, 161, 267
Deime, Fluß 25f., 228, 244
Depenau (Tiefenau), Kirchdorf 141
Dirschau 127/128, 261
Dlugoszedle, Schlacht von 247
Dobrin (Dobrzin) 95
Dominikaner, Mönchsorden 122ff., 199
Dramnow (Trebnau) 222
Drausensee 25, 27, 120, 123, 147, 229
Drewenz, Fluß 25, 106, 122, 185
Durbe, Schlacht an der 181, 193, 209, 220
Dymstein (Stein) 255, 262

Elbe 197, 200
Elbing, Burg u. Hafenstadt 16, 25, 27, 124, 126, 148, 161, 166f., 180, 213, 216f., 229, 232f., 237, 243, 260, 267
Elbinger Niederung 147, 255
Elektrischer Stuhl 212
Elektron s. Bernstein
Emser Depesche 190
Erfurt 129
Ermland, Bistum 25, 165, 180, 213, 267, 268
Esten 22, 105
Estland 193, 262

Filipowo 248
Fischhausen, Burg u. Stadt 222, 228, 275
Flandern 202
Florenz 209
Franziskaner, Mönchsorden 199
»Freienwinkel« 276
Freiheitskrieg, Großer Preußischer (1260 bis 1273) 187–239, 247
Freiheitskrieg von 1813 189, 268
Freiheitskriege allg. 189
Freystadt (Wpr.) 99
Fremdenlegion 74
Friedrichroda 128
Fritzlar 129

Galindien, Galindier 25, 174ff., 185, 230, 248
Galizien 190
Gallingen 275
Galtgarben, Berg im Samland 181
Gansawa, Mord von 127
Gedin, Burg 128
Gefolgschaften, german. 74
Gegenburgen, pr. 131, 215
Gepiden, germ. Volk 23
Gerdauen, ostpr. Stadt 26,213
Gerkin (Görken), pr. Handelspl. 27, 236
Germau, Schlacht bei 178
Georgenswalde 12
Geschichtsforschung, ostpr. 144
Geten s. Prußen
Gleiwitz, Überfall a. d. Sender 190

Gnesen 53, 56ff.
Goldap 26
Goldene Horde 157, 190, 209
Goten 23, 35
Gothiskandza s. Danzig
Gotland 262
Graudenz 161, 248
Griwe, pr. Oberpriester 43, 48
Grodno 26, 244, 262
Großunternehmer, deutsche im Prußenland (Namen) 139ff.
Guber, Huß 233
Guttstadt 25
Gyddanycz s. Danzig

Haff, Frisches 12, 25, 44, 123ff., 130; 132, 178, 194, 216, 227, 229, 232, 275
Haff, Kurisches 12, 25, 244, 260
Haitabu, Hafen 27
Haken, Flächenmaß 146
Hakendorf 145
Halicz, Burg 156, 247
Handfeste 141
–, Kulmische 117
Hanse 108
Havelberg, Bistum 60
Heiligenbeil 275
Heilsberg 135, 146, 215, 239
Hiroschima 212
Hirschfeld, Kirchdorf 255
Hoch- und Deutschmeister 85
Höfische Kultur 73f.
Hohenstein 265
Honeda, pr. Burg (Balga) 124f., 130ff.
Hufe, Flächenmaß 119, 142, 144, 146
Hugenotten 270, -namen 275

Inster, Fluß 26, 244
Insterburg 26, 243
Islam 75

Jadwinger s. Sudauer
Jatwägen s. Sudauer
Jerusalem 76, 102, 112
Johanniter s. Ritterorden

Kahlberg 123

Kalgen, Schlacht bei 217
Kaliningrad 278
Kalka, Schlacht an der 155
Kaminiswike, pr. Burg 243
Kämmerer 146
Kanditten 250
Karakorum 158
Kaschuben 16, 55, 89, 145
Kernow, lit. Residenz 191
Kiew 27, 62f., 116
Kildehnen 275
Kimenowe, sud. Burg 251
Klein-Kuhren 12
Klein-Quidin, Burg 140
Königsberg 25, 76, 182ff., 211, 215ff.,
   227, 260, 278
Königsberger Seekanal 229
Kowno 26
Krakau 158, 167, 190, 247, 264
Krasime, sud. Gebiet 248
Krethi und Plethi 81
Kreuzburg, Burg u. Stadt 135, 174,
   208, 215f.
Kreuzzüge 75, 92f., 108
Kreuzheere im Osten 93f., 117ff., 132,
   167ff., 174, 179ff., 211, 217, 229ff.,
   236, 261
Krieg, s. auch Freiheitskrieg
   –, Bauern- 237
   –, Dreißigjähriger 75, 189
   –, Weltkrieg, I. u. II. 76, 86, 189
Kruschwitz, Vertrag von 107
Kürassiere 76
Kujawien 110, 160f., 163f., 166ff.,
   185, 247
Kulm, Burg u. Stadt 16, 90, 117, 161ff.,
   166, 180, 232, 260
Kulm, Bistum 94, 165
Kulmer Land 25, 106ff., 113, 117, 120,
   161ff., 169, 227, 232, 243, 247f.,
   267
Kulmsee 247
Kumanen, heidn. Turkvolk in Ungarn
   155
Kuren, balt. Volk 105, 193
Kurkelauk, pr. Kultstätte (?) 182

Labiau (Labegow) 244

Ladoga-See 157
Landesordnungen des Ordens von
   1427 und 1441 145, 260
Lekno, Zisterzienserkloster 89, 96
Leningrad 263, 277
Lenzenburg, Massenmord auf der
   194f.
Liebschau 122, 127
Liegnitz, Schlacht bei 158
Ligaschonen, pr. Priesterkaste 43
Litauen 124, 157, 159, 179, 209, 230,
   243f., 251, 261, 265
Litauer 26, 191f., 194, 227, 232,
   246ff., 262
Liutizen, wend. Volksstamm 60, 63f.,
   74, 89
Livland, Livländer 93, 123, 157, 159,
   177, 193, 260
Löbau, Stadt u. Land 25, 90f., 185, 247
   –, Schlacht bei 227ff.
Lochstädt, Ordensburg 228
Lokator 141f., 256
Lowicz, poln. Stadt westl. Warschau
   247
Lübeck 102, 123, 177, 217
Luchs, Raubkatze 26, 41
Lyck, Hauptstadt Masurens 26, 250
Lyckfluß 247
Lyon 165, 167

Mähren 140f., 158
Magdeburg 58, 197ff., 207, 212, 249
Malteser s. Ritterorden
Marburg 130
Marienburg 48, 112, 162, 232, 239,
   267f.
Marienwerder 117, 120, 122, 140, 161,
   232, 248
Mark, Münzeinheit des Ordens 142
Masowien 47, 91f., 94f., 107, 161,
   185f., 232, 247, 270, 274
Masuren 15, 274f.
Medenau 180
Melnosee, Friede vom 265
Memel, Fluß 22, 26, 113, 244
   –, Burg u. Stadt 177, 184
Memelgebiet 23

Mewe 127
Mierunsken, sud. Gebiet 248
Militia Christi 74
Minoriten, Mönchsorden 199
Mittelhochdeutsch 77, 202
Mohi, Ebene, Schlacht auf der 158
Mongolen 148, 155ff., 190, 277
Mongolenreich im Iran 209
Montaperto, Schlacht von 209
Mordwinen, heidn. Volk an der mittl.
  Wolga 156
Moritzschule 58, 199, 208, 249
Moskau 263, 277
Mümmelburg s. Memel
Mykenä 29, 41

Nadrauen, Nadrauer 26, 184, 243f.,
  248
Nakel 163
Napalm 212
Narew 23, 185
Nastreyn (Nastrehnen) 181
Natangen 25, 132, 149, 161, 174, 185,
  207, 211, 213, 227, 236, 243, 248
Natanger 127, 131f., 163, 173f., 247
Nehrung, Frische 56
  –, Kurische 14, 44, 69, 177, 222
Nessau, Burg 110
Neuenburg, pomm. Burg 229
Newa, Schlacht an der 157
Nibelungenlied 46, 203
Njemen s. Memel (Fluß)
Nogat, Fluß 127, 140, 166, 239

Ob, Fluß in Sibirien 157
Oliva, Zisterzienserkloster 44, 94, 122,
  163, 168
Omulew, Fluß in Polen 185
Oppeln 190
Orden und Ehrenzeichen 86
Ordensburgen 86
Ordenshöfe 141
Ortelsburg 25
Ossa, Fluß 25, 99, 106, 122, 232
Osterode (Ostpr.) 25, 270
Ostpreußen 12ff., 21, 23, 37, 274ff.
Ostpreußische Mundart 276

Palermo 209
Palmniken 184, 224
Partegal, pr. Wehrburg 131
Pazlok, pr. Gebiet 147, 255, 270
Peipus-See 124, 157
  –, Schlacht auf dem 148, 159
Perbanden 275
Pestepidemie 155, 259, 264, 267
Petschenegen, Turkvolk in Südrußland
  62f.
Pillauer Tief 229
Plock, Burg u. Stadt 92, 94, 107, 247
Pobethen, Ort im Samland 222
Podolien, westukrain. Landschaft 267
Pokarben, Schlacht von 211, 217
Pogesania, pr. Seherin 36
Pogesanien, pr. Stammesgebiet 25,
  161, 174, 207f., 236f., 243
Pogesanier 163, 229, 232, 234, 244,
  247
Pollexaner s. Sudauer
Pomesanien, pr. Stammesgebiet 25,
  120f., 149, 161, 174, 229, 236
Pomesanien, Bistum 165
Pomesanier 117, 120, 123, 169, 233f.
Pommerellen (Pomeranien, Ostpom-
  mern) 25, 94, 126f., 160, 168f., 260,
  264
Pommern (Pomorje) 53, 108, 139
Ponarth, Vorort v. Königsberg 14
Posen 53
Powunden 255
Prämonstratenser, Mönchsorden 199
Prag 54, 182, 232
Pregel (Pregora), Fluß 25, 178, 182f.,
  216, 227ff., 247
Preußen, die Alten, s. Prußen
Preußen, Herzogtum 67, 268
  –, Königreich 11, 268f.
  –, Ordensstaat 251, 259
Preußisch Eylau 25
Preußisch Holland 147, 255, 270
Preußisch-Holländer Oberland 255
Preußisch Thierau 275
Preußischer Bund 267
Prußen, die
  –, Name und Herkunft 22f.
  –, Sprache 67f., 270f., 276

–, Siedlungsraum 23, 25f.
–, Aussehen und Tracht 32
–, Sozialordnung 31
–, Adel 31f., 150f.
–, Stellung der Frau 36, 175
–, Ackerbau, Viehzucht 26
–, Handel 26f.
–, Reichtum 27, 249
–, Essen und Trinken 33ff.
–, Brauchtum 34ff., 249
–, Totenkult 42f.
–, Götter 41f., 46f.
–, Götterkult 43f., 47
–, Mythen und Sagen 47ff.
–, Kriegswesen 31f., 131, 215, 217ff., 228, 270ff.
–, Greuelberichte 91f., 112
–, Lebensform unter der Ordensherrschaft 144ff.
–, Niedergang nach 1300 260, 265, 270f.

Quednau, Ord im Samland 181, 220f.
Quisling (Verräter) 185, 197

Ragnit (Raganite) 244
Ramige, pr. Burg 244
Rastenburg 26
Rastenburger Sportverein RSV 16
Rauschen, Badeort im Samland 12
Ravenna 59f.
Raygrod 247
Reformation 75
Regula Benedicti 78
Rehden, Ordensburg 99, 122, 161, 163
Reinhardsbrunn, Kloster 128
Reinkarnation s. Wiederverkörperung
Rensen-See, Schlacht am 163f.
Rimini, Urkunde von 106
Rinow, Gebiet im Samland 222
Ritterorden:
–, Dobriner 95
–, Johanniter 78, 85, 102
–, Malteser 85
–, Schwertbrüder 95, 105, 124, 222
–, Templer 80, 85, 102

Ritterorden, Deutscher
–, Gründung 80
–, Struktur 80f.
–, Leitbilder 81
–, Statuten 83
–, Entwicklung 84f.
–, Kolonisation 139ff.
–, Machtpolitik ab 1300 259ff.
–, Kultur 262f.
–, Niedergang 264ff.
–, Ende 85, 268
Ritterstand 73ff.
Rößel, Burg u. Stadt 135, 213
Rogow, pr. Burg 111
Rolandslied 81
Rominter Heide 12
Romowe, pr. Kultstätte 43, 46f., 181
Rosocken 275
Rudau, Schlacht bei 181
Rügenwalde 261
Rütlischwur 207, 210
Rugier, ostgerm. Volksstamm 23

Salzburger 270, 274
Samen, Samländer 25, 127, 178, 181, 193, 208, 216ff., 220f.
Samland 12, 23, 25, 27, 29, 55, 96, 177, 179ff., 211, 221ff., 227f., 243, 248, 251, 265
Samland, Bistum 165
Sandomir 190
Sarai, mong. Residenz a.d.Wolga 157, 209
Sarajewo, Mord von 190
Sarazenen 81
Sartowitz, pomm. Burg 161
Sassen, pr. Stammesgebiet 25, 185
Sassowe, pr. Burg 244
Scando, pr. Fort 131
Schalauen, Schalauer 26, 184, 191, 243ff., 248
Schamaiten 191, 193, 248, 256, 262, 270
Schippenbeil, Burg u. Stadt 135
Schönfeld 193
Schwertbrüder s. Ritterorden
Schwetz, pomm. Burg 127, 166, 261, 265

Scoken, Geb. im Samland 221
Sensburg 25/26
Siebenbürgen 61, 105
Silie, sud. Gebiet 250
Sippenforschung 255f.,
Sirgunde (Sorge), Fluß
–, 1. Schlacht an der 120
–, 2. Schlacht an der 233
Skiren, ostgerm. Volk 23
Skomentnen 249f.
Skomentner See 249
Slina 247
Slonim, lit. Stadt 244
Slupp, Mühle a. d. Ossa 99
Solidau, pr. Burg 208
Sorge, Fluß, s. Sirgune
Spirdingsee, Schlacht am 248
Spittenberg, Ordensburg 232
Stalingrad 115, 131, 150, 263, 277
Stallupönen 26
Starkenburg, Ordensburg 232
Starost, pr. Dorfschulze 146
Steynio (Groß-Steegen) 250
Stolp 261
Strasburg 95, 232, 247
Struter, pr. Reitertrupps im Ordens-
dienst 243
Stuhm 161
Sudauen 48, 64, 184, 191, 230, 263
Sudauer (Jadwinger, Jatwägen, Pol-
lexaner) 26, 163, 227f., 243, 246ff.,
255f.
Sudauerwinkel im Samland 251
Südpreußen 12
Sugdak, Handelsstaat a. d. Krim 155
Sugurbi, pr. Burg 182
Surkaporn (Totenfeld) 120
Suwalki 26

Tannenberg, Schlacht v. 1410 bei 264f.
–, Schlacht v. 1914 bei 12, 17, 26,
165, 265
Tapiau, Burg u. Stadt 228
Templer s. Ritterorden
Tenkitten 56, 64
Tenneberg, Burg in Thür. 129
Thorn, Burg u. Stadt 111f., 117, 148,
160f., 167, 232, 247, 260, 267

Thorner Friede, erster (1411) 265
–, zweiter (1466) 267
Tolke (Dolmetscher) 69, 147
Tolkemit 44
Toscana 209
Trakehnen 12
Trappeinen, Burg 232
Truso, pr. Handelspl. 27, 123
Tulissonen, pr. Priesterkaste 43
Turn(o) s. Thorn
Twangste, pr. Feste am Pregel 182

Ungarn, die Schwarzen 61f.

Vandalen 23
Visionen 193f., 216
Vogelsang, Burg a. d. Weichsel 110

Waidelotten, pr. Priesterkaste 43,
270f.
Waistotepil, pr. Burg 135, 213
Waldau, Dorf im Samland 220
Walewona, pr. Burg 135, 213, 247
Waplitz 265
Wargen, Dorf im Samland 220
Warmien, pr. Stammesgebiet 25, 122,
124, 149, 161, 174, 207f., 213, 227,
236
Warmier 124, 127, 130f., 163
Warschau 277
Wartenberg, Ordensburg 232, 247
Wehlau (Wilow), Burg und Stadt 184,
228
Weichsel 23, 25, 94, 106, 108f., 113,
117, 127, 158, 160f., 165f., 190,
229, 260
–, Sperrung der 160, 166, 229
Weisenburg 135, 213
Weklitz, Burg 229, 247
Wenden 89, 92, 145
Weske, Fluß 229
Westpreußen 23
Wiederverkörperung 45
Wikinger 23, 27, 53, 221
Wildnis 177, 244, 251, 260, 265, 274,
278
Wilja, Fluß 191
Wisby 262
Wladimir, Ort in Galizien 156

Wolga 263, 278
Wormditt 25

Zantir, pomm. Burg 127, 166f., 248

Zichenau s. Ciechanow
Zisterzienser, Mönchsorden 89, 92, 94,
    122f., 163
Zwangsumsiedlung 246, 251, 278

Georg Volkmar Graf Zedtwitz-Arnim

# ... ein Ruf wie Donnerhall

Deutschenspiegel
480 Seiten, gebunden

»Dies ist weder ein Maulkorb-Buch noch eine Kombination aus Knigge und Pappritz für Weltenbummler. Nach wenigen Textpassagen fesselt dieser Deutschenspiegel mit einer klugen Sammlung von persönlichen Meinungen und Urteilen, Skizzen, Beschreibungen, Typisierungen, vergleichenden Darstellungen ehrenwerter Zeitgenossen unserer Vorfahren. Hier bildet Lesen nicht nur – es stärkt.«

*Absatzwirtschaft*

»Das Buch ist objektiv geschrieben, der Autor sieht die Licht- und die Schattenseiten seines Volkes nüchtern, aber nie humorlos. Hinter der scheinbar leichten Hand verbirgt er eine unpathetische Liebe und das Gefühl der Verantwortung für dieses Volk und dieses Land, an deren Zukunft er glaubt.«

*Offenbach-Post*

ECON Verlag, Postfach 9229, 4000 Düsseldorf 1

# DAS PRUSSENLAND
## IM 13. JHDT.

0 10 20 30 40 50 60 70 80 90 100
km

O S T S E E

□ POBETH
× 1253

GERMAU □ 1253
□ Lochstädt
† 1268

SAML

Fischhausen
† 1268

Brandenb
POKARBEN × 1261
HONEDA
Balga □ 1239

× 126

SOLIDAU ○

Heiligenbeil

Braunsberg □ 1271

NATA

Bart

Stolp

Lauenburg

Danzig

WARMIEN

Elbing □ 1237
□ TRUSO

Heilsberg
Wormditt

POGE-
SANIEN

P O M M E R E L L E N

Zantir

Marienburg □ 1270
Christburg ○ × 1234
□ 1234

Pr. Holland

PAZLOK

SIRGUNE

POMESANIEN

Neuenburg

QUIDIN ○
Marienwerder
□ 1233

Osterode

Hohenstein
Tannenberg

LÖBAU
× 1263

SASSEN

RENSEN-SEE
× 1243

Neidenburg ×

Sartowitz
Schwetz
Graudenz □ 1235
Kulm □ 1232
POKRIWEN ○
Rehden □ 1234

Soldau

P O M E
KULMER
LAND

TURN □ 1231
Thorn

D R E W E N Z

Nessau
1230
Vogelsang
1226

K U J A W I E N

M
A

Leslau
Włocławek

Dobrin

Plock

W E I C H S E L

### Legende
—————— sichere
•••••••• unsichere
pr. Stammesgrenzen
*(nach Harmjanz)*
+
Landesgrenzen:
xxxxxxxx 1422-1919
.............. von 1919
–·–·–·–·– von 1939
+
□ PRUSSENSIEDLUNG
◉ PRUSSENBURG
▯ Ordensburg
† Bischofsburg
○ Burg oder Stadt
  aus späterer Zeit
× Schlachtfeld
+